imaginist

想象另一种可能

理想国
imaginist

THE PROOF

USES OF EVIDENCE IN LAW, POLITICS, AND EVERYTHING ELSE

实

锤

证据在司法、政治及
日常生活中的使用与误用

by ——
FREDERICK SCHAUER

［美］弗雷德里克·肖尔 著

高虹远 译

云南人民出版社

THE PROOF: Uses of Evidence in Law, Politics, and Everything Else
by Frederick Schauer
Copyright © 2022 by the President and Fellows of Harvard College
Published by arrangement with Harvard University Press
through Bardon-Chinese Media Agency
Simplified Chinese translation copyright © 2025
by Beijing Imaginist Time Culture Co., Ltd.
ALL RIGHTS RESERVED

著作权合同登记图字：23-2024-089 号

图书在版编目（CIP）数据

　　实锤 ：证据在司法、政治及日常生活中的使用与误
用/（美）弗雷德里克·肖尔著;高虹远译. -- 昆明 ：
云南人民出版社，2025.1. --ISBN 978-7-222-23489-5
　　I.D915.130.4
　　中国国家版本馆CIP数据核字第2024RF6819号

特约编辑：刘　铭
责任编辑：欧　燕
封面设计：曾艺豪
内文制作：陈基胜
责任校对：董　毅
责任印制：代隆参

实锤：证据在司法、政治及日常生活中的使用与误用

[美] 弗雷德里克·肖尔 著　高虹远 译

出　版　云南人民出版社
发　行　云南人民出版社
社　址　昆明市环城西路609号
邮　编　650034
网　址　www.ynpph.com.cn
E-mail　ynrms@sina.com
开　本　880mm×1230mm　1/32
印　张　10.75
字　数　223千
版　次　2025年1月第1版第1次印刷
印　刷　肥城新华印刷有限公司
书　号　ISBN 978-7-222-23489-5
定　价　65.00元

献给让我欢笑的基拉（Quila）
和引我思考的鲍比（Bobbie）

目　录

前言

　　最近的事态发展使有关证据的问题变得更加紧迫。互联网的兴起、社交媒体的广泛运用、新冠疫情、人们对气候变化的日益关注、2020 年美国总统大选、2021 年 1 月 6 日美国国会大厦骚乱事件和特朗普（Donald Trump）政府的总体执政情况，这些都是当代事件的明显例证。在这些事件中，有关事实和为证明事实而提供的证据的争议成为焦点。证据的使用和误用越来越突出，这让一些人大吃一惊，那些人还以为证据只是律师制定的一套用来规范审判过程的愚蠢规则。但证据不仅与审判和法律有关，也有关科学、历史与心理学；最重要的是，它与人类的理性有关。我们知道什么，又是如何知道的？更具体地说，我们对这个世界的事实了解多少，又是如何了解的？

　　我们不能寄希望于任何一本书能把证据这个主题讲透彻。但是，证据在公共政策和个人决策中的重要性日益增长，已经

× 到了不容忽视的地步。对于那些占据着新闻头条、遍布于公共
政策中、影响着我们日常生活决策的证据问题，忽视科学家、
哲学家、历史学家、心理学家甚至律师所能教给我们的东西就
是我们的不对了。在本书中，我借鉴了这些观点及其他观点，
来理解人们决策的证据层面。尽管我希望本书能为哲学家、律师、
心理学家及其他人对证据的学术讨论做出贡献，但我的主要目
标是向学术界内外人士阐明证据在政治、政策和其他各个领域
中的作用。在这些领域中，事实很重要，而弄清正确的事实则
更重要。

　　各种公职人员——多半是前总统特朗普（及其律师）——
发表的"毫无证据"的言论和采取的"毫无证据"的行动越来
越多地出现在媒体上，这是本书最初的灵感来源。这种现象在
2020 年总统大选后愈发凸显，在 2020 年 11 月 5 日的电视讲话
中，特朗普声称自己赢得了大选。他坚称，只是因为普遍存在
舞弊现象才让相反的结果成为可能。此后不久，宾夕法尼亚州
共和党参议员帕特·图米（Pat Toomey）指出，"没有人向我出
示过任何表明腐败或舞弊普遍存在的证据"，因此总统"在没有
任何证据支持的情况下提出了非常、非常严重的指控"。伊利诺
伊州共和党众议员亚当·金青格（Adam Kinzinger）也呼应了
这一观点，他坚称，"［如果］对舞弊有合理的担忧，那就拿出
证据来并诉诸法庭"。特朗普的长期盟友、新泽西州前共和党州
长克里斯·克里斯蒂（Chris Christie）则直截了当地抱怨说："拿
出证据来。"到 2021 年 2 月第二次弹劾审判前夕，参议院是否

会听取现场证据的问题被着重讨论和辩论，尽管得出的结论在意料之中，但也许还是令人沮丧：参议院将在完全不听取任何此类证据的情况下作出决定。

　　尽管一些政治家和新闻媒体注意到了证据的重要性，这一点值得称赞，但公众和政治界对证据的讨论往往停留在证据是什么、证据从何而来和如何评估证据这样松散而肤浅的层面。例如，关于各种问题的评论者经常将缺乏证据与虚假混为一谈，认为缺乏证据就等同于陈述虚假的证明。这样的混淆有待明辨。同样，在公共讨论中，"证据"这一概念常常与众多限定性的、令人讨厌又费解的形容词联系在一起。诸如"确凿证据""直接证据""具体证据""决定性证据"以及许多其他形容词都误导性暗示，缺乏能够排除合理怀疑的压倒性证据就足以否定某个结论，即使实际上至少有一些证据支持这个结论。这种普遍现象也需要更严格的审视，专家的角色——不仅是专家如何使用证据，也包括专家如何得出结论——也需要更严格的审视，因为这些结论之后都会成为那些缺乏必要的专业知识的人做决策的证据。在应对当前事件时，我们经常看到公职人员和其他人对真正的专家在证据基础上得出的结论表现出无知无畏的不尊重，但这些事件有时也会赋予专业人士、专家和专业机构一种远远超出其专业范围的权威。

　　本书的另一个灵感来源于我几十年前作为一名出庭律师每天处理证据法的经历，以及之后四十多年关于证据法的教学、研究和写作。本书不是关于法律的，但它偶尔会从法律中汲取智慧，时不时引用法律中具有启发性的例子。

　　如果一本关于证据的书低估了为其论断提供证据的重要性，那将是一种讽刺。因此，我尽一切努力为后面的分析和论证提供参考文献。大量的注释不仅为文中的论点提供了支持，也为想更进一步或更深入地了解文章内容的读者提供方便。而且，最重要的是，在一些人看来，足够多的参考文献是我承认你能从本书中发现的见解都建立在前人见解基础上的方式。为此，即使没有其他目的，参考文献多一些总比太少要好得多。

　　对大多数读者来说，好消息是，对这些参考文献和偶尔略有用处的题外话的注释是尾注，而不是脚注。读者在阅读正文时无须参考注释——这使读者无须为在正文和注释之间来回穿梭而分心，就像在网球场中央观看网球比赛一样——但有兴趣的读者可以在阅读完每一章后快速浏览一下注释，看看注释中是否提供了有用的阐述。

　　这本书和我以前的书一样，是作为一本书来写的，而不是把以前发表过的文章略作修改后松散地拼接在一起。从头开始写一本书需要时间和资源。我非常感谢弗吉尼亚大学法学院，特别是弗吉尼亚大学法学院基金会以及为基金会提供资金的慷慨校友和朋友们，是他们的支持才使本书得以完成。虽然本书并没有收录我以前发表过的作品，但其中的一些观点和主题在我以前的著作和演讲中已经出现过。为此，我很高兴能在此感谢以下场合中听众的评论：达特茅斯学院、哈佛大学、芝加哥大学、罗格斯大学（Rutgers University）、萨里大学（University of Surrey）、加州大学洛杉矶分校、得克萨斯大学、弗吉尼亚大学、墨西哥自治大学、马克斯·普朗克学会公共财富研究所（Max Planck Institute for Research on Collective Goods，在波恩）、达克社会认知会议（Duck Conference on Social Cognition）、麦克阿瑟基金会法律与神经科学项目（MacArthur Foundation Project on Law and Neuroscience）、牛津大学法理学讨论组和赫罗纳大学证据推理世界大会（World Congress on Evidential Reasoning at Girona University），以及国际法哲学和社会哲学协会（World Congresses of the International Association for Philosophy of Law and Social Philosophy）第 28 届（里斯本）和第 29 届（卢塞恩）世界大会。我尤其受益于罗恩·艾伦（Ron Allen）、阿马利娅·阿马娅（Amalia Amaya）、大卫·伯恩斯坦（David Bernstein）、张美露（Ruth Chang）、达米亚诺·卡纳莱（Damiano Canale）、大卫·伊诺克（David Enoch）、瓦伦丁·哈特曼（Valentin Hartmann）、莎拉·莫斯（Sarah Moss）、迈克尔·帕尔多（Michael Pardo）、马丁·雷歇瑙尔（Martin Rechenauer）和利瓦伊·斯贝克特（Levi Spectre）对这些论文和演讲的评论。此外，弗吉尼亚大学法学院的众多同事与我非正式但同样有价值的交谈也很有帮助，尤其是我的同事、朋友兼办公室邻居约翰·哈里森（John Harrison）。他的知识库仿佛无所不包，与之匹配的只有他对自己还不知道的少数事情的真正好奇心。哈佛大学出版社的两位匿名审稿人为本书提出了详尽而又令人印象深刻的建设性意见，这对本书最终定稿帮助很大。芭芭拉·斯佩尔曼（Barbara

xiii

Spellman）本人也是研究证据心理学和证据法的杰出教师和学者，她使我避免了许多实质性的错误，也纠正了我认为把句子写长一点也没关系的不良倾向。

第一章
作为事实

埃尔维斯（Elvis Presley，即猫王）已逝。虽然小报头条还会冒出埃尔维斯·普雷斯利其实还没有死的新闻，但猫王确实已于 1977 年 8 月 16 日与世长辞，再也没有醒来。

就本书而言，埃尔维斯之死的重要性在于这是一个事实。作为一个事实，它的存在不因人们的个人偏好或政策偏好而改变。正如我们将看到，即便是像埃尔维斯之死这样一个看似直截了当的事件，也没有那么简单。然而，从一开始就区分埃尔维斯之死的事实和很多人希望他还活着的偏好（也许甚至是要把该事实和有些人更愿意相信他已经死去的偏好相区分），这一点依然至关重要。埃尔维斯已死这个事实不会因这些偏好的存在而改变。[1]

埃尔维斯的例子虽然平平无奇，但它强调了关于事实在公众政策和个人决策中位置的三个重要区别。第一是经验现实与一些人或者很多人所偏好或者所期望的经验现实之间的区别。
不喜欢吃凤尾鱼是一种偏好，认为凤尾鱼不存在则是一种经验
性错误。而将不喜欢凤尾鱼作为否认其经验性存在的理由则是
谬误。

2　　　第二个重要区别是真实的经验现实和一些人或者很多人所
认为的经验现实之间的区别。接种疫苗不会导致自闭症是事实，
尽管很多人不相信。[2] 全球正在变暖也是事实，尽管一些人和一
些政党极力否认这个事实。最近，关于公共支出、企业监管和
个人自由的重要政府政策的变化，取决于新冠肺炎发病率、住
院率和死亡率的升降或消失。在某种程度上，当下依然是这样。
然而，这些比率，无论是关于什么的比率，都是事实。假设衡
量标准不变，这些比率相比一个月前是升了、降了还是持平的
结论也是事实。相应地，当总统或者其他任何人断言某个比率
低于过去某个时段的比率时，我们可以将他的断言与事实进行
核对。我们也可以调查在新冠疫情早期那些效果常常被过分夸
大的药物，例如羟氯喹（hydroxychloroquine），是否真的对治
疗新冠肺炎有效，以及是否会引起某些副作用。[3] 这些都是事实，
它们的存在不会因为总统、疾病控制与预防中心或者任何其他
人的断言而改变。

　　新冠疫情也强调了第三个重要的区别：(a)事实是什么和(b)
我们应该如何应对。描述现实世界和制定政策是两件不同的事。
新冠肺炎的感染率正在下降的事实，无论在何时下降，这一事
实本身都不能告诉政府是否可以放松现行的防控措施，也不能

告诉人们何时可以恢复堂食、参与现场政治集会或者去教堂做礼拜。同样，感染率正在上升的事实，无论在何时上升，这一事实本身也都没有告诉大学要停止线下授课，或者建议个人停止搭乘公共交通工具。所有这些关于行动的决定都基于事实，但仅靠事实是不够的。在制定政策和个人决策时，遵循科学，也就是遵循事实，是明智的，实际上也是必需的。但是，遵循事实和科学意味着将政策建立在真正的事实上，而不是建立在对事实的错误信念或者"替代性事实"（alternative facts）上。这意味着我们应该利用而不是抵触科学给我们的启示。不过，与科学家和政府官员偶尔发表的声明恰恰相反，遵循事实和科学并不表示，也不能表示，仅凭科学和事实就能决定某些政策应该是怎样的。政策的制定需要利用事实得出结论，而这些结论负载着不可还原的规范性和价值取向。这些政策的决策常常要求权衡，而这种权衡下的方案不能仅仅由事实来决定。如何处理事实并不仅仅是一个事实探究问题，正如如何运用科学并不仅仅是一个科学任务。无论遵循科学和事实有多么重要，意识到科学和事实的局限性也同样重要。

事实本身并不能指示民众或政府应该做什么，但事实始终是明智的公共决策或个人决策的基础。已故的美国参议员丹尼尔·帕特里克·莫伊尼汉（Daniel Patrick Moynihan）曾说过一句令人印象深刻的话："人们有权拥有自己的观点，但无权拥有自己的事实。"这句话提醒我们，正确的决策取决于弄清事实。[4] 正如他在同一个场合说的："弄清事实是第一步。"尽管莫

伊尼汉谈论的主要是政府政策的决策，但事实问题也为人们日
常的很多个人决策提供了基础。例如，有些人拒绝光顾一些场
所，这些场所的业主是三 K 党成员或是其他一些人，这些人持
有种族主义或其他被这些潜在顾客所痛恨的观点。但这些潜在
顾客面对的第一个问题是，业主是不是三 K 党成员，或者是否
持有种族主义观点。这些是关于事实的问题，它们是我们日常
生活的一部分。人们拒绝光顾业主是三 K 党成员的店，在道德
上可能是（也可能不是）一件好事。但如果人们拒绝光顾一家店，
因为他们认为业主是三 K 党成员，而其实业主并不是，这在道
德上显然不是一件好事。我们的生活和决定牵涉到众多由价值
观驱动的选择，这些价值观来自规范性的政治偏好、道德偏好
和个人偏好。但是，根据这些偏好采取行动要求我们先做出判
断，这个判断是事实性的，而非规范性的。做正确的事情很重要，
但弄清事实是第一步。

4

上述观点显而易见，平平无奇。但是，强调日益普遍的关
于"事实是什么"的问题，而不仅仅是关于我们或者政府应该
怎么做，是准确理解本书主旨的入口。两个多世纪以前，哲学
家大卫·休谟（David Hume）就警告说，当我们从"是"推导
出"应该"，即从描述性推导出规范性，或者从"是什么"推导
出"应该是什么"时，如果没有意识到这种推导所需的判断并
不能仅仅建立在事实的基础上，便是一种谬误。[5] 但是，企图
从"应该"推导出"是"同样是一种谬误。如果世界和平与脱
脂培根都能存在，那当然好，但光靠许愿并不能实现它们。本

书的前提是，关于事实的争论本身固然重要，但更重要的是，这些争论为个人选择和公共政策问题提供了基础。本书试图对我们如何以及应该如何面对身边有关事实的问题和争议提供一些见解，而关于我们或政府应该如何行动的问题则留给他人。

关于证据的概念

说事实存在是一回事，确定这些事实是什么则是另一回事。一旦我们从"事实"这个概念转换到"厘清这些事实是什么"的问题，即判断哪些关于事实的断言是真的，哪些是假的，我们就进入了证据的领域，这正是本书的主题。正如哲学家喜欢说的那样，证据是使我们相信某件事为真或为假的理由或者凭据。一项项的证据都是事实，但它们也是使我们得出其他事实存在或不存在的结论的事实。某人的皮肤和眼白发黄这个事实，是此人患有肝炎这个进一步事实的证据。[6]我的汽车发动机发出乒乒乓乓的声音这个事实，是油箱里汽油的辛烷值过低这个事实的证据。苏珊被盗汽车的车门把手上有赫尔曼的指纹这个事实，是赫尔曼是盗车贼这个事实的证据。彼时已被提名的现任美国最高法院大法官埃米·科尼·巴雷特（Amy Coney Barrett）几年前曾在一份反对堕胎的传单上签字，这个事实是她当时信仰的证据，而她当时的信仰是她目前信仰的证据，相应地，她目前的信仰是她目前可能如何作决定的证据。[7]

本书只是间接涉及什么构成一个事实，以及什么构成一个真的陈述或一个假的陈述。而本书直接涉及的是，我们如何知道某个陈述或结论的真假。用哲学术语来说，本书关注的是认识论，而非本体论（或形而上学）。转换成日常用语来说，本书不是关于"是什么"或者"不是什么"，而是关于我们如何确定"是什么"或者"不是什么"。它关于在公共政策、公共协商和个人决策中对事实真假的评估。

对真相的需求

证据是判断真假的前提。但是，正如我们会在第十三章里看到的那样，心理学家所谓的"动机性推理"（motivated reasoning）在证据领域司空见惯。遗憾的是，人们如何看待这个世界上的事实，通常深受他们希望这世界怎样运转的规范性偏好的影响。尽管足球是否越过球门线并得分是一个在理论上可证实的事实问题，但进球球队的支持者几乎无一例外地认定球过了球门线，而防守球队的支持者同样无一例外地认定球没有过线。尽管贝拉克·奥巴马（Barack Obama）总统的出生地是一个事实问题，但他的支持者（正确地）认定他出生在夏威夷，而很多他的政敌（错误地）认定他出生在肯尼亚，这不足为奇。当被问及哪位总统候选人"赢"了辩论时（这个问题显然不是事实性的，也不容易被证实），仍然值得注意的是，潜在选民和专家都毫不意外而又令人乏味地选择了符合他们政治偏好的那位候选人。[8] 同样，最近发生的一场竞争激烈的总统竞选也是这样，人们对事实的评估太容易受他们的政治偏好与结果偏好影响。[9]

然而，更加根本的是，只有在乎真相的人才在乎证据。我们并不清楚在同样的情境下，真相是否对所有人都有同等程度的重要性。如果我们将真相看作人们可以偏好（或者不偏好）的东西之一，我们就可以理解，人们对真相的偏好与对幸福、爱情、友谊、野心、财富、健康和轻松，以及无数其他感情和条件的偏好相竞争。这些感情和条件有时会与真相冲突，对有些人来说，它们比真相更重要。尽管当亨利·克莱（Henry Clay）在1839年说他为做正确的事而宁愿放弃做总统时，他更多的是在谈论做人的原则而非谈论事实，但他的名言流传至今，正是因为我们目睹了很多（或者说大多数？）政治家会为做总统而放弃做正确的事。[10] 做正确的事是对真相的偏好，但不是所有人都有这个偏好，不是所有人对真相偏好的程度都同样多，也不是所有人都一直偏好真相。

如果真相是一种偏好，那么我们就该想到，可能存在一种关于真相的市场。真相的供应商，也就是证据的供应商，会明白并不是所有人都想要证据，或者想要的程度一样。尽管这个结论看似让人不舒服，但超市小报的出版商可没有不舒服。很多人热衷于阅读富商名流的落魄经历，这种热衷创造出了对名人落魄细节的不厌其详的需求。而这些信息的提供者，其中以

7

超市小报为主力军，想方设法满足读者的这种需求，无论那些落魄经历是否真实。显然，那些富商名流时运不济、马失前蹄的故事与现实（即证据）越来越脱节，直到人们降低对这些故事的需求。同样明显的是，当对名人落魄经历的描写真实到变得无趣时，对此的需求也会降低。靠博人眼球而成功的超市小报出版商属于那些能最准确地评估人们对耸人听闻的故事的需求和对真相的需求之间关系的人。那些盈利颇丰的小报出版商已经找到了最佳平衡点——在这个最佳平衡点之上增加更多真相（更多证据）或减少耸人听闻的内容都会降低人们对信息的需求。小报生意的成功取决于发现耸人听闻的内容和真相之间的平衡点，使得阅读量最大化（从而使销量和广告收入最大化）。

　　本书并不是关于出版业的，无论是小报还是学术著作出版，或者介于两者之间。尽管近期的事件足以说明以下观点，但我还是绕了个圈子，借用小报出版这个例子来说明，并没有很多人认识到，在任何问题上、在任何时候，更多真相（或者更多知识）对任何人（或机构）都同样重要。同样没有被认识到的是，证据作为知识和我们判断真假的基础，在任何问题上、在任何时候，对任何人都同样重要。本书的主题是证据。它建立在证据往往很重要，因为真相往往很重要的前提上。但如果我们想理解证据在这个世界上、在公共政策和个人决策中的位置，我们就需要理解证据和真相并不是唯一的价值所在。

关于事实和观点

阿道夫·希特勒（Adolph Hitler）留着胡子是事实，他于
1889 年 4 月 20 日出生于奥地利的布劳瑙市也是事实。他很邪
恶同样是事实，但这个事实与前两者的不同在于，它是评价性
的。它牵涉到判断，或者也有人称之为"观点"。上述例子中的
判断很容易做出。至少在我交往的人中，几乎没有人会反对将
希特勒描述为邪恶的。然而，评价往往充满争议，并没有那么
显而易见。而且，更麻烦的是，评价往往暗藏在看似事实性的
陈述中。哲学家菲莉帕·富特（Philippa Foot）提出了一个概念，
被哲学家伯纳德·威廉斯（Bernard Williams）命名为"厚重的
伦理学概念"（thick ethical concept）。[11] 厚重的伦理学概念指将
事实和评价相结合的描述，比如"粗鲁"和"慷慨"这样的形
容词、"懦夫"和"英雄"这样的名词、"粗心地"和"细心地"
这样的副词，甚至是"匆忙"和"闲逛"这样的动词。

当我们提供"深描"（thick description）时，就像陈述单
纯的事实一样，需要证据。从这个意义上讲，本书既适用于
支持（或反对）弗朗切斯科·斯凯蒂诺（Francesco Schettino）
是"懦夫"这个结论的证据，同样也适用于"歌诗达协和号"
（Costa Concordia）邮轮沉没了这个结论的证据。2012 年，"歌
诗达协和"号邮轮在海难中沉没，作为船长的弗朗切斯科·斯
凯蒂诺弃船而逃，造成 32 名船员和旅客死亡。[12] 但是，我们需
要参考"怯懦"的标准，才能确定什么是将某些行为描述为"怯

懦"的证据，而"怯懦"的标准不像描述一个事件为"沉没"的标准那么显而易见、没有争议。

　　看看最近的政治事件和争议，比如我们认为指控某人是美国共产党成员一般来说是一个非真即假的指控，因为美国共产党是一个真实存在、拥有真实成员的组织。但指控某人是共产主义同情者，或者现今更常见的，指控某人是社会主义者，则是提出了一个包含着有争议的定义的指控。[13] 这个道理同样适用于问某人是否认为美国存在着系统性种族主义的问题，法官巴雷特在她的确认听证会上就被问到了这个问题。这个问题预设了对系统性种族主义这个充满价值取向和争议的概念的定义，它将一个充满争议的政治问题伪装成一个纯粹的事实问题（仿佛其答案也不含有评价性）。[14]

　　本书不是关于修辞或政治策略的，也不是关于规范性政治或道德论证的书。本书关于证据，也就是关于我们如何知道某物或某人是否符合特定标准或定义的某种事物。黄昏时分在房子周围飞来飞去的是一只鸟还是一只蝙蝠？那辆 20 世纪 30 年代的汽车是道奇（Dodge）牌还是奥斯莫比（Oldsmobile）牌的？我们又是如何知道的？但本书的重点不是关于一些评价性特征——比如粗鲁、懦弱、勇敢、系统性种族主义——的定义（或标准）应该是什么。或者换一种说法，并不是所有问题都是关于证据的问题，尽管人们总想把价值相关的问题装扮得看起来像是只关乎证据的单纯的事实问题。

关于法律的几句话

本书既不关于法庭审判中遵循的证据法，也不关于电视电影里所描绘的证据法（这两者根本不是一回事）。尽管如此，我们在考查人们在公共政策和日常生活中实际以及应有的对待证据的方式时绕不开法律。尽管证据法偶尔会影响到我们对法律领域之外的证据的判断，但这种情况很少见。证据法在法律领域之外的情境中的影响力，更多地来自法律制度在近三个世纪中持续对证据进行的某种程度上的系统性思考，并且这种思考往往很慎重。[15] 英美法系国家的法律制度尤其如此。[16] 有时，法律制度在演化成现在这个样子的过程中，糟糕的观念可能会随时间推移而根深蒂固，因为法律制度偶尔（或者常常）偏好古已有之的糟糕观念，而不是新颖的好观念。事实上，奥利弗·温德尔·霍姆斯（Oliver Wendell Holmes）大法官曾说，被要求遵循先前的结论"令人厌恶"。"那些先例一直存在的唯一理由是在亨利四世（Henry IV）时期它们就已经被定下来了。"[17] 尽管如此，在几百年间，最睿智和最深思熟虑的法官的思考也能产生明智的想法和宝贵的观点，尤其是当这种思考发生在具体案例的情境下，而这些案例涉及遇到实际问题的真实的人时。忽视人类累积的智慧宝库将是一个错误，我在本书中也无意这样做，我也不想忽视自然科学家、社会科学家、历史学家和哲学家等在努力解决证据问题时产生和累积的关于证据的本质和使用的智慧，即便这些智慧并不那么系统。

预览

本书的章节是按照主题分的，而不是按严格的逻辑或序列分的。在证据这个宽泛的主题下，每一章都处理一个特定的话题。但是，章节的排列并不遵循从头到尾的系统论证过程，而是在某种程度上互相独立，这使得每章多多少少可独立成篇。后面章节偶尔会引用前面章节，或者前面章节偶尔会预告后面章节的内容，这些前后的呼应将本书串联起来，但是那些期望本书从前提一直往前推进到结论的读者恐怕要失望了。当霍姆斯法官说他"不在乎体系，只在乎见解"时，这表明了至少对他来说，零碎的和渐进的观察和分析往往比宏大的综合性理论更有价值。[18] 证据这个话题特别适合霍姆斯的方法，本书的组织正
11 是以这个信念为前提，即关于证据，有趣且重要的内容有很多，尽管不是所有的内容都能简洁、系统而有逻辑地集成一体。

话虽如此，接下来的几章可以分为四大组。第二、三、四章主要关于证据概念本身。这三章将聚焦于推断和相关性的问题，从概率思想的视角考查证据，特别关注为什么举证责任在各个领域都很重要却常常让大家困惑。具体而言，第二章讲述推断和相关性的基础知识，考查证据如何对关于我们感兴趣的事实的结论产生影响（或没有影响）。第三章关注举证责任的思想，探讨在一个充满不确定的世界中，我们如何确定证据的不确定性是否及何时对某个目的来说足够好（或不够好）。 第四章试图将推断和举证责任的概念与概率和统计的思想联系起来，

让我们意识到"多少"的问题，即使并不以数字的形式表达，也是很多关于证据的重要问题的核心。

　　我们知道的很多事情，都是从别人告诉我们的内容中学到的。头戴猎鹿帽的夏洛克·福尔摩斯（Sherlock Holmes）用超大的放大镜寻找物理线索的形象深入人心，经久不衰，但我们使用的很多证据并不是我们看到或找到的，而是来自他人的陈述，或者说他人的证词。第五、六、七、八章重点讨论这种广义上的证词。在第五章中，利用哲学家最近对证词的兴趣，我们将探讨证词这个概念，并考查我们应该在何时及为何仅仅因为别人告诉我们的话而下结论。可是，人们说的话并不都准确。第六章关注的是律师等人长期以来用来评估人们所说的话是否准确的手段。不论是在法庭内外，发誓有助于人们说实话吗？无论是对目击证人还是其他人，交叉询问有助于检验证词的真 ¹² 实性与准确性吗？ 当我们意识到对证人有所了解有助于我们评估证人证词的证据价值时，我们将如何校正证词？确实，当我们日益面对一个政治人物及其他人常常有意说谎的世界时，我们常常希望有区分说谎者和说真话者的好办法。第七章专门考查测谎，我们追溯了测谎技术的发展和法律制度对这类技术一直秉持的怀疑态度，以及与此同时，法律制度对法官和陪审员判断谁说真话、谁说谎话的能力毫不怀疑的惊人态度。然而，并非所有错误都是谎言的产物。诚实的人也会犯错，即使是在他们相信是自己亲眼所见、亲耳所闻的事情上。他们甚至在自己亲身经历过的事情上犯错。第八章接着讨论人们在感知和回忆中的无心之过，这是我们能否将他人的陈述作为他们所报告内容的证据的核心问题。

正如最近的争议一再戏剧性地证明的那样，专家意见至关重要。人们有时会说，我们生活在一个"专家的时代"。[19]然而，我们也生活在专家对决的时代，在这个时代里，专家的结论被用来支持不同的方面，而"专家意见"作为众多专家集体判断的概念也变得难以捉摸。第九、十、十一章探讨了专家和专业知识的世界，集中讨论专业知识如何被使用、被评估，以及有时受到的挑战。第九章考查作为证据的科学结论和科学家得出的结论，我们将利用最近关于疫苗接种、气候变化、新冠疫情和转基因生物的争论，探究在对公共政策日益重要的证据判定中科学专家的作用。在与法律和法庭关联最为明确的第十章中，我们将探讨目前关于法医技术的争论，这些法医技术长期主导着警察题材的电视剧，同样也主导着现实中的法庭和侦探活动。然而，指纹、声纹、轮胎痕迹、弹道痕迹测试、笔迹鉴定等技术是否像它们宣称的那样可靠？我们又如何确定？第十一章在品酒、艺术品鉴定和历史写作等广泛领域考查事实性结论。这些领域不属于科学，但依然需要专业知识。它们非常倚重专家结论，这在很多时候是好事，但有时也是坏事，尽管产生这些结论的方法与任何看似科学的东西都相去甚远。

第十二、十三章讨论一些并不能被很整齐地归类的话题，但这些话题可以与认知和社会心理学的当代研究相联系。第十二章提出了性格问题，及与之相关的过去行为与当前判断的关联性问题。性格重要吗？了解一个人的为人有助于我们判断他做过什么吗？了解一个人过去做过什么有助于我们预测他将来会做什么或者目前可能已经做了什么吗？第十三章讨论了动机性推理的现象。在评估证据时，评估者是否倾向于看到他们想看到的东西？我们的期望多大程度上影响了或者说扭曲了我们对真实状况的判断？

　　上文应该已经清楚地表明了，证据这个话题牵涉到领域广泛、互相间只有松散关联的许多子话题。但这并无不妥。整体有时确实可以大于部分之和，即便并不总是这样。或许关于证据的众多话题正是这个现象的很好的证据。尽管如此，接下来的内容中还是贯穿着几个反复出现的主题。第一，概率很重要，非常重要。证据这个概念本身是关于归纳推理的，因此也与概率有关，即使不一定用数字表示。证据的概率本质将是反复出现的主题。第二，证据有程度之分。有时候，人们在毫无证据的情况下得出结论并做出陈述，并且这种情况似乎于今为烈。但是，尽管"没有证据"确实是没有证据，但薄弱的证据依然是证据。薄弱的证据常常自有其用处。再次强调，"有多少证据"的问题和"有没有证据"的问题同样重要。第三个主题跟随着第二个主题而来。我们有什么证据，或者我们有多少证据才算足够好，这取决于我们要拿这些证据做什么，也取决于我们掌握的证据足不足以支持某些结论。换句话说，"与什么相比"和"为了什么目的"这两个问题将是反复出现的主题。我希望所有这些都将随着本书的进展而变得清晰起来。

第二章

斑马、马与推断的本质

　　有一句俗话说："如果你听到马蹄声，你应该猜是马，而不是斑马。"这句广为人知的俗语据说是马里兰大学医学院的西奥多·伍德沃德（Theodore Woodward）医生在 20 世纪 40 年代说的。这句话想要告诉我们的是，除非你是在动物园或者非洲大草原上，不然马要比斑马常见得多。尽管马蹄声有极小可能性来自一群从附近动物保护区逃出来的斑马，但更有可能的解释是，马蹄声是由马发出的。概率很重要。由于概率的重要性，某些现象的可能性最大的解释，最有可能是正确的解释，这听起来像是同义反复。

　　当然，选择最有可能的解释并不能让你得诺贝尔奖，甚至不会让你在晚间新闻中露脸。[1] 这就是为什么"人咬狗"在新闻界是一个被用烂了的梗。狗咬人不足为奇，毫无新闻价值，而人咬狗却因为出人意料而成为新闻素材。

而且，不仅仅每日新闻是这样，几年前一本很受欢迎的书《黑天鹅》（*The Black Swan*），也讨论了人们对罕见和意外事件的发现和研究。[2] 这种想法至少对于某些目的来说是正确的。毕竟，如果威尔伯·莱特（Wilbur Wright）说："奥维尔（Orville Wright），我们为什么不坐火车呢？"就没有人还会记得莱特兄弟了。同样，乔治·格什温（George Gershwin）和艾拉·格什温（Ira Gershwin）为 1935 年首次公演的歌剧《波吉与贝丝》（*Porgy and Bess*）创作的红极一时的歌曲中提到，"事情不一定是这样"，它也提醒我们概率只是概率，有时那些可能性小的解释反而更重要，尽管可能性小。

发现和追求不寻常的和意料之外的事物确实对发现、创造和创新很有价值。[3] 但是，期待预期中的结果，往往也是有价值的——认识到概率的重要性并信赖它。在没有更多信息的前提下，猜马而不是斑马，猜对的可能性更大。

"猜马，而不是斑马"与证据的关系是，证据与推断有关，而推断与概率有关。演绎推理（所有的鸟都有脊椎骨，这只鹦鹉是一只鸟，所以这只鹦鹉有脊椎骨）是理性思考的核心。而归纳推理也一样重要，尽管归纳推理的结论不一定遵循它的前提。比如，"大部分意大利公民讲意大利语，这位女士是意大利公民，因此她可能讲意大利语"。结论可能在某些特定条件下并不成立，这样的归纳推理是证据思想的核心。一个人是意大利公民，是这个人说意大利语的强有力的证据，但这样的归纳推理在某些特例中可能是错的。确实有一些意大利公民不说意大利语，他们可能来自意大利北部说德语的地区，或者他们可能只说西西里或者威尼斯的本地方言，或者他们可能来自新移民家庭，在家使用他们的母语。然而，这些错误的可能性并不表示一些人的意大利公民身份不是他们说意大利语的证据。相信一个意大利公民会说意大利语是很好的归纳推理，而它是一个很好的推理的原因并不是因为这个推理是一个逻辑必然，就像演绎推理那样，而是因为它是基于证据的。

17

让我们考虑一下医学诊断过程，这正是"猜马，而不是斑马"这个俗语出现的领域，而且，在教医学生诊断技术时，人们还在继续借用这个俗语。医生看到一个症状，或者一系列症状，并根据她的知识储备推断（或假设）这些症状可能的原因。更确切地说，她可能不仅仅看到了患者的症状，也了解了患者的生活方式和病史的方方面面，我们把这些信息与症状的结合叫做"指征"（indications）。比如，医生可能知道一个皮肤上有环形红斑，抱怨发冷和头疼的患者恰好喜欢穿短裤爬山和在野外露营。根据这些指征，医生推断患者得了莱姆病（Lyme disease）。她这样诊断是因为这些指征在以往病例中往往与莱姆病有关。[4]当然，这些指征，即这一个个的证据，也可能不是由莱姆病而是由其他疾病引起的。有些瘀伤可以形成环形红斑，体癣也同样可以。即使是对穿短裤的爬山者和野营者来说，发冷和头疼也有很多可能的原因。这些指征汇集在一起，却不是由莱姆病引起的，这种可能性不是没有，但非常微小。因此，鉴于这些指征，推断环形红斑的病因是体癣就像猜斑马，而马

的角色是由莱姆病来扮演的。面对如上所述的指征，如果没有
与之对立的证据，一个合格的医生通常会按莱姆病来诊断和治
疗。她这样做并不是因为诊断为莱姆病是百分之百正确的，而
是建立在概率的基础上。[5]伊恩·哈金（Ian Hacking）认为，
归纳推理包含着不可避免的"风险"，就像以上例子。因为归纳
推理对特定的事例可能是错的，这点和逻辑演绎不同。[6]无论马
蹄声来自马的概率有多大，马蹄声来自斑马的可能性还是存在
的，哪怕很小。因此，马蹄声来自马这个推断中包含着出错的
风险。但是，这个风险是归纳推理中固有的，因此也是基于证
据得出的结论中固有的。

18

　　莱姆病的例子让人联想到医疗领域最近兴起的所谓"循证
医学"（evidence-based medicine）运动。这个命名乍一听会让
人不安。真的还有如这个名字所暗示的其他的医学吗？真的还
有医生行医不遵循证据吗？或许叫"无证据医学"（evidence-free
medicine）？那会让人很不安。谁会要一个不在乎证据的医生
看病呢？

　　但是，让我们仔细考查循证医学运动。它兴起于加拿大麦
克马斯特大学（McMaster University），盛行于英国，如今遍布
全球。[7]如同其他运动一样，它吸引着一群忠实的追随者，偶尔
也会招来愤怒的反对者。[8]这个运动的宣言有力地表达了它的核
心思想，即循证医学"慎重、准确、明智地运用目前最好的证
据来确定每个患者的治疗方案"。[9]就这句话本身而言，很难看
出这怎么可能有争议。但当我们深挖由循证医学引发的争论时，

就会清楚看到争论源自循证医学看似明确、实则隐晦的主张，即从随机对照试验中得到的证据处于证据金字塔的顶端。对于循证医学的真正信徒来说，有临床经验的医生从他的知识、技能和经验中得到的偏定性的、有时凭印象的证据，处在证据金字塔的下层，因此价值较低。但是，如果你是个经验丰富的医生，长期以来主要依靠从多年行医经历和成百上千个患者身上积累起来的经验来诊断和治疗，你会将循证医学运动的证据金字塔看作威胁，或者冒犯，或者两者皆有。

19

我不想在这里对循证医学的支持者和反对者之间的争论做裁判。但这个争论强调了一个观点，即证据有好坏之分，衡量证据好坏的标准是从这些证据中推断出结论的强度，而衡量这种强度的标准是结论正确的概率。正如循证医学运动提醒我们的，通常来说，当证据来自精心设计和执行的对照试验或者其他同样严格的方法时，这种概率最大。关于各种新冠疫苗有效性的研究就是一个很好的例子。在万众瞩目下，莫德纳（Moderna）公司的"mRNA-1273"新冠疫苗的初试招募了30000多名研究参与者，一半人被注射了疫苗，另一半条件相同的人被注射了安慰剂。结果发现，安慰剂组出现了95例感染，而治疗组出现了5例感染，这个差别得出了94.5%有效性这个广为流传的结论。[10] 循证医学运动将这样的研究置于证据金字塔的顶端。

但现在我们假想一个临床医生，她已经治疗了38名未接种疫苗且新冠病毒检测已呈阳性的患者。她给所有患者提供了普通流感的标准治疗，比如说使用达菲（Tamiflu）。除了两位患者外，其余患者的病情都没有进一步发展，也无须住院。当她接诊第 39 位没有接种疫苗的患者时，她从过去的经验中推断出达菲对缓解新冠肺炎症状有效，并据此提供处方和治疗。

20　　　可能这位临床医生接诊的患者不用达菲，病情好转的比率还是一样，这个关于达菲有效性的基于经验的推断不能完全排除这个可能性。也有可能，另一个治疗方案会产生更好的治疗效果，无论以治愈速度还是以治愈率来衡量。而设置一个精心设计和执行良好的对照试验的目的，就是排除以上及其他原因，正是这些原因让患者没有使用达菲就痊愈了。可以想见，从对照试验得出正确结论的概率会比从经验推断得出正确结论的概率高。由于根据证据的推理是归纳性的，而归纳推理是概率性的，因此根据证据的推理必然是概率性的，并且更高的概率是衡量更好证据的标准。

　　　然而，重要的是要认识到，实验或实验室并不能使基于实验的证据一定比其他类型的证据更有说服力。从对照实验中得出正确结论的可能性常常比从其他类型证据得出的更高，但这并不绝对。有些实验的设计很糟糕，有些实验室很混乱。与此同时，也有些基于经验的定性推断，其证据来自时间跨度长、数量非常大的案例（即数据点），它们试图从可能的原因中分离出真正的原因，同时排除其他可能的原因，这种做法在理论上与科学家做受控实验室实验类似，只是没有那么精确。[11] 因此，尽管关于循证医学的争议告诉我们证据有好坏之分，提醒我们结论正确的概率是衡量证据强度的标准，但这个争论也提醒我们，定性的或者基于经验的证据依然是证据。循证医学运动用"循证"一词隐晦地让我们相信，不依赖大量已发表并经过同行评审的实验室或其他实验证据的医学，根本就不是在使用证据。[12] 但这是一个错误。其他类型的证据不但存在，而且有时候产生的推断的正确率还很高。问题不在于证据的有无，而在于证据的好坏。经过同行评议程序的对照实验和随机对照试验是科学推断的金标准。[13] 但其他形式的信息和由此产生的推断常常也可能是正确的，甚至可能性非常高。因此，那些其他形式的信息可以被当作证据，而且常常是非常好的证据。

认识到较弱的证据依然是证据，并不是要否认有些人（常常还是政治人物和公众人物）的断言真的完全没有任何证据支持。例如，没有任何证据表明，有一个叫"Q"的神秘人物带着他那魔鬼般的恋童癖帮派渗入了民主党。[14] 有人将认为这个阴谋存在的说法形容为"毫无证据"，这是完全正确的。同样的例子还有，美国联邦地区法官马修·W. 布兰(Matthew W. Brann)在 2020 年 11 月 21 日愤怒地总结道，对 2020 年总统选举中存在欺诈的指控毫无证据。[15] 但这些都是极端案例。更常见的情况是，人们指责某些陈述或结论没有证据，其实是在指责现有的证据不合适，或者不足以让指责者满意。有时候，支持某些结论的现有证据如此薄弱，以至于即使从技术上讲有证据，也应该被视为没有。但"没有证据"的指控常常反映了一个错误的观念，即只有具体的实物证据或者书面证据才算证据，目击者的证词或许也能算，除此之外的东西都不算证据。 本节的启示就是，这不是真的。我们将在下文反复回顾这一点。各种各样的东西都可以是证据，包括实物（典型的是凶器或者尸体）、书面文件、个人观察、过去经历以及他人告诉我们的话。尽管所谓的间接证据通常在电视里或者被有罪被告的律师驳回或诋毁，但法律制度正确地认识到间接证据可以是非常好的证据，我们其他人也通过无数方式，在无数场合中意识到了这一点。[16]的确，缺乏证据也可以是证据。[17]因此，尽管我们应该就其结论的证据质询官员及其他人，我们也应该质询那些希望得到和已经提供不同类型的证据的人，目的是搞清楚怎样的证据能让他们满意。

　　对证据缺失的抱怨往往掩盖了对证据数量和证据类型的抱怨。在第三章，我们会回到需要多少以及多强的证据才能下结论或者采取行动这个半定量问题。然而，我在这里想要强调的是，不仅在"没有证据"和"证据类型不能让我满意"之间，也在"没有证据"和"没有足够证据让我满意"之间存在显著的不同。就像前者的抱怨往往用"没有确凿证据""没有具体证据""没有直接证据"来表述或者说掩饰；后者也往往表达为"没有决定性证据""没有确定的证据"，甚至是"没有证据"。[18]两者的表述方式虽略有不同，但都包含着（或许出于无心的）负面推断，即抱怨者希望贬低至少其中一部分支持结论的证据。这些贬低中有些是合理的，有些不是。但这些表述应该让听众或者读者警觉到，确实存在一些证据，而不是毫无证据。

证据有什么用？

让我们先退一步，来看看证据的意义何在？这么问让我们清楚地意识到自己并不重视证据本身的价值。证据并不像幸福、快乐或者尊严一样被理所当然地当作目的而非手段。相反，证据是达到某些目的的手段，而这些目的是我们关心的某些事实性结论。我们关心的事实性结论中包含着的假设是，这些结论是有价值的，因为它们是真实的，或者当它们是真实的时候，它们是有价值的。因此，通常来说，只要证据为我们揭开真相，或者更确切地说，给我们对真实的信仰，那么它就有价值。

因此，面对任何声称的证据，我们都需要问两个问题。第二个问题是这个证据试图证明什么，而第一个问题是声称的证据本身是否真实。如果皮肤发黄是肝炎的证据，那么第一个问题是皮肤是否真的发黄。如果汽车发动机发出"乒乒乓乓"的声音是汽油的辛烷值过低的证据，那我们必须首先确定发动机是否真的发出了"乒乒乓乓"的声音。同样，当证据的真实性不明确时，比如目击者看到被指控抢劫银行的被告曾在银行周围徘徊，而不久后该银行就被抢劫了，如果我们要把目击者证词作为证据，那么我们首先应该确定该目击者看到的确实是被告。在选举中，如果非裔美国人为主的社区的选民投票率远低于白人为主的社区而被认为是选民压制的证据，那我们必须首先确认非裔美国人为主的社区的选民投票率确实低于白人为主的社区。

很明显，这些作为基础的"第一步"本身就是证据的产物。被告在某个时段里在银行附近徘徊，这是从目击者的感知提供的证据中得出的结论，而这个感知是目击者声称自己亲眼所见的证据。但是，尽管目击者在银行附近徘徊是从证据得出的结论，但这个结论也是某些其他结论的证据，包括被告抢劫了银行。再说法庭以外的例子，比如，我们可以说，北极冰盖面积减少是全球变暖的证据，而相信北极冰盖正在缩小本身也是基于证据的。再如，非裔美国人为主的社区的选举投票率低于白人为主的社区，这既是得出选民压制结论的证据，同时其本身也是一个结论，这个结论基于能告诉我们选举投票率的证据。所有证据，或者至少几乎所有证据，都有两面性。它通常基于其他证据，同时又是别的什么结论的证据。因此，当我们说一项证据是某样事物的证据时，我们也需要记得这项证据同时也是另一项证据试图证明的结论。

因此，证据通常基于其他证据。[19]更重要的是，只要某样事物能导致某个结论，或者导致某个假设成立或者不成立，那么这样事物就是证据。然而，"导致"这个词太模糊了。某些事实和某些结论之间究竟存在什么关系，使得这些事实成为证据，而不仅是自由漂浮的数据？所谓的证据支持某些结论，或者证据反对某些结论，是什么意思？探讨这些问题正是我们的下一个任务。

贝叶斯牧师的布道

托马斯·贝叶斯（Thomas Bayes，1702—1761）牧师曾是一位长老会牧师，我们猜测他将周日的部分时间用来传播福音。但是没人记得他的布道。人们记得的是他对概率和统计理论的贡献，贝叶斯定理就是其中之一。我们无须在此研究其数学公式。通俗地讲，贝叶斯定理是关于新增证据如何逐步地（或者说连续地）作用于某些结论。在贝叶斯方法下的推断始于人们对某些结论的概率的估计。用贝叶斯方法的术语来说，这叫先验概率（prior probability），如今使用贝叶斯方法的人常常将其简称为先验（prior）。接下来，每当人们得到新证据时，他们会根据每一项新增证据，向上或者向下重新调整先前结论的概率，以此产生一个后验概率（posterior probability）。

让我们思考一下著名且偶尔还有争议的关于托马斯·杰斐逊（Thomas Jefferson）和萨莉·海明斯（Sally Hemings）的案例。如果我们在几十年前问，托马斯·杰斐逊使他家的一个名叫萨莉·海明斯的奴隶怀孕的概率是多少，我们会根据以下事实算出或者假设一个不为零的概率，这些事实是萨莉·海明斯是杰斐逊家里的一个奴隶，而男性奴隶主在弗吉尼亚州和其他地方常常与他们的奴隶发生几乎总是胁迫性的性关系，而且这种性关系有时会导致怀孕。这些背景事实会产生一个杰斐逊使海明斯怀孕，以及他是海明斯一个或几个孩子的父亲的先验概率。而当海明斯的孩子们在各种记录中描述杰斐逊是他们的父亲的证据公之于众后，这些证据提高了杰斐逊使海明斯怀孕的概率。一些人口普查记录也与杰斐逊是海明斯的孩子的父亲这个假设相吻合，进一步提高了这个概率。后来，DNA 检测也证实了一些杰斐逊的后代与一些海明斯的后代拥有某些相同的DNA，这个结果更进一步提高了这个概率。随着后续持续新增的证据，一个开始概率很低的可能性最终变成了概率很高的结论。事实上，致力于研究和保存关于杰斐逊的一切的托马斯·杰斐逊基金会，明确地依靠贝叶斯理论来解释他们如何得出杰斐逊是海明斯的孩子的父亲这个结论。[20]

根据贝叶斯方法，检验某个事实是不是另一个事实或某个结论的证据是渐进的。如果一个事实提高了某个结论的可能性，使其高于没有这个事实时结论的可能性，那么这个事实就是这个结论的证据。而如果一个事实降低了某个结论的可能性，那么这个事实就是反对该结论的证据。但是如果一个事实既没有增加也没有降低我们之前所相信的概率（即先验概率），那么这个事实根本就不是证据，或者至少不是支持或者反对我们所考查的结论的证据，当然，它可能是支持或者反对其他结论的证据。[21]

这种对证据的递增式的定义已被许多关于科学的实践者与思考者广泛接受。[22] 可惜，这个合理的证据概念有时会被哲学文献中出现的不那么合理的证据概念取代，即除非证据所支持的结论为真，否则证据只是潜在证据。[23] 但这是错误的，即便用更宽松的评判标准，这也是对证据的定义和"证据"这个词语的一种奇怪的、非常规的理解。以著名的艺术品伪造者汉·凡·米格伦（Han van Meegeren）为例，此人是 2020 年电影《最后的维米尔》（*The Last Vermeer*）的原型。[24] 1937年，鹿特丹的博伊曼斯美术馆（Boijmans Museum）通过多位备受尊重的艺术品商人购买了一幅据称是维米尔（Johannes Vermeer）创作的画《基督在以马忤斯》（*Christ at Emmaus*）。这幅画不仅仅据称是维米尔的真迹，而且在知识渊博的艺术品商人和同样知识渊博的美术馆专家看来也的确如此。美术馆安排了当时能够实施的鉴定测试，发现颜料的类别看起来是当时的颜料，也是维米尔惯用的颜料；帆布是当时的帆布，也是维米尔惯用的帆布；将帆布铺平的木框也同样没有破绽；画上的笔触看起来是维米尔的风格，并且也只有维米尔用过的那种类型的画笔才能画出那样的笔触；德高望重的维米尔专家亚伯拉罕·布列迪亚斯（Abraham Bredius）也宣布此画为维米尔真迹。直到十年后，伪造者自己坦白了，人们才知道这幅画是赝品。[25] 那么，问题现在变成了，既然我们知道了这幅画是赝品，我们是否应该将那些颜料、画布、木材、笔触和专家意见视为证据，还是仅仅视为潜在证据，其作为证据的地位随着伪造被揭穿而消失？

　　看起来，这些零散信息到底是证据还是潜在证据，似乎只是一个定义之争，但问题没那么简单。认为这些信息只是潜在证据的观点假定，只有在事实真相被揭开后，我们才能最终评估某些事实是不是证据。但这不是我们评估证据的方式，也不是我们使用和重视证据的原因。我们重视证据因为它能告诉我们这个世界的某些方面，而我们对这些方面还不确定。撇开宗教信仰问题不谈，当我们对世界的某些方面很确定时，我们就不需要证据了，尽管我们可能有过证据。只有在我们不确定的时候，我们才需要并使用证据，也正是在这个时刻，我们才需要确定某样事物是不是证据。确定某样事物是不是证据发生在发现真相的过程中，是发现真相的过程的一部分，而不是发生在真相被大白于天下之后。这就是为什么把证据理解为使某个不确定的结论变得更确定（或者更不确定）的事物很重要，证据的地位不会在我们确定了真相后消失。

上述"反对潜在证据"之说与法律制度相似，前者接受可以有真正的证据支持最后被证明是错误的假设；而后者也将任何能使某个结论更可能或者更不可能成立的事实视为相关证据，即视为证据。正如《联邦证据法》（*Federal Rules of Evidence*）第 401 条规定："如果一项证据与没有该证据时相比，使得一个（重要）事实更有可能或者更不可能，那么这项证据是相关的。"大多数州的州证据法几乎逐字照抄这条。法律会这样看待问题并不奇怪。在法庭审判中，关于证据可采性的裁决是单独的和渐进的，而且显然先于最终判决。因此，在某样事物试图证明的真相，以及还有什么其他证据都未确定的情况下，法官必须对该样事物能否被采纳为证据作出裁决。可见，对法律来说，"潜在证据"这个概念没什么用，对法庭之外的我们也一样。

因此，证据概念在广义上与贝叶斯牧师的教导相符。尽管对于人们是否善于做概率推理存在争议，但我们不应该对贝叶斯主义的思想本身施加过于严格的检验。[26] 我在本书中只选取了贝叶斯众多方法中的几个，因此只关注递增性如何成为贝叶斯方法的宝贵核心，即贝叶斯牧师建议我们将证据视为使某些结论或某些其他事实比在我们得知该证据之前所认为的更可能。如果人们能量化先验和后验概率，或许这个方法会达到最佳效果，但人们是否能够或者应该这么做是另一个问题。只要我们能接受"信念有程度之分"，也就是说，只要我们能接受，比如，"多于""少于""强于"和"弱于"等说法是合理、现实的思考方式，包括思考证据的方式，那么关于我们是否能够准确量化这些概念就不是最重要的了。[27] 当我们问某样事物是否为某结论的证据时，或者当我们批评某人没有提供证据时，我们所做的是看看是否有某样事物能使我们对结论的看法有显著变化。例如，美国前总统特朗普于11月5日总统大选后发表讲话，声称选举舞弊现象普遍存在，在随后引发的关于证据的争论中，我们应该问自己，在听到那次讲话之前，我们估计这种舞弊的可能性是多少。对那些批评总统没有提供证据的两党人士最好的理解是，总统说的话并没有使他们调整之前对舞弊可能性（非常小）的评估。

我们可以反事实地想象一个确实提供了证据的讲话。想象特朗普说："四个州的总检察长（其中有三个是民主党）告诉我，他们目前正在调查选举舞弊的指控。"即使这一断言可能没有进一步的信息支持，即使这一断言是根据别人的言论（即所谓"传

29

闻"),这一断言本身可能依然可以算作证据,假设(当然,这可能同样也是反事实的)如果总统不准备提供更多细节,他就不会这么说。但是,如果仅凭这个假设而没有其他假设,即使没有文件、没有更多细节甚至没有对于这个所谓的调查的任何结果,这个声明本身也可能被视为证据。我们将在第五章中进一步探索简单的未被证实的陈述如何成为证据,就像上文假想的总统声明。但是在这里要注意的只是,某样事物作为证据可以是很弱的证据,也可以同时存在其他指向相反方向的证据。

回到斑马

"猜马,而不是斑马"这句俗语强调了对证据的推断从根本上具有概率的性质。即便人们说他们曾亲眼看到了某物,比如斑马,他们真正说的是他们过去有过这些感知经验,并且他们被强化了这样的信念,即这些感知经验有特定的来源。当人们第一次看到具有某种大小、形状和条纹的物体时,他们被告知这样的感知表示斑马。以后,每当他们再次有这个感知时,"这个感知是对斑马的感知"这样的信念就会被强化。因此,当他们下次有相同的感知时,他们就会将来源认定为斑马,尽管他们认为自己感知到的斑马仍有(很小的)可能是两个同穿一套斑马装的男孩。

　　这可能在哲学上过于深奥，但常见的推断也显示了同样的　30
模式。我在早上醒来，看到外面的街道湿漉漉的，于是推断刚
才下过雨。尽管有可能湿漉漉的街道是洒水车、邻居的洒水系
统失灵或者卡车漏油造成的，但我的推断是下过雨，因为雨水
是造成街道潮湿的常见原因。这个推断是基于一种概括，这种
概括是我们推理过程的一个基本特征。[28]

　　使得一项声称的证据与结论相关的通常是，可能说必然是
概括也不为过。[29] 使一辆沃尔沃（Volvos）汽车与可靠性相关
的是这样的概括：沃尔沃汽车比一般汽车更可靠。假使沃尔沃
汽车的可靠性和其他汽车相同，那么，就可靠性而言，人们对
一辆车是沃尔沃汽车这一事实的正常反应是："那又怎样？"同
样，美国国税局（Internal Revenue Service）使用一种叫做判别
收入函数（Discriminant Income Function）的方法来决定是否
审计某个纳税人的申报表。用美国国税局的话来说，他们认为
的"相关"特征是指，根据"过去处理类似申报表的经验"，这
些特征使得申报表更有可能因审计而变更。[30] 因此，作为石膏
板承包商本身就是瞒报收入的证据，即使仅就这样一个单独特
征的作用很小，这就是美国国税局基于经验的概括得出的所谓
结论，而这个结论的依据是，石膏板承包商比一般纳税人更有
可能瞒报收入，甚至比所有个体经营的纳税人更有可能瞒报收
入（所以这个判别收入函数是高度机密也在情理之中了）。[31]

　　因此，一个所谓的证据通过成为一系列证据中的一员而成
为相关证据，这类证据的存在相比没有这类证据时使得某个结

论更有可能为真或者为假。"沃尔沃汽车可靠"是一个概括。正是因为这个概括，也只是因为这个概括，这辆车是沃尔沃汽车与它的可靠性关联了起来。

证据有整体性吗？

本章的重点是什么可以算作证据。但是，什么算作证据和我们如何对待那些被认可的证据是两个不同的问题。单纯用贝叶斯方法的话，当需要得出结论时，我们要做的是看一看自己在贝叶斯更新（Bayesian Updating）过程中处于哪个阶段。每一项新增的证据都会调整概率，而我们的决定基于需要作决定的那个时刻的概率，无论该决定是关于事实还是行动。

这看似直截了当，其实不然，贝叶斯对如何根据多项证据作出决定的理解，似乎长期以来一直受到挑战。其中一个挑战基于一种叫做"最佳解释推理"（IBE）的想法。这个想法最初由哲学家吉尔伯特·哈曼（Gilbert Harman）提出，后又得到已故哲学家彼得·利普顿（Peter Lipton）的大力发展。[32] 根据这种方法，我们并不是逐个评估支持（或反对）某个结论的证据。相反，我们将所有证据看作一个整体来评估，目的是找出哪种解释是我们迄今为止获得的所有证据中最佳的解释。[33]

哲学家对贝叶斯主义和最佳解释推理的各自优势进行了激烈的辩论。[34] 那些研究法官和陪审员如何在法庭上评估证据的学者也是如此。[35] 但是，我不想涉足这些辩论，我想建议的是，判断这些关于证据处理的互相竞争的理论哪个更准确地描述事实或者更符合社会规范，不仅仅取决于我们想知道什么、为什么我们想知道它，而且最重要的还取决于我们何时想知道它。

　　我们经常遇到的问题是，某个事实到底是不是证据。我们并不是在寻找对一个现象的解释，至少目前还没到那个阶段，我们目前仅仅试图确定哪些事实会帮助我们找到一些解释。在这个阶段，我们确实需要假设，或者需要可以用来寻找答案的问题，哪怕只是试探性的。观察，即发现事实，必然负载着理论。如果我们想要针对一个假设做相关的观察，我们不能仅仅是走到外面的世界里，积累随机的事实。我们需要一些理由来决定积累这些事实而不是那些，这个理由将引导我们决定我们对哪些事实感兴趣、哪些事实是无关的，或者用法律术语来说，哪些事实与案件无关。如果我们在寻找北极冰盖缩小的解释，那么我们对阿利坎特（Alicante）是地中海沿岸的一个西班牙城市就没有兴趣，尽管这当然是一个事实。但是，一旦我们有了需要解答的问题或者需要检验的假设，我们就会寻找那些看起来对回答问题或者检验假设有用的事实。对于判断某样事物是不是证据这项任务，通常与贝叶斯观点相关的递增方法似乎最有用。如果我们已经有了假设，并且想知道这个假设的真假，那么根据贝叶斯的想法，我们需要评估，与某个事实未被考虑相比，将这个事实考虑进来是否使得我们认为那个假设更可能是真（或者更可能是假），这似乎与我们实际上怎么处理这个问题最一致，

32

同时也和我们应该怎么处理这个问题最一致。当我们最初评估事实，看它们是否能算作证据时，我们通常会一个一个地考查，并且单独地、渐进地评估这些事实，看它们是否使得假设更可能或者更不可能成立，或者看它们是否有助于回答我们手头上的问题。

　　然而，如果我们已经掌握了所有证据，渐进地评估所有证据的做法就似乎有点奇怪了。我们当然可以把一项项的证据从一篮子证据事实里挑出来，然后用地道的贝叶斯方式渐进地评估它们。但这样做既显得矫揉造作，从经验上来看也违背了我们实际的推理方法。相反，如果我们在作决定时已经掌握了所有证据，我们的确更倾向于将所有证据作为一个整体来考查。我们在这样做的过程中会发现，各种单项证据结合起来共同产生的结论会比各项证据单独产生的结论的总和更大，这也是苏珊·哈克（Susan Haack）的观点。[36] 用这种相辅相成的方式看待各种证据，不一定是为了找到一个全面的解释或者故事，但它和试图在所有证据的基础上，确定哪个结论或假设最好地解释了所有证据的努力相一致。以上这个证据整体主义的版本就是最佳解释推理，它可能最忠实地反映了人们在掌握所有证据后，实际上如何对一个假设做推理，以及在这个阶段中，最理性的推理应该是怎样的。事实上，利普顿就是通过强调我们从"现有的证据"开始，来对最佳解释推理进行辩护的。[37] 他这样做清楚地表明了，他对我们如何处理已有证据的解释是"后证据收集"的解释（post-collection explanation），这既不是我们一开始如何收集到那些证据的"前证据收集"解释（pre-collection account），也不是我们如何将我们收集到的证据分类成相关的和不相关的"预判"解释（pre-decision account）。

　　在这一点上，最佳解释推理不仅与贝叶斯递增主义相一致，也与概率方法相一致。在这里，最关键的词不是"解释"，而是"最佳"。如果我们的目标是评估互相竞争的解释中哪个更可能是真的，也就是看我们面前的解释中哪个最符合现有的证据，那么概率依然占据重要地位，即便不是以数字的形式出现。根据我们对世界的了解，一个解释也许几乎肯定是对的，而另一种解释也有可能是对的，但可能性不如前一个解释大。"逃跑的斑马"是马蹄声的一个解释，"我邻居的马"是另一个解释。然而，当我们说前者比后者更有可能时，我们在进行一种概率上的评估，这种概率评估隐含在大部分寻找"最佳"解释的过程中。对于理解我们如何处理已掌握的证据，最佳解释推理的思想通常是一种合理的方式。但是，如果我们的主要目标是发现真相和摒弃错误，我们怎么处理证据就依然不可避免地带有概率的性质。

第三章

举证责任

　　如果基于证据的结论能像数学结论一样严密就好了。2+2=4，81 的平方根是 9，无可置疑。但是在事实领域，也就是在证据领域，事情从来都不是那么泾渭分明。不论你喜不喜欢，人类社会都无法避免事实判断中的不确定性。李·哈维·奥斯瓦尔德（Lee Harvey Oswald）是独自刺杀肯尼迪总统的吗？杰克·鲁比（Jack Ruby）是独自击毙李·哈维·奥斯瓦尔德的吗？象牙喙啄木鸟还存在吗？可怕的雪人（大脚怪或者长毛怪）是否存在过？尼斯湖水怪呢？后世认为是莎士比亚写的剧本真的是莎士比亚写的吗？托马斯·杰斐逊是萨利·海明斯的孩子的父亲吗？前总统克林顿（Bill Clinton）性侵过胡安妮塔·布罗德里克（Juanita Broaddrick）吗？前者否认了后者的指控。前总统特朗普性侵过 E. 琼·卡罗尔（E. Jean Carroll）吗？前者也否认了后者的指控。

当面对类似事实的不确定性时，我们通常至少掌握了一些证据，这些证据可能支持这个或那个结论，可能两者都有，但我们很少完全没有任何证据。因此，我们不应该把不确定（uncertainty）和无知（ignorance）混为一谈。[1]《韦伯斯特词典》（Webster's Dictionary）告诉我们，无知是"知识的贫乏"，但我们在对事实下结论时很少极度缺乏相关知识。通常情况下，我们有证据，即使这些证据很弱，甚至有些证据既支持又反对某个结论。也就是说，拥有证据完全可以与不确定性相容。此外，知道一些事情，与我们知道的（至少我们认为自己知道的）事情可能是错的，这两者也是相容的。哲学家通常将知识等同于排除错误可能性的确定程度，但普通人甚至普通学者都认识到，我们所认为的知识并不存在无可置疑的绝对确定性，这并不是错误。[2] 重要的是，大部分关于证据的重要问题就在完全确定之下和完全无知之上的区间内。问题现在变成了需要多少确定性才足够，以及我们能容忍多少不确定性。而这个问题很自然地引出了需要多少证据才足够，以及需要这些证据来做什么的问题。

大家都很熟悉法律制度如何处理事实的不确定性。在一个刑事案件中，如果陪审团（或者在没有陪审团的情况下，则是法官）认定被告有罪的可能性到了"排除合理怀疑"（beyond a reasonable doubt）的程度，那么控方将胜诉，而被告将被定罪。即使存在不利于被告的证据，有时这样的证据还相当多，只要这些证据的强度还没有达到"排除合理怀疑"的阈值，被告也往往会被无罪释放，并且这种做法是合理的。

对于"排除合理怀疑"的信心，或者任何程度的信心，是否能够（或者应该）转化成数字概率，这个问题存在着争议。在实际审判中，一些法院、法官和评论者认为，给"排除合理怀疑"标出相对应的数字概率是对这个概念的必要澄清，否则这个概念模糊得令人无法容忍。然而，另一些法院、法官和评论者则持相反的看法。他们坚持认为，标上数字会给这个不精确的概念一种看似精确的错觉。而这种不精确是不可避免的，或许也是我们所需要的。[3] 现在，姑且让我们假设给各种举证责任标上粗略的百分率是有用的改进，这与本书中普遍存在的概率论观点一致。[4] 当认同这个观点的人通过实验或者其他方式评估"排除合理怀疑"如何用数字表示时，他们普遍认为，对某事相信到"排除合理怀疑"是指对某事相信的程度（哲学家称其为"可信度"）相当于 90%—99% 的确定性。[5] "排除合理怀疑"并不意味着绝对确定，就像我绝对确定我的右手现在有五根手指一样，法官通常会向陪审员说明两者的差别。但是，大多数分析得出的结论是，"排除合理怀疑"意味着至少 90% 的确定性。[6]

与之相比，民事而非刑事案件的典型举证标准是"优势证据"（preponderance of the evidence），英联邦国家通常将其称为"或然性权衡"（balance of probabilities）。因此，当杰克起诉吉尔因其疏忽而导致他摔倒并伤及头部时，他只需提供优势证据证明，吉尔疏忽大意并且她的疏忽导致了杰克的损害和受伤，这个解释的可能性大于其他可能性，即使只有一点点优势。[7]

　　25 年前，针对前橄榄球明星 O. J. 辛普森（O. J. Simpson）的法律诉讼生动说明了"排除合理怀疑"的举证和"优势证据"的举证在实践中的区别。辛普森被指控谋杀了他的妻子妮科尔·布朗·辛普森（Nicole Brown Simpson）和一位叫罗纳德·戈德曼（Ronald Goldman）的餐厅招待，这位餐厅招待在将布朗·辛普森忘在他工作的餐厅里的墨镜送回布朗·辛普森家时被杀。这起 1995 年的加州刑事审判连续数月占据着全球新闻的头版。[8] 审判的最终结果是，陪审团裁定检方对辛普森是凶手的证明不能排除合理怀疑，于是辛普森被无罪释放了。但是此后不久，戈德曼和布朗·辛普森的家人以过失致人死亡的侵权行为为由，对辛普森提起民事诉讼。由于这是一起民事案件，原告只需凭优势证据即可胜诉。于是在 1997 年，陪审团认定，辛普森应对戈德曼的家人承担民事赔偿责任，赔偿金额共计 3350 万美元，其中包括对损害的惩罚性赔偿。[9] 毫无疑问，第一次的刑事审判和第二次的民事审判发生在不同的法院，是由不同的法官和陪审团审判的，证据和审判策略也都不完全相同。尽管如此，两起案件还是基于针对相同行为的大致相同的证据。[10] 既然如此，这两个全然不同的审判结果就说明了以下事实：在优势证据标准下足够用来认定事实的证据，在排除合理怀疑标准下可能就不足以认定相同的事实。因此，在排除合理怀疑标准下不能被定罪的被告不代表一定清白，尽管作为被告的名人在被判无罪时会这样声称。在苏格兰有一种叫"证据不足"（not proven）

的判决结果清楚地表明了这种无法判决的状态，从而在一定程度上缓解了这一问题，但是这种判决在苏格兰以外就很少有了。[11]

　　将视线从过去转移到现在，我们可以看到，高校针对被指控性侵犯的学生和教师，以及被指控性骚扰的教师和行政人员进行的违规调查中，类似的举证标准之争也在发生。在经多次修订的 1964 年《民权法》（Civil Rights Act）第九章中，高校中的性别歧视（通常是针对女性的歧视，但并不绝对）被宣布为非法，因此，性别歧视违反联邦法律。[12] 此外，如果高校没有提供足够程序使遭受性侵犯的学生得到赔偿，或者没有启动程序惩罚施暴者，那么高校就会被视为违反《民权法》第九章。这些法规广为人知，而且在很多方面也很简单明了。但是事情现在变得更复杂了。

　　2011 年，美国教育部民权办公室（Office for Civil Rights for the US Department of Education）发表了一封《致亲爱的同事》（Dear Colleague）的信，信中通知高校，如果他们在针对被指控实施性暴力人员的违规调查中所采取的举证标准高于优势证据，那么高校将被视为违反《民权法》第九章。[13] 换句话说，受《民权法》第九章覆盖的教育机构针对性暴力指控启动违规调查几乎是一项联邦强制要求。这类案件通常是学生指控学生，在调查过程中，如果认定被控学生更有可能（优势证据）实施了其被控行为，则必须认定其有罪。

　　然而，在 2017 年，随着特朗普政府接替奥巴马政府，美国教育部民权办公室撤销了 2011 年的信，取而代之的是一份临时指南。该指南指示高校可以自主采用优势证据标准或者举证责任更高的"明确而有说服力"（clear and convincing）的标准。于是，很多高校接受了这个指示，相应提高了定罪所必需的举证责任，从优势证据标准提高到了要求更高的"明确而有说服力"的标准。

"明确而有说服力"的证据没有被刑法列为举证标准，但在其他各种法律中却能找到。比如，这种举证标准通常适用于针对被认为对自己和他人构成危险的精神病患者进行的非自愿民事收容。[14] 它也是美国最高法院针对公职人员或公众人物提起诽谤诉讼所规定的标准，只有当他们用"明确而有说服力"的证据证明，不仅出版物上对他们的言论是虚假的，并且出版商在出版时就知道这些言论是虚假的，才能以诽谤罪向出版商索赔。[15] 尽管为"明确而有说服力"标一个数字概率可能异常困难，但"明确而有说服力"的标准显然比"优势证据"的举证责任更重，而比"排除合理怀疑"的举证责任更轻。我们可以把"明确而有说服力"的标准想象成 75% 左右的可能性。

两个举证标准的差别看似很小，而整个问题看上去可能更微不足道。重大的政策之争很少是关于举证责任的概念之争，但是这个争议却是一个例外。由于担心修改后的政策会鼓励高校使用举证责任更高的"明确而有说服力"标准，受害者权益保护组织提出反对，认为更高的举证标准可能导致一些真正的犯罪者逃脱惩罚，那些根据优势证据标准被认定负有责任的罪犯，在"明确而有说服力"的标准下可能就不能被定罪，尤其是考虑到此类案件中往往除了被告和原告的说辞外既无物证也无目击证人。

作为回应，另一些人则担心对被告的公平性以及那些被指控犯有非常严重罪行者的"正当程序"权利。这些个人和团体认为仅仅根据优势证据标准，大量被指控的师生会被认定有罪，即便他们并没有做那些被指控的事。毕竟，优势证据标准意味着49%的出错可能。

双方各执己见。与"优势证据"标准相比，举证标准更高的"明确而有说服力"标准增加了有罪的人逃脱惩罚的可能性。而与"明确而有说服力"标准相比，举证标准更低的"优势证据"标准增加了无辜的人为他们并没做过的事而受到惩罚的可能性。

在刑法中，这种权衡已经存在了几个世纪。威廉·布莱克斯通（William Blackstone）在18世纪曾说过一句名言："宁可错放十个，不可冤枉一人。"[16] 其他人用了各种不同比率来表明相同的观点，[17] 这个观点就是，任何不完美的决策程序都会产生错误。根据常规，统计学家通常将被认为较严重的错误称为第一类错误（Type I error），而将较不严重的错误称为第二类错误（Type II error）。人们在讨论中更常用的是冤枉无辜（false positives）和错放罪犯（false negatives）。就惩罚而言，冤枉无辜是惩罚了不该惩罚的人，通常指无辜的人。而错放罪犯是没有惩罚应该被惩罚的人，即有罪的人。正如布莱克斯通所意识

40

到的，在英美法系的传统视角下，个人自由（或生命）是如此重要，以至于我们应该将冤枉无辜视为比错放罪犯更严重的错误，并据此设计我们的程序、系统和制度。

然而，即使在刑法中，这种避免冤枉无辜的偏好也不是绝对的。如果真是这样，我们可以通过取消惩罚来最大限度地减少冤枉无辜发生的概率。但我们并没有这样做，因此我们接受了司法系统会犯这两种错误的事实。相应地，人们认识到，即便比率倾斜到布莱克斯通式观点，我们也必须接受一些冤枉无辜的行为，即错判没有犯罪之人，这是为了能够惩罚很多确实犯了罪的人所付出的代价。[18]

在刑法中，许多程序机制和保护措施都体现了布莱克斯通的观点。与此最相关的是要求控方对案件的举证能够排除合理怀疑，这意味着一些实际有罪的人将可能逃脱刑法的制裁，辛普森案就是一例。美国刑事诉讼程序的其他方面也同样体现了宁可错放罪犯也不要冤枉无辜的原则，如果错误的判决不可避免的话。美国宪法第五修正案中的一事不再理原则以及要求陪审团必须一致同意才能定罪就是最典型的例子。[19]

让我们回到高校对强奸或者其他形式性侵犯指控的违规调查。主张"明确而有说服力"标准的人坚持认为，在校园违规调查中对待性侵犯指控的定罪应该被视为相当于刑事定罪。这些人的理由是，尽管校园违规调查定罪不会导致监禁，但对被定罪者的前途有灾难性后果，因此定罪的举证责任应与刑法相同。我们怀疑这些人中的一部分更希望用"排除合理怀疑"的标准。而主张举证责任较低的"优势证据"的人则强调高校的处罚与实际刑罚之间的区别。毕竟，高校的处罚至多只是开除，而刑法能用的惩罚包括监禁、剥夺投票权（在一些州，对重刑犯依然存在这种惩罚），这些权力都是高校所不具备的。况且，正式的犯罪记录比高校的纪律处分难掩盖得多。

　　和支持民事诉讼的理由类似，支持更低举证标准论点的通常有两个论证，一个不太好，另一个稍强。较弱的那个论证是优势证据标准能将错误数量降到最低，换句话说，最大限度地提高正确率。这说得没错，但正确率最大化的论证并没有说服布莱克斯通和无数其他人的原因是，在大部分情境下，我们关注的不仅仅是犯错或没犯错的原始数字。我们知道，布莱克斯通也知道，一些错误和另一些不同，任何理性决策理论都会在确立合理程序时将其考虑在内。

　　稍强的论证承认，并非所有错误都能等同，我们的目标也不仅仅是最小化错误的数量。尽管如此，这个论证坚持认为，在教育机构的违规调查中错放有罪之人的后果（或者代价）尤其大，甚至可能比刑法中的更大。对于布莱克斯通与他的同代人而言，让有罪之人逃脱惩罚的错误的后果主要是罪犯没有得到应得的报应。布莱克斯通可能并不特别担心那个被错判为无罪的人会继续犯罪，也不太担心那些会因此受到伤害的人，尽管有的人争论说他本应该担心那些可能性，而接受布莱克斯通观点的人现在应该担心了。[20] 但是，当我们回到当下的大学校园，那些主张降低举证责任的人认为，那些在非公开调查中被

42

错判为无罪的师生，尤其是性侵犯者，将在同一个封闭而相对小型的团体中继续对他人构成威胁。因此，这个观点继续论证道，将实际有罪的人错判为无罪的危害不仅是没有惩罚罪犯，也是对高校致力于保护的校内其他成员的实际或潜在的危害。持此观点的人认为，这种危害和将无辜的人错判成有罪一样严重，因此我们应该将错判有罪的人无罪视为和错判无辜的人有罪一样有害，这意味着"平衡的"优势证据标准应该被采用。

　　本书并不旨在解决这个争论，尤其是由于 2020 年总统选举和政府换届带来教育部人员任命的变化，降低举证责任很有可能被用来暂时"解决"这个争论。[21] 这个政治现实并没有解决深层次的规范性问题，但这不是本书的目的。我想指出的是，规范性问题不只是涉及证据，也涉及实质性的价值冲突，这种冲突在证据和程序领域中显现出来。举证责任的设定不可避免地要决定什么是实质性的利害关系，而这个决定并不仅仅基于证据原则。

　　理解举证责任与实质性价值之间的关系也有助于我们避免一个常见的错误，即理所当然地假设法律制度的举证责任标准应该被其他事实认定或者审判制度所采用。关于《民权法》第九章的争论只是很多例子中的一个。让我们想一下美国参议院在进行弹劾审判时的举证责任问题。[22] 人们普遍的看法是，参议员应该各自决定自己的举证责任，但这并没有回答参议员应该如何单独决策的问题。这需要考虑弹劾审判的目的、不同判决的后果以及可能的误判的后果，这和普通刑事审判的目的和后果不同。然而，在最近一次弹劾案，即2021年2月对唐纳德·特朗普的第二次弹劾审判中，审判程序将举证责任的事实问题与总统（或者其他官员）是否在卸任之后还可以被弹劾和审判的宪法问题结合在了一起，这使得每个参议员实际采用的举证责任标准尤其难辨。

　　决定举证责任的问题很普遍，并不局限于那些有名的案例。例如，裁判机构在处理国际桥牌赛中的作弊指控时，应该采用什么举证责任标准呢？在一个为桥牌选手所熟知的案例中，支持指控的直观证据不足以定论，而对被指控选手的叫牌、出牌以及为反对指控而提供的分析也不足以定论。在这种情况下，裁判机构应该采用什么举证责任标准？[23]再举个离法庭审判更远的例子。当老师处理并没有亲眼看到的课堂违纪行为时，应该采用怎样的举证责任标准呢？当教授怀疑一个学生抄袭呢？当二手车买家怀疑中间商对汽车里程表动过手脚呢？或者当棒球裁判或篮球裁判不能确定正确的判罚，但是无论如何必须当场作出决定时呢？又或者，如今那些能观看录像并有权推翻场上裁判判罚的工作人员呢？[24]在这些场合以及无数其他场合中，举证责任都在起作用，尽管没有明文规定。而举证责任的设定，即便没有明确规定或刻意为之，也不可避免地要根据决定的目的、所涉及的深层价值以及对错判后果的评估。在这一点上，200多年前的布莱克斯通依然是我们的向导。

轻微有罪？

　　1967 年由梅尔·布鲁克斯（Mel Brooks）执导的电影《制片人》（*The Producers*）是一部关于借用戏剧进行诈骗的讽刺喜剧片，片中陪审团对骗子进行刑事审判的判决是"难以置信地有罪"（incredibly guilty）。显然，"难以置信地有罪"并不是现实中的陪审团在真实审判中的可选项之一。尽管如此，"难以置信地有罪"这个说法表明，"有罪"有程度之分。如果"有罪"有程度之分，并且如果一个人可以"难以置信地有罪"，或者"非常地有罪""千真万确地有罪"，那么这个"有罪"光谱的另一端是什么？一个可能性是，也许有些人只是"轻微有罪"。

　　《制片人》里并没有说清楚，"难以置信地有罪"是指被告的犯罪行为的错误程度，还是指证实他们犯罪的证据的强度。这两者是不同的。乱扔垃圾或者乱穿马路这样轻微的违法行为可能有压倒性的证据，而连环谋杀或强奸这样的重罪可能只有很薄弱的证据。我在这里思考轻微有罪的可能性时，主要关注的是后者——证据的证明力或强度。

　　在上一节中，我们将法律制度中关于优势证据和更高举证标准的理念做了对比，后者着重讨论了"明确而有说服力"的举证和"排除合理怀疑"的举证。但这只是故事的一半，这里所说的"一半"就是字面意义上的"一半"。如果这些举证标准45 讨论的是 50.1%—99.9% 的概率区间，那么，抛开正好 50% 的概率不谈，概率从 0（或者可能是 1%）到 49.9% 这个区间怎么办？

如果我们考虑的是严格意义上的惩罚，那么忽略可能性较低的指控是完全合理的。毕竟，如果某人犯罪的可能性是 40%，那么他没有犯罪的可能性有 60%，在这种情况下，我们不应该将他送进监狱，因为他被冤枉的可能性更大。

但是这样下结论未免操之过急。如果一个保姆有 40% 的可能性是恋童癖呢？或者 20%、10% 的可能性？如果明天将给我做手术的心脏外科医生有 10% 的可能性在医学院上学时作过弊，可能是找人代考了他的手术考试？如果一个屠夫被认为有 20% 的可能性在声称符合犹太教教规的香肠里放了猪肉，那么一个遵守犹太教教规的犹太人还应该光顾这位屠夫的生意吗？

一旦我们认识到证据的不确定性和举证责任的可变性，所有这些可能性就不足为奇了。正如布莱克斯通所强调的，举证责任的设置方式和大小取决于对冤枉无辜和错放罪犯的相对危害和错误发生频率的评估，而这些也影响了所有这些可能性。因此，假设我们翻转布莱克斯通的比率。如果我们相信让有罪之人逍遥法外的后果不堪设想，所以宁可错判十个无辜的人也不可放过一个有罪之人呢？这个看似荒诞不经的假想，却在各种法庭之外的情境下被证明是一种合理的方法。让我们思考一位正在考虑要不要开抗生素处方的医生，他面对的患者是上文提到的例子里那位手臂上有环形红斑并报告曾耙过树叶的患者。这位患者没有其他得莱姆病的指征或者证据。基于这些证据，这位患者有可能得了莱姆病，但也很可能没得。然而，如果患者在莱姆病早期错过了治疗，将产生严重的后果。诚然，过度 46

使用抗生素从长远来看对患者本人和社会都没有好处，因为过度使用抗生素会助长抗生素耐药菌株的出现。此外，有些人会对抗生素产生过敏反应。即便如此，在正常情况下，医生给患者开不必要的抗生素的负面影响微乎其微，而医生没有给有需要的患者开抗生素的后果却可能是灾难性的。在这种情况下，让十个"无辜"病例（没得莱姆病）受到"惩罚"（治疗），可能好过让一个有罪的病例（真的得了莱姆病）"逃脱"治疗。同理，即便证据显示患者得了某种病的可能性远低于50%，按得了这种病来治疗也不失为明智之举。

即使当惩罚这个概念在某些情况下比在莱姆病这个例子中体现得更为直接时也是如此。比如，如果有一些人可能危害他人健康与安全，在怎样的情况下我们应该剥夺这些人的自由（这是一个严重的后果，即便没有被描述为惩罚性的）？在新冠疫情时期，一个明显的例子是对传染病患者的隔离。例如，根据英国法律，限制霍乱、麻风病、疟疾、脑膜炎、肺结核和伤寒患者的自由被是允许的。[25]对传染病患者进行隔离的做法引出了这样一个问题：如果一些人患某种会引起很大危害的疾病或者病症的可能性小于50%，那么剥夺这些人的自由是否正当？在怎样的情况下是正当的？布莱克斯通只回答了以上问题的一部分。例如，假如有十个人患有像脑膜炎那样传染性强的严重疾病，允许他们混在一个大城市的人群中，比限制一个并没有患病的人的自由更好吗？对此，我们并没有确定的答案。[26]

　　类似的问题也存在于能否或何时假释那些再犯风险较小，但仍然高于一般人群的囚犯。如果一个成年男性因性侵儿童而被定罪、入狱服刑后被释放，那么根据犯罪性质和相关时间段，他再次性侵的可能性在 6%—35% 之间。[27] 尽管这些数据和其他数据都存在争议，但累犯率远低于 50%，同时远高于在人群中随机选一位成年男性的犯罪率，这是毫无疑问的。因此，问题在于，在评估某人可能再次犯罪的证据时，我们应该采用怎样的举证责任标准。

47

　　还有些问题远比上述问题更有争议也更难辩护，比如，从统计数字上看，某些职业或者爱好（如牧师、童子军头领、少年棒球联盟教练）的成员犯罪的可能性大于一般人群，但远低于 50%，那么，需要多少证据限制一个并未被定罪的人从事这类职业或爱好？本书无法回答这个问题，因为这将取决于危害的程度、危害发生的概率、限制的严格程度以及人们何时必须被当成个体对待，何时可以被当成某个群体的一员对待的道德问题。[28] 尽管，无论在道德上还是在法律上，基于群体的拘留显然是不被接受的，但其他形式的限制也存在同样的问题。例如，被密切监视的限制比被监禁要小得多，但对人们的影响也不是没有。并且，因为即使只是被密切监视也不是没有影响，为了决定对待某个群体中的成员是否与其他人不同，潜在的"监视者"一定采用了某种举证责任标准来评估基于群体的证据的强度。当然，以上例子里的情况牵涉很高的道德风险。我们接下来考虑一个在道德光谱另一端的例子：相比购买一辆二手的沃尔沃汽车或者斯巴鲁（Subaru）汽车，购买一辆出了名不可靠的同样旧的车，比如尤戈（Yugo）汽车或者特拉班特（Trabant）汽车，是否需要更仔细的检查？如果答案是肯定的，那么汽车品牌的历史影响了举证责任，开了 12 年的尤戈车被认为质量差，而开了 12 年的斯巴鲁却被认为质量好。

48   在庞杂繁多的关于预防性司法和预防性拘留的文献中，猥亵儿童这个有倾向性的例子只是一个侧面。[29] 在某些条件下，用举证责任来正当化一个预防措施，与通常将举证责任运用在刑事和民事审判上的情况是不同的，这取决于不预防的后果，即错误地不预防的成本，同时当然也取决于错误地预防的成本。本书并不想介绍预防性司法的文献以及这些文献对举证责任的论述，也不想在预防性司法的争论中选择立场。但是，即便是争议很小的问题，比如买二手尤戈车还是二手斯巴鲁车，也表明将举证责任的下限假定为优势证据（即 51%）可能操之过急了。至少在某些情境下，轻微有罪已经足够有罪了。

小心驶得万年船？预防原则

        我们常常使用证据来得出关于具体事实或具体行为的结论。苏珊在 9 月 30 日抢劫了第一国家银行（First National Bank）吗？托马斯·杰斐逊是萨利·海明斯的孩子埃斯顿·海明斯（Eston Hemings）的生父吗？在 2020 年 11 月，唐纳德·特朗普和约瑟夫·拜登（Joseph Biden）各从密歇根州获得了多少张总统选票？但是，我们同样也常常用证据来支持或者质疑关于某类行为、事件，或者某些更大现象的一般假设。我们（或者科学家）说吸烟致癌是什么意思？这个结论的证据是什么？沃尔沃汽车质量好吗？我们是怎么知道的？使用气雾罐会破坏臭氧层吗？臭氧层的破坏会导致气候变化吗？降低持有枪支的法律门槛会增加由枪支造成的非法伤害事件吗？[30]男孩玩暴力的交互式电子游戏是否会增加他们的攻击倾向？男孩攻击倾向的增加是否会导致他们在现实生活中实施暴力行为？[31]通常不会产生有害影响的饮酒量是否会导致孕妇出现问题？

在试图回答这些问题时，我们通常用证据进行概率评估，包括因果关系的概率评估。没有人断言每个吸烟者都会得肺癌，也没有人断言每个肺癌病例都是由吸烟引起的。说斯巴鲁汽车质量好的人不会否认也有质量差的斯巴鲁汽车，而其他品牌的汽车中也有质量好的。与第二章讨论的对证据及其相关性的理解相类似，这些人声称的其实是，如果某件事物提高了某种结果的概率，那么它就是该结果的原因，就像吸烟会提高吸烟者患肺癌的概率，吃辛辣的墨西哥食物会提高胃灼热的概率，汽车是斯巴鲁会提高其质量可靠的概率。[32]

但是，这些结论的证据是什么？为了证明一个关于因果关系的特定结论，证据必须有多强？更重要的是，关于因果关系的证据要有多强，才能证明基于该结论的特定政策干预是合理的？至此，举证责任问题再次变得至关重要。需要多强的证据证明某种处方药具有危险的副作用，才能使食品与药物管理局（Food and Drug Administration）禁止其继续销售？需要多强的证据证明附近有鲨鱼，才能使公共海滩的管理者禁止人们游泳？需要多强的证据，才能要求人们系安全带或戴摩托车头盔？需要多强的证据，才能限制人们使用消遣性毒品？

当环境或者人们的健康面临许多潜在但仍不确定的危险时，我们常用的对应方法是所谓的预防原则（precautionary principle），尤其是在西欧的工业民主国家。[33] 该原则的基本思想直截了当：当有证据表明某种物质或做法可能对环境或人们的健康造成风险时，只要这种可能性是合理的（即便远非确定），该做法或物质就不应该被允许。

预防原则是有争议的。[34] 争议在于，它把布莱克斯通比率提高到了某些人认为既不现实又危险的水平。不现实是因为有些人认为它极度夸大了微不足道的可能性。而在同样的批评者看来，危险是因为它忽视了轻微有害的产品、物质和技术可能带来的益处。在这里，"轻微有害"是指危害的可能性而非严重性。批评者认为，预防原则只看到了成本—效益等式（cost-benefit equation）的一面，它不明智地夸大了可能性很小的危害，并为此扼杀了更有可能产生的益处。

预防原则的捍卫者回应说，有些可能性发生的概率虽低，但一旦发生将是灾难性的，所以预期危害值仍然很大。这个回应既是他们一直以来的普遍看法，也是他们在最近各种对新冠疫情的反应中的看法。[35] 由于预期值等于事件发生的概率乘以后果，一个很大的危害，即使乘以一个很小的概率，依然可以得出一个很大的预期危害值。尽管有关预防原则的争论涉及科学估算，其准确性有待商榷，也超出了本书的讨论范围，但这个问题仍可作为一个例子，说明在某些情况下，相当低的举证责任可能也足以证明据此采取行动的合理性。预防原则所依据的理念是，当可能的后果足够严重时，即使可能性非常小，也无须太多或者太强的证据来证明限制措施的合理性。

形容词的暴政

51

前总统特朗普和他的支持者声称，2020 年总统大选中舞弊行为泛滥，有很多原因使这种说法引人注目。其中一个原因是，不仅许多评论家和总统的政敌，甚至许多州和联邦法官以及来自两党的选举官员都断定这些指控是无稽之谈。[36] 2020 年12 月 30 日，内布拉斯加州参议员本·萨斯（Ben Sasse）在"Facebook"上发表长文。文章的大致意思是，"如果你大放厥词，最好手握证据"。

无论是在法庭上还是在公共舆论中，对特朗普所指控的选举舞弊，驳斥理由常常是舞弊指控完全没有证据支持。但证据如此之少的结论其实很少见，对公共权威和官员的断言的证据支持进行如此低质量的反对也很少见。更常见的情况是，反对某个结论的人坚持认为，没有"确凿的""具体的""决定性的""可靠的"或"明确的"证据支持该结论。这样的形容词不胜枚举。此外，将反对意见定性为"证明"失败，即意味着"证明"比单纯的证据更强，不管有什么证据，都达不到证明的高度。[37]

　　声称某个结论缺乏"确凿的证据"或"决定性证明"，通常意味着（或者承认）至少有一些证据支持该结论。如果你可以以毫无证据为由驳斥对方，你就不会只说对方没有确凿证据。一般来讲，以证据不确凿或并非决定性等理由驳斥对方是一种话术，其目的是在评估有争议的证据主张时偷偷加重举证责任。而这些有争议的证据主张往往不是对可能发生过、也可能没有发生过的个别行为的主张，而是对某些一般性结论的证据状态的主张（这些一般性结论通常是关于因果关系的，而证据通常是科学证据）。例如，回到几十年前，那个关于吸烟导致肺癌或心脏病的争论比现在更激烈的年代，烟草公司往往会在面对吸烟导致肺癌和心脏病的证据时辩称，这些证据不是决定性的，不确凿、不可靠。[38] 近年来，电子烟行业声称"没有决定性证据"表明吸电子烟会导致吸烟。[39] 同样，啤酒、葡萄酒和烈酒行业也声称"没有决定性证据"证明适量饮酒与胎儿先天缺陷或胎儿酒精综合征有关。[40] 任天堂爱好者网站（Nintendoenthusiast. com）坚持认为，"没有确凿证据"证明玩电子游戏会导致人们花在工作上的时间减少。[41]

　　声称某些证据不够有决定性、明确、有说服力、确凿、具体或可靠，实际上隐含着对特定举证责任的要求，而这种举证责任通常是有争议的。但是，面对引起形容词暴政的这类争论时，

52

识别这种话术并不能解决其举证责任应该是什么的问题。至此，我们又一次无法回避关于举证责任与认定举证责任被满足的后果之间的关系问题。布莱克斯通比率支持刑法中排除合理怀疑的举证要求，因为被监禁（或处决）是一件相当可怕的事情，因此在合理和可行的范围内确保判决的正确性很重要。而在进行与政策相关的因果关系归因时，做正确的判断也同样重要，尽管冤枉无辜与错放罪犯的理想比例不必与刑事司法系统中的比例相同。当最高法院大法官斯卡利亚（Scalia）和布雷耶（Breyer）争论是否有证据表明，玩含有暴力内容的交互式电子游戏（从概率的角度）会导致男孩产生实际的暴力攻击行为时，他们是在争论限制此类游戏的加州法律的合法性，因为该法律试图限制的活动是受美国宪法第一修正案保护的。[42] 因此，证明监管交互式电子游戏合理性所需的举证责任标准，也就是评估因果关系主张所需的举证责任标准，在某种程度上被提高了。如果问题是监管交通或者采矿等活动所需证据的证明力，举证责任的标准就不会这么高，因为这两种监管都不受第一修正案或任何其他宪法条款的保护。

53

　　尽管电子游戏的例子因涉及宪法权利而较特殊，但同样的考虑因素也适用于任何关于因果关系或某种危害的严重程度的举证争议，只要我们有理由让这种证据争议中的一方负担特殊的举证责任。但是，无论影响因素是因果关系的程度、危害的严重性，还是任何其他看重证据的政策相关问题，更广泛的原则是，举证责任取决于利害关系。由此可见，即使面对相同的证据问题，当利害关系不同时，举证责任也不同。父母在决定是否允许子女玩暴力的电子游戏时，不必承担像州政府在决定是否限制同类游戏时所要求的那样大的举证责任，就像动物收容所在拒绝雇用涉嫌虐待动物的人照看他们的小猫小狗时，也不必确信此人的罪行能达到"排除合理怀疑"一样。

我们有必要回顾一下上述论点。也许是因为报纸和电视让人们觉得刑法案件比民事诉讼或雇佣决定更有趣（这一点不足为奇），刑法的标准——尤其是无罪推定和举证必须排除合理怀疑的观点——常常被想当然地施用于任何被指控的不当行为，即使这个指控发生在法律系统之外，即使判定不当行为所产生的制裁通常比法律系统实施制裁的后果要轻。至此，我们应该能清楚地看到，我们很容易把刑事司法系统的标准不假思索地迁移到对所有不当行为的指控上。即使无关不当行为或不法行为，情况也是如此。也许，正如人们经常争论的那样，预防原则具有误导性，它常常忽视了有风险的技术所带来的好处，对创新抱有保守的偏见（这里的"保守"不是政治意义上的）。但就我们的目的而言，预防原则给我们的启示是举证责任问题的普遍性，这种普遍性使得举证责任与我们在这个不确定世界中对任何证据的判断都息息相关。

一旦我们理解了对同一事实问题，不同决策环境可能适用不同的举证责任，就像对辛普森的民事和刑事审判使用了不同的举证责任标准一样，我们就能意识到，过度遵从法律系统的错误比比皆是。举一个我们不想见到却常常见到的例子，假设某个职业运动员被指控家暴或性行为不端，并且执法部门也对这一指控非常重视，下令展开正式调查，甚至可能对其提起诉讼。然而，当球队、俱乐部老板、教练或经理被问及球队将如何处理此事时，经常得到的回答是，球队将在法律系统作出决定后再决定如何处理。不可否认，如果球队提前采取的纪律处分措施影响足够大，可能会干扰随后的刑事审判。但也可能该球员经过刑事诉讼后被无罪释放或不予起诉，这就使球队推卸了决定球队人选的责任。只有 70% 的可能性殴打过配偶的人不应该被监禁，但有 70% 的可能性殴打过配偶的人是否应该被留用为游击手或四分卫，这一点值得深思。

关于统计显著性的长脚注

与举证责任问题密切相关的是实验或其他实证研究的统计显著性问题，这个问题最近出乎意料地成为争议的焦点。[43] 正如各种研究得出的证据经常被描述为不是决定性的或不明确一样，缺乏统计显著性的实验结论和其他科学结论作为证据的价值也常常被打折扣。但统计显著性只是一个数字，一个人为设置的阈值。这个人为的阈值可能有助于保持科学研究的可靠性和高标准，但它令人不安的副作用是，如果没有达到高阈值，即便证据有价值也会被打折扣，就和无法定论的证据一样。

　　在自然科学和社会科学中，统计显著性是指当零假设为真时，即当自变量实际上对因变量没有影响时，某些实验结果或者更极端的实验结果产生的概率。换句话说，即使 A 根本不会导致 B，或者 A 和 B 之间没有任何关系，产生看似 A 导致了 B 的正向结论的概率是多少。这种可能性通常用 p 值来描述，p 值表示正向结论的产生只是出于偶然的概率，而正向结论正是对"所研究的变量之间没有关系"这个零假设的拒绝。设想我们正在检验的假设是观察到的环形色斑是由莱姆病引起的。零假设是环形色斑的病因不是莱姆病。在对观察到的环形色斑与实际莱姆病之间关系的检验中，显示这种关系存在的 p 值就是从检验中得到的结果是随机（偶然）产生的概率。近年来，大多数实验学科都将 0.05 或更小的 p 值作为统计显著性的阈值。大于 0.05 的 p 值，即同样的结果是由偶然因素造成的概率大于5%，则被理解为结果不具有统计学意义。

56　　由于 0.05 的阈值会将大量实验结果标为"不显著"，而大多数非专业人士会将其解释为"微不足道"，这在最近引起了争议。一些研究人员面对无法复制的科学结论的报告，认为统计显著性的阈值应该更加保守，或许可以降低到 0.005，即相同的结果是由偶然因素造成的可能性是 1/200，但最近的大部分关注都是由 0.05 的阈值太高的观点而引起的。此外，也有人呼吁干脆放弃用统计显著性来描述结果的做法。[44]

　　后一种主张的动机与担忧对"决定性"或"确切"证据的要求产生的影响相似。正如非决定性甚至微弱的证据仍然可以是证据，并且对某些目的来说仍然可能是有用的证据，同理，是偶然因素造成的可能性超过 5% 的结论（即拒绝零假设结论），仍然可能有价值，这取决于我们拿这些结论来做什么。假设一种实验性药物的试验表明，它可以治愈一种之前无法治愈的致命疾病，但由于样本量的原因，该试验的 p 值为 0.20。如果你患有这种疾病，面对没有其他的治疗方法可用，也没有其他的试验即将开展的现状，你会愿意服用这种药物吗，即便明知有 20% 的可能性"否定药物无效"的结论纯粹出于偶然？ 我猜大多数人都会说愿意，因为至少在没有其他选择的情况下，有 80% 的可能性药物是有效的已经足够好了。

　　显然，你是否会服用这种药物，与这项研究是否应在著名期刊上发表、是否有资格获得资助、联邦当局是否应批准该药用于处方和销售、是否可作为申请大学首席研究员终身职位的一项资质，这些之间是有区别的。而这才是问题的关键。通过将统计显著性阈值设定为通常被描述为与情境无关的 0.05，科学界假定，足以发表论文、获得资助或评上终身教职的证据阈值，也适用于其他所有目的。一些反对强调统计显著性的人明智地提出改进方案：给任何实验结果都附带一份报告，说明其结果由偶然因素产生的可能性，同时摒弃一直以来用统计显著性这套语言包装的观念，即对某些在科学界中完全正当的目的而言不够好的证据，在任何别的情境下也都不够好。

　　从"轻微有罪""预防原则"的观念，到对"决定性"一词及现在的"统计显著性"这些术语的误用和滥用的担忧，证据有程度之分是贯穿其间的主题。诚然，较强的证据优于较弱的证据，但较弱的证据仍然是证据。在某些情境下，对于某些目的来说，较弱的证据可能已经足够好了。

如何用统计学说出真相

　　一代又一代的本科生被教导说，统计学令人生畏。至少这是很多学生从统计课中得到的印象，尽管这并不是教师的本意。自 1954 年出版以来，达莱尔·哈夫（Darrell Huff）的《统计数据会说谎》（*How to Lie with Statistics*）常常只因其书名而被人记住（和误用），尽管这是一本介绍如何正确、有效地理解和使用统计学的入门书籍。[1] 有些人将书名理解为统计最重要的特点是它可以用来行骗。实际上，这本书是关于如何真诚而诚实地使用统计数据的，哈夫分析了那些用统计数据说谎的案例，只是为了让我们更好地理解对统计数据的诚实运用。

　　诚实运用统计数据的一个重要方式就是将其作为证据，但我们需要缩小关注范围。在日常对话中，统计数据是一个或一组数字。例如我所居住的弗吉尼亚州夏洛茨维尔市（Charlottesville）2019 年的人口为 49181 人，这是一个统计数据；贝比·鲁斯

（Babe Ruth）在 1927 年击出了 60 支本垒打，这是一个统计数据；某人在某大学的平均绩点是 3.87（4 分制），这是一个统计数据。所有这些都只是数字，或者许多较小数字的总和，就像美国 2020 年第一季度的国内生产总值为 174429.3 亿美元。

当然，这些数字是可以被当作证据的，这取决于我们想知道什么。如果我们想知道贝比·鲁斯是不是一个优秀的击球手（是的），或者夏洛茨维尔市的人口是不是比泽西市多（不是），那么这些数字就是支持这些结论的证据。但在更重要的意义上，统计数据与证据的相关性在于，统计数据不是单纯的数字，而是统计推断的基础。我们能从数字中学到什么，尤其是我们能从有关特定行为或事件的汇总数字中学到什么？我们可以使用基于群体的统计数据，即关于某个群体某方面的统计数据，作为判断群体中某个个体情况的证据，或者某个个体可能做过什么的证据吗？

假设你想买我的车，而我也想把车卖给你。你问我这辆车的质量是否可靠，我说是的。我的断言——即我的证词，这将是第五章至第八章的主题——是汽车质量可靠的证据，但这并不是很好的证据。我可能并不了解汽车。毫无疑问，我也有夸大其词或者彻头彻尾就是在骗你的动机。不过，即使是想把车卖给别人的人，偶尔也会说真话，有时甚至会说不符合自己利益的真话。因此，我的陈述是我的汽车质量可靠的证据，尽管这个证据很单薄。但另一个事实是，我的车是斯巴鲁牌的。《消费者报告》（*Consumer Reports*）不仅告诉你大多数斯巴鲁汽车质量可靠，而且还告诉你斯巴鲁汽车的可靠性纪录优于大多数其他品牌的汽车。这是我要卖给你的斯巴鲁汽车质量可靠的证据吗？不用说，《消费者报告》上从没出现过我这辆斯巴鲁汽车。问题是，《消费者报告》对斯巴鲁汽车这个类别——斯巴鲁汽车的总体——的评价是否就是我这辆斯巴鲁汽车质量可靠的证据？显然，这个问题假设了并非每辆斯巴鲁汽车质量都可靠，并且我这辆斯巴鲁汽车是所有斯巴鲁汽车中的一辆，而《消费者报告》的结论是对我这辆斯巴鲁汽车所属的同一类汽车的准确结论。[2] 斯巴鲁这一类别的汽车质量可靠，是这辆特定的斯巴鲁汽车质量可靠的证据吗？这是一个统计推断问题，或者，用此类问题研究者的话来说，这是一个用群体数据作为个体（或样本）特征的证据问题。

斯巴鲁的例子向我们展示了这里所讨论的基本问题：我们对某个群体的了解是否可以作为我们想了解的该群体中某个个体成员的证据。让我们看一个统计学入门课程中的典型例子。假设我们有一个装有 100 个木球的瓮，我们知道其中 90 个球是纯色的，10 个是条纹的。有人从瓮中拿出一个球，我不能看，但必须猜它是纯色的还是条纹的。问题是，我们所知道的瓮中纯色球和条纹球的比率是被拿出的那个球是纯色球的证据吗？毕竟，从瓮中随机挑出任何一个球，有 90% 的概率是纯色的。也就是说，任何一个未知花色的球似乎也有 90% 的概率是纯色的。如果是这样的话，那么我们已知的瓮中球的花色分布，就是已被选中的单个球的特征的证据，尽管我们还不知道它的花色。[3]

　　回顾第二章，所有证据都涉及此类统计推断。被告戴着滑雪面罩，提着袋子跑出银行，是被告刚刚抢劫了银行的证据，尽管这些证据不是决定性的。但这些行为成为抢劫的证据，只是因为一个基于其他证据的事实，即那类戴着滑雪面罩、提着袋子跑出银行的人中，大部分都是刚抢劫了银行的。或者我们再考虑一下莱姆病。环形红斑成为莱姆病的证据，是因为先前的研究表明，莱姆病通常会产生环形红斑，而环形红斑很少由其他原因引起。医生对某些更大类别的了解为特定病例提供了证据。

　　从这个意义上讲，所有相关证据都是统计（和概率）证据。[4]本章着重讨论特征更明显的统计证据。实际的统计数据，尤其是以明确的数字形式呈现和被理解的数据，什么情况下才能算作特定事实存在的证据？如果第二章给的答案看似是"总是"，正如上一段总结的那样，那么事实证明事情并非如此简单。

逃票者、监狱操场、蓝色公交车及其他故事

　　50多年来，利用群体统计来证明特定案件中的事实的问题一直吸引着律师和哲学家。这个兴趣最初源于加州最高法院1968年的一项裁决，这项裁决正是针对此类明确的统计证据而做出的。[5]马尔科姆·柯林斯（Malcolm Collins）和他的妻子珍

妮特·柯林斯（Janet Collins）被指控抢劫。据称，珍妮特袭击了一名妇女并抢走了受害者的钱包，之后与在附近汽车里等候的马尔科姆一起逃离了现场。受害人不能确认是珍妮特，但她确信抢劫她的是一名扎马尾辫的深金色头发白人女性。虽然受害人没有看到马尔科姆，但一名没有看到抢劫过程的证人作证说，他确实看到一名扎马尾辫的金发白人女性在据称的抢劫发生后不久，就在距离与据称的犯罪现场不到一个街区的地方上了一辆黄色敞篷车，开车的是一名留着络腮胡和八字胡的非裔美国男子。珍妮特的丈夫马尔科姆·柯林斯是非裔美国人，拥有一辆黄色敞篷车，经常留着络腮胡和八字胡。

　　在庭审中，检察官察觉到了指认证据的薄弱环节，于是传唤了当地一所大学的统计教员出庭作证。检察官要求他假设一系列统计数据，包括扎马尾辫的金发女性比率、异族通婚的比率、开黄色敞篷车的比率、留八字胡的非裔美国男性比率以及留络腮胡的非裔美国男性比率。然后，检察官让证人对这些数字运用乘法定则，估算出拥有这些特征的被告与拥有这些特征的抢劫者是同一人的概率。统计学家证人准确地描述了乘法定则，即多个独立事件同时发生的可能性是每个事件发生可能性的乘积。如果问题是从一副扑克牌中随机挑出一张是红桃9和在空中抛一枚均质硬币结果正面朝上两者同时发生概率，那么乘法定则会将1/52乘以1/2，得出两者同时发生的可能性是1/104。

　　统计学家证人向陪审团解释了这个算法，然后检察官要求他将这一算法应用在检察官提供的关于抢劫犯及其同伙特征的统计数据上。证人这样做了，得出的结论是，除了扎马尾辫的金发被告和留着大胡子、拥有黄色敞篷车的非裔被告（她的丈夫）之外，其他人作案的可能性微乎其微。陪审团被说服了，这对夫妇被判有罪。

　　然而，加州最高法院轻而易举地推翻了原判。首先，检察官向证人提供的单项概率是没有事实依据的。其次，乘法定则只有在各因素相互独立的情况下才成立，比如星期几和掷硬币。但是，如果两个因素并不相互独立，那么这两个因素的概率相乘得到的并不是这两个因素同时出现的概率。例如，很少有男人体重超过 300 磅 *，也很少有男人是相扑手，但某个体重超过 300 磅的男人是相扑手的概率却不能通过将这两个概率相乘来确定，这是因为相扑手的体重超过 300 磅的概率高于普通男人，而体重超过 300 磅的男人是相扑手的概率也高于普通男人。因此，体重超过 300 磅和相扑手是相关的，这两个概率并不互相独立。

　　除了单项概率缺乏任何基础（证据），这正是问题所在，因为没有迹象表明，被统计学家乘起来的各个属性的概率，以及珍妮特的、马尔科姆的、两者结合的属性的概率是独立的。举个例子，绝大多数留八字胡的男人也留络腮胡［亚伯拉罕·林肯（Abraham Lincoln）和阿米什（Amish）男人显然是例外］，将两者视为独立因素是原判的多个失误之一，这些失误导致加

---

* 一磅约为 0.45 千克。（若无特别说明，本书所有脚注均为译者注）

州最高法院推翻了原判。

　　尽管柯林斯案的结果无疑是正确的，但该案催生了大量学术上的假想案例。这些假想案例试图检验在统计数据使用得当的前提下，单靠统计数据作为证据，是否足以证明法律判决的正确性。其中一个假想案例改编自 1945 年马萨诸塞州的一项真实判决，人们称其为"蓝色公交车问题"。[6] 假设一辆汽车被一辆公交车逼下了公路，恰逢漆黑雨夜，受害者能看到只有肇事车辆是一辆蓝色公交车。事实是城里所有的蓝色公交车中，80%属于大都会运输公司（Metropolitan Transit Company）所有并由其运营，20% 属于公共服务公司（Public Service Commpany）。假定公交车司机疏忽大意，并假定他的疏忽导致汽车司机受伤，那么该汽车司机是否可以通过民事诉讼向大都会运输公司索赔，既然举证责任只需优势证据？毕竟，有 80% 的可能性事故是由大都会运输公司的公交车造成的。在举证责任大致是 51% 的民事诉讼中，大都会运输公司似乎应该承担责任。但大多数人都不同意这个结果，他们坚持认为（正如马萨诸塞州最高司法法院在真实案例中所做的那样），如果没有"直接"证据证明大都会运输公司牵涉其中，它就无须承担责任。直接证据是必要的，比如受害人作证说她看到公交车车身上印有"大都会运输公司"的字样。仅仅有统计数据指向相同的结论是不够的，无论这些统计数据是否经过量化。这是真实案件中真实的法庭结论，也是评论者对大多数真实案件和假想的蓝色公交车案件的直觉反应。[7]

64

许多其他的假想例子也试图说明同样的问题。在柯林斯案出现在学术文献中不久后，哲学家乔纳森·科恩（Jonathan Cohen）就提出了他所谓的"逃票者悖论"（Paradox of the Gatecrasher）。[8] 假设有一场需要买票入场的活动（科恩以牛仔竞技赛为例），有 1000 名观众入场，但有证据表明只有 499 人买了门票。也就是说，有 501 人逃票入场。再假设牛仔竞技赛组织者对这 1000 名观众中的一人提起民事诉讼，指控该观众逃票入场。即使没有其他证据，这位随机抽取的观众也有 501/1000 的可能性逃票入场，因此，根据（最低限度的）优势证据，此人似乎应承担责任。科恩认为这一结果令人反感，并试图解释为什么在统计上似乎无懈可击的结果却让人难以接受。许多其他人也有同感。[9]

让我们考虑一下查尔斯·内松（Charles Nesson）提供的另一个例子，其简化和略微修改后的版本如下[10]：监狱操场上有 25 名囚犯。囚犯们围住一名看守并将其杀害，但在此之前，其中一名囚犯已经逃跑并藏了起来。25 人中有一人因谋杀罪被起诉。检察官能证实以上描述的事件，但无法证明被告不是那个因为脱离群体从而没有参与杀害看守的人。因此，检察官只能证明被告有 24/25 的概率是凶手。这足以定罪吗？如果不够，为什么？

几十年来，法律和哲学文献已对这些例子做了深入研究。[11] 然而，事实证明，其中一些例子提出的问题与统计证据问题无关——尽管我们将在下一节中看到，它们还是与更广泛的证据问题有关。让我们回到科恩的"逃票者悖论"及其假设，即一个随机选取的观众可以因为可能参与了 501 次逃票入场中未被明确指定的某一次而被民事起诉。但这一假设将科恩和我们引入了歧途。确实有 501 次逃票入场，但每次都是不同的行为，发生在不同的时间和不同的地点，即使只有几秒、几毫米之差。501 次逃票入场的细微差别看似无关紧要，但对法律来说却非同小可，因为法律运作的假设是，要求某人承担责任，必须明确指出他应该承担责任的特定行为。法律不接受"你实施了这些行为中的某一个，尽管我们不知道是哪一个"这种说法。如果我们随机选择的入场者因为一起明确指定的逃票入场行为而被起诉，那么其概率就不再是 501/1000，而是 1/1000，这两者有质的区别。一旦被告因实施某个明确指定的行为而被起诉，统计数据就不能再成为追究其责任的依据，所谓的悖论也就不复存在了。

　　假想的监狱操场案例也是如此，甚至更为明显。特别是在刑事诉讼中，我们不会因为某人实施了多个不确定行为中的某一个而对其提起诉讼。假设地点 A 和地点 B 相距 200 英里[*]。雷达装置对一辆汽车从 A 地到 B 地所用时间的确认说明，这辆车或者超速了，或者至少无视了 20 个停车标志中的几个。这名司机能否以或者超速或者未在停车标志前停车的罪名被起诉，但不明确指定是哪种情况？[12] 如果在这个案例中，以未明确指定

66

---

[*]　1 英里约为 1.6 公里。

的行为起诉一个人似乎是错误的，那么在监狱操场的案例里也是如此。在监狱操场里，一名随机选择的囚犯不会因做了与狱警死亡有关的事而被起诉。起诉某名囚犯必须指明他在狱警之死中的特定行为或特定角色，否则就无法起诉。并且，如果一个特定的行为被明确指定，那么在没有其他证据的情况下，一名特定的囚犯实施该行为的可能性将是 1/25，这还不足以定罪。

　　"蓝色公交车"案中没有这类明确指定的问题，这为我们考查对明确的统计证据的使用提供了一个更清楚的例子。这个案例中存在一个明确指定的责任依据，唯一的问题是运营 80% 的蓝色公交车的公司是否要对该特定行为造成的伤害负责。至此，我们更清楚地看到了人们普遍的直觉与统计数据所显示的结果之间的分歧。[13] 如果没有其他证据显示公交车属于另一家公司，那么统计数据提供的证据就是优势证据。[14] 但是，人们普遍的直觉想要一些据称更加"与个体有关"（individualized）的东西。[15] 如果没有证据明确指出这辆公交车的所属公司，就不能让某家公司为此负责。

　　至此，关键在于区分某些东西首先是不是证据，和该证据是否有力到足以证明法律判决的正当性。例如，执法当局知道，迄今为止，在自己家中遇害的已婚妇女中，被其丈夫杀害的比例最大。[16] 任何一名合格的警察，即使没有与个体有关的证据证明是某个丈夫杀害了他的妻子，也会相应地仔细调查这个丈夫，甚至不惜推迟对其他可能性的调查。或许最后事实证明这是个错误，尤其是如果这是以不调查那些虽然不太可能但最后

被证明是正确的可能性为代价的话。尽管如此，根据概率，一 67
个侦探把宝贵的时间和有限的调查资源用于调查丈夫，而不是
陌生人或盗贼，是一个明智的策略。这就相当于猜马，而不是
斑马。当然，我们不会仅凭被谋杀的是他的妻子这个证据就把
丈夫关进监狱。但是，从概率的角度来看，丈夫的身份给了针
对性调查以正当性，即使仅凭丈夫的身份远不足以定罪。根据
概率，丈夫的身份依然是他有罪的证据，尽管仅凭这个证据不
足以将其定罪甚至逮捕。但是，正如我一再强调的，也正如法
律认识到的，某物能够作为证据与某物足以证明某种后果是不
同的。有的证据能为调查提供充足的理由，但仅凭这个证据通
常不足以定罪或逮捕。但不足以逮捕或定罪的证据，仍可作为
逮捕前进行调查的理由。

　　使用纯粹的概率（或统计）证据来做调查的理由，这种做
法司空见惯，就像《卡萨布兰卡》(Casablanca)中的雷诺(Renault)
上尉命令他的警官"抓捕那些常抓的嫌疑人"。但是，如果使用
统计证据作为调查的基础是可以接受的，那么，无论是在法
律体系内还是更广泛的场合，比调查更进一步的举措都必须
有与个体有关的证据这一人们普遍的直觉反应就变得令人费
解了。[17]人们一方面对基于概率的调查普遍持积极态度，另一
方面又对基于概率的制裁持消极态度，这种矛盾的态度可能源
于人们在处理一般概率问题时遇到的困难，这些困难有大量记
录可考。[18]而关于"蓝色公交车"及相关问题的学术讨论也未
能幸免。但是，对与个体有关的证据的强烈偏好似乎更多的是

68　与对所谓的与个体有关的证据的概率本质普遍存在着系统性低估，以及对许多其他形式的同样普遍存在着的系统性高估相关。尽管基于群体的证据与其他形式的证据之间没有本质区别，但人们还是普遍抵制使用基于群体的证据或精算证据。这种抵制是错误的。例如，声称看到蓝色公交车上印有"大都会"字样的人提供的证据看似与个体有关，但这种与个体有关的证据可能是基于一个视力不佳且与判决结果利益相关的人，在一个漆黑的雨夜从 100 码* 远的地方观察到的。对于与个体有关的证据的支持者来说，这可以算作与个体有关的证据，但无论它看起来多么与个体有关，都是非常薄弱的证据。

　　此外，重申一下本书中反复出现的一个主题，即所谓的与个体有关的证据并没有人们通常想象的那么与个体有关。目击者报告说看到一辆蓝色公交车，这类报告基于一个与个体无关的事实，即目击者之前感知为蓝色的东西**通常**确实是蓝色的。公交车也是如此。不过，关于这一点，一个哲学上更容易理解的例子是，一个目击者报告说另一个人喝醉了，通常是基于以下看法，即如果一个人口齿不清、说话太大声和失去平衡，那他就很可能喝醉了。说某人喝醉了，实际上是在说，这个人表现出的一类行为从概率上看倾向于表明醉酒。而指认某人醉酒本身就是一个基于概率的结论。一旦我们认识到，从表面看是与个体有关的特征，其实也是概率上的概括，比如"醉酒""公

---

*　1 码约为 91.4 厘米。

交车"或"蓝色",那么真正与个体有关的证据这个概念就更加难以捉摸了。

理解所有证据的概率维度,使人们对明确的统计证据的普遍反感更加站不住脚。循证医学的支持者认为,个体治疗应基于统计概率,但这样做必然会考虑到个体患者的群体特征。事实上,整个流行病学领域都建立在统计学基础上,对于将个体治疗建立在流行病学数据和结论上这一点,我们极少看到像"蓝色公交车"事件那样的反对。[19] 对于机械师判断发动机发出"乒乒乓乓"声很可能是使用辛烷值过低的燃料造成的,我们也不会反对,尽管做出这个判断仅仅凭借机械师多次过往经验或公布的数据,他甚至可能连引擎盖都不需要打开。

因此,事实证明,在法庭审判中引起怀疑的那种统计证据,在其他情境中却被广泛接受。这表明,这种怀疑并不是源自对统计或证据的直觉,而是源自对法律体系应该做什么、何时做以及如何做的直觉。即使在法律体系中对与个体有关的证据的要求是合理的(对此我持怀疑态度),这种要求也是来自对法律体系的看法或直觉,而不是对证据本身的想法。这无关于用群体层面的特征,即统计数据,来证明对个别事件的推断的价值。[20]

因此,大都会运输公司需不需要负责的问题,类似于斯巴鲁汽车的质量可靠是否能成为某辆特定的斯巴鲁汽车质量可靠的证据,或者辉瑞公司(Pfizer)的新冠疫苗对 30000 名实验对象有效,这是不是可以作为它对一名特定患者可能有效的证据。

这种相似性暴露出人们出于直觉而对在法律情境中使用统计数据的反对，并不基于统计数据或证据，而是基于法律体系应该对人们做什么。这种似乎是针对刑法的直觉，扩散到了所有法律（包括民事诉讼），但这种扩散不一定正确。

即使人们对在法律中使用统计证据的普遍反感只是针对法律，这种反感在法律情境中可能仍然是合理的。也许法律对统计证据的反感，以及人们对这种反感的普遍支持，是基于这样一种想法，即用排除统计证据来迫使那些原本依赖统计证据的人想出更好的办法。[21] 但是，尽管激励人们找到最佳证据是一个值得赞赏的目标，但它与另一个目标，即克服人们在从证据中得出结论时常常无视或低估基准率的常见错误之间存在一些矛盾。让我们回到斯巴鲁汽车的话题。如果我们在评估一辆特定的斯巴鲁汽车的质量时，不能依靠这辆汽车所从属的那类汽车的"斯巴鲁特性"，那么我们很可能高估这辆车的个体特性的重要性，同时低估这辆车与其他斯巴鲁汽车或者任何其他汽车的相同特征作为证据的重要性，这个问题正是关于忽视基准率的研究所指出的。[22] 这辆车在经过颠簸路面时会嘎吱作响，这是它质量不可靠的证据，但其证明力远远不及以斯巴鲁汽车的品牌作为质量可靠的证据。如果我们不能用它的"斯巴鲁特性"作为证据，那么我们就会高估它的嘎吱作响作为证据的强度。如果关于一辆斯巴鲁车，或者一辆蓝色公交车、一位牛仔竞技赛观众和监狱操场里的一名囚犯的信息，掩盖或挤占了我们从这些个体所属类别中可以了解到的信息，那么由此产生

70

的决策就更有可能是错误的。这正是研究基准率的文献告诫我们的内容。

此外，在法庭、政策制定或个人决策中，人们极少会选择"不作决定"。即使没有可用的统计证据，我们依然会作出决定，于是我们又回到了布莱克斯通的问题以及不同类型错误的后果上。如果统计数据不能用来支持对大都会运输公司的判决，那么该公司无责任的判决就意味着对受害者不予赔偿以及对公司的过失不予追究。问题又一次回到，错判大都会运输公司有责任是否比错判其无责任更糟糕，后者在民事案件中意味着因为他人疏忽行为给受害人造成的损害无法得到赔偿。同样，如果在监狱操场的例子中没有囚犯被定罪，那么就会有 24 起重罪行为逃脱惩罚。即使在刑事案件中，我们完全遵循布莱克斯通的观点，认为将无辜的人误判有罪比将犯了罪的人误判无罪严重，但如果我们不能接受至少一些将犯了罪的人误判无罪的错误，我们也不能完全消除将无辜的人误判有罪的错误。我们不禁要问，那些反对使用统计证据的人是否完全理解，不用统计证据将导致将真正有罪的人误判无罪（这可能并不那么糟糕），以及使得因他人过错而在身体或经济上受到伤害的原告得不到赔偿（这可能要糟糕得多）。

最后一个例子应该能更好地阐明上文的主旨。让我们在莱姆病的例子中加入一些数字，假设医生采用循证医学的最佳技术，根据患者的指征确定患者患莱姆病的概率为 96%。再假设莱姆病的公认治疗方法是服用一定剂量的抗生素。这些抗生素会杀死产生莱姆病的微生物，但也会杀死人体内一些无害的微生物。因此，有 4% 的概率抗生素杀死的只有无害的微生物。在这种情况下，医生是否应该开处方给予抗生素治疗？

在这种情况下，几乎没人会对开处方使用抗生素犹豫不决。然而，从统计学角度看，这和监狱操场的情况一样，只不过微生物代替了囚犯。诚然，我们关心无辜的囚犯超过无辜的微生物，但举这个例子只是为了说明，在监狱操场的例子中，我们不能以统计数据的任何错误或者证据的任何缺陷为理由，反对起诉这些囚犯。如果这样的反对存在，那一定是基于人们担心无辜的被告多于担心无辜的微生物这个合情合理的事实。尽管这种担心可能很有道理，但识别和分离出这种担心又让我们回到了主题。作为一个统计推断问题，将群体层面的数据作为个案中的可能性的证据在推理上是无可挑剔的。我们如何使用这一推断固然重要，但同样重要的是，不要因为反对推断的后果进而反对推断本身，这是不必要的。

关于什么的证据？

让我们回到上一节略过的问题上来——法律系统在强制被告承担责任之前，应该对一项具体指明的不法行为的证据要求到什么程度。这个问题和相关难题，可以通过最近有关性侵犯的争议和审判得到重要的说明。

　　这些最近的争议围绕着现代生活中的一个普遍现象——有权势的男人常常被多名女性指控性行为不端，无论是强奸、其他形式的性侵害，还是其他各种不受欢迎的性侵犯行为。比尔·克林顿、比尔·科斯比（Bill Cosby）、唐纳德·特朗普和哈维·温斯坦（Harvey Weinstein）只是那些多次以这种方式被指控的人中最显眼的名字，而在每个案件中，被指控的人都否认了每一项指控。从这个现象中产生的问题是一个证据问题——他们做了什么（如果做了的话），对谁做了（如果有谁的话），社会和法律系统应该如何应对（如果需要应对的话）？

　　事实证明，针对克林顿、科斯比、特朗普、温斯坦以及其他无数有名或没那么有名的男人的指控，不仅在道德、政策和政治方面意义重大，而且在统计和更宽泛的证据方面也具有重要意义。尽管用"他们做了什么"和"对谁做了"来描述问题看似简单明了，但这些指控以及它们如何被看待，给我们在考虑证据时提出的第一个问题带来了重要的新视角：它（证据）是关于什么的证据？ 73

　　为了帮助我们更好地理解，让我们想象一个与大多数成为头版新闻的现实场景类似的假想场景。假设著名政治家亨利被四名女性指控性侵犯，这些指控发生在不同的时间和地点，而且没有理由相信这些指控者相互认识或知道其他人的指控。换句话说，在统计意义上很重要的是，每项指控都独立于其他指控。[23]但在每一个案件中，亨利都极力否认对他的指控。

　　现在假设每项指控都进入刑事诉讼。一名原告对指控的作证很可信，但亨利至少在某种程度上令人信服地证明，这些事件从未发生过，或者任何性行为都是双方自愿的。除了亨利和这位原告，既没有物证，也没有证人。根据这些事实，我们似乎可以得出这样的结论：检方证实亨利有 80% 的可能性做了他被指控的事情。但这是一起刑事案件，80% 的可能性不足以排除合理怀疑并将亨利定罪。尽管如第三章所述，对于"排除合理怀疑"的标准是否可以量化这一问题还存在争议，但一个普遍的观点认为，排除合理怀疑意味着有罪的可能性至少是 90%。因此，如果四个指控每一个都进入审判阶段，并且每个指控被证明有罪的可能性都是 80%，那么亨利将在四次单独的审判中分别被判无罪。这样的判决没问题。

　　但我们现在换另一个问题。如果我们问的不是亨利在每个单独的案件中是否有罪，而是亨利是否至少实施过一次性侵犯，结果会如何？换了问题后，概率看起来就大不一样了。更准确地说，如果有四个指控，每个指控都有 0.80 的可能性成立，那么亨利至少实施过一次性侵犯的概率就是 $1-[(1-0.80) \times (1-0.80) \times (1-0.80) \times (1-0.80)] = 0.9984$。尽管亨利实施某一个特定的性侵犯的可能性只有 80%，但亨利至少实施过一次性侵犯的可能性却超过 99%。

　　在这种情况下，法律系统应该怎么做，这严格来说不是一个证据问题。相反，这是一个（从传统意义上被理解和设计的）法律是否应该拒绝以上述方式合计概率的问题，或者，法律是否应该给像亨利这样的人定罪，在排除合理怀疑的情况下，可以确定他们犯了某一项应受惩罚的罪行，但不能确定具体是哪一项。[24] 就像在亨利的例子里，证据往往有力地指向被告犯有某一些罪行，而且确切到某一类罪行，但不能有力地证明某一项被明确指定的罪行。[25]

　　法律制度历来不愿意在被告被惩罚的行为没有被明确指出的情况下对其施加惩罚，这在很大程度上是基于这样一种担忧，即如果这种做法被推向极端，将在理论上使我们中的大部分人可以被起诉，因为我们在生命中的某些时刻多多少少犯过一些应受惩罚的罪行。我们应该允许那些犯下一些截然不同的罪行中至少一项的人被起诉吗？如果某人有 40% 的概率进入商店行窃过，有 40% 的概率鲁莽驾驶过，有 40% 的概率非法使用过管制药物，有 40% 的概率给未成年人买过酒，那么这个人有略高于 87% 的概率实施了某些未指明的刑事犯罪，但几乎不会有人同意在这种情况下对某些未指明的罪行进行刑事定罪。[26]

　　虽然抵制刚才的例子是合理的，但当像亨利那样多次未指明的行为是同一类时，抵制可能会减少。而当情境不是刑事处罚时，反对可能会进一步减少。如果某人实施了三种涉及欺诈的未指明行为的概率各为 20%，那么他是否应该被雇用（或被留用）为赌场的保安主管呢？几乎所有经理会毫不犹豫地拒绝聘用这样的人，或者解雇此人（如果此人已经被雇用），如果这个例子较少被抵制，那么结论又一次是，用同样的决策理论方法得出的同样的统计结论，在考虑刑事定罪和可能的监禁时不允许被使用，但在大量其他非常真实的情境中，这些结论看起

75

来就没有那么不能接受了。因此，在明确指定的问题上，以及更宽泛的对统计的使用上，重要的是不要将刑法应该怎么处理的直觉甚至推理结论，概括为应该做什么和不应该做什么的结论，并类推到各种情境或后果中。

关于画像的说明

大多数人在阅读本章前几页时，都会想到画像的问题。[27]几十年前，在种族画像成为公众关注的焦点之前（尽管它早已存在），画像并不像现在这样臭名昭著。事实上，20 世纪 90 年代的一部名为《画像师》（*The Profiler*）的电视连续剧很正面地展示了一位联邦调查局的画像师，他的工作是收集所有可能的犯罪证据，然后在这些证据的基础上勾勒出嫌疑人的画像，以此将嫌疑人的范围缩小，有时缩小到只有一个人，以便严密调查这些少量的主要嫌疑人。

20 多年后的今天，这样的电视节目几乎不可能再播出了。这是因为种族画像——将种族作为触发调查的属性之一，甚至是唯一属性——在执法部门中受到广泛的谴责和禁止。禁止种族画像是正当的，然而在实际操作中，这种做法仍然普遍存在。

76   对种族（或民族、原籍国、宗教）画像的谴责与对前文所述的对基于类别的统计证据的辩护之间似乎存在着脱节。但这种脱节是假象。使用基于群体的统计数据得出关于个人行为和个人特征的结论，其必然性和可取性并不意味着每一个统计推断在统计意义上都有效，也不意味着每一个有效的统计推断都符合社会规范。

对种族及其相关特征画像的谴责部分基于这样一个通常成立的观点，即从某些群体中得出的某些推断在统计和经验上根本是错的。例如，人们相信与异性恋男性相比，同性恋男性作为一个类型来说，或从群体平均水平看，都缺乏阳刚气。这种看法完全没有经验依据，然而这种概括却一直被人们信奉，至今仍然如此。约翰·亨利·威格莫尔（John Henry Wigmore）认为女性在法庭上作证时不如男性诚实或准确（我们将在第八章中讨论这点），这个偏见也没有任何经验依据。因此，我们应该清楚地看到，这里所说的关于群体层面特征的使用，不适用于统计上错误的群体特征描述，无论是关于人还是关于会引起莱姆病的微生物。

即使在统计上正确的描述——比如 70 岁以上老人的听力和记忆力的可靠性都不如年轻人；女人的上肢力量比男人小；相比别的种族，非裔美国人更频繁也更早患上高血压——也并不意味着将这些描述作为证据就是合理的。但在这里，我们应该将认识论论证与规范性论证区分开来。

即使合理的经验概括也可能在认知上被误用，所以最好从认知上排除对这些概括的使用。假设人们普遍认为法国人比俄罗斯人厨艺好，并且假设这个概括在经验上是正确的。但是，如果把这种看法理解为所有法国人厨艺都好，而所有俄罗斯人厨艺都差，于是一家餐馆不测试厨师个人的厨艺，而选择只雇用法国厨师，绝不雇用俄罗斯厨师，那么相比对厨师个人进行测试，这家餐馆最终可能会犯更多错误，前提是对个人的测试即使不是完美的，也是非常可靠的。合理的概括可能会以各种方式被误用或滥用，但基本的一点是，这样做是一种认知上的失误。在能产生更好的总体结果时，我们不用群体层面的概括，而只考虑个体特征，那么认知上失误的后果就能减轻。

此外，在某些情境下，一系列的道德考量甚至可能会反对使用一些经验上正确、认知上有用的群体特征。例如，一些可靠的统计指标之所以可靠，完全是拜从前那些不道德的、很多还是非法的歧视所赐。将女性总体的数学能力作为一位特定女性数学能力的（不确定的）证据，如今可能在统计学上是合理的，但这种统计学上的合理性本身就是至少几代人引导妇女从事某些职业和学科（图书管理员、秘书、护士），同时远离其他职业和学科（科学家、外科医生、数学家）的产物，这种引导导致了目前的差异。再者，并不是每一个在统计上合理的经验概括都被适当地用于每一个结论。男性作为一个群体比女性作为一个群体拥有更强的上肢力量，这一概括几乎可以肯定是正确的，但这并不能解释在大量工作中优先招聘男性是合理的，对于这些工作来说，上肢力量要么毫不相关，要么并不重要，以至于力量较弱的人也可以胜任。因此，某些统计上合理的概括也最好避免使用，不是因为它们作为证据有认知上的缺陷，而是因为它们可能只是反映或者强化了过去的不公正。

　　因此，即使某人的种族、宗教、性别、民族、年龄、性取　　78
向或国籍确实是某个结论的证据，也并不意味着该证据应该被
用于其他结论，甚至是那个结论本身。我们并不担心对蓝色公
交车、致病微生物甚至牛仔竞技赛观众的不公正对待，但我们
有很多理由相信，可以用于这些类别的统计推断，可能在另一
些类别中被明智地排除。这并不是因为这些推断在统计上无效，
恰恰相反，是因为它们在统计上有效。

以抽样为证据

　　美国宪法第一条规定，应对各州"人口"进行"实际清点"，
其目的最初是（并且到现在仍主要是）为了确定分配给各州的
众议院代表人数。该条款中关于人口普查要求的具体内容存在
多方面的冒犯性，其中不仅包含臭名昭著的"五分之三"条款，
即将奴隶仅算作 3/5 个人，还将"未被征税的印第安人"排除
在外，而印第安人在当时占美国土著人口的 90% 以上。

　　即使是人口普查条款中不那么令人反感的部分也存在争议。
美国最高法院最近暂时拒绝就人口普查中是否应将无证人员计
算在内的问题做出裁决。[28] 但是，与证据问题更相关的是关于"实
际清点"的要求是否允许统计抽样的法律和宪法问题，这也是
最高法院做出的数次裁决所涉及的主题。[29] 如果我们暂时抛开
法律和宪法问题，仅将此视为证据问题，那么我们想要回答的

问题可以说仅仅是究竟有多少个人生活在某个特定的州。我们
79　熟悉的清点人头是一种证据形式，即人口普查员挨家挨户地实
际清点居住在某些住所的人数，然后将这些逐户清点得到的人
数相加，就能得出一个城镇、一个州和一个国会选区的居民人数。
因此，总人数就是被观察到的居民人数，这向来被认为是该州
实际居住人数的很好的证据。到后来，在线或通过邮件回答人
口普查问题的人数被认为是特定地区人口数量的证据，通常也
是很好的证据。

　　然而，根据宪法，清点出的人头数并不是我们真正想知道的。
我们想知道的是有多少人居住在某个州。过去，清点能找到的
人被认为是我们想要知道的信息的可靠证据。但清点的结果并
不是事实本身。事实是有多少人生活在某个地方，而清点是这
一事实的证据。

　　然而，姑且假设所谓的完美证据存在，清点人头也不是完
美证据。一些的确居住在城镇、州或国会选区的人拒绝与人口
普查员交谈，如今，他们也拒绝在网上或用邮件回复。由于这
些人确实住在该州，他们是最终事实的一部分，但他们并没有
被清点到。证据出错了。针对这一现象，有人认为人口普查局
的统计抽样比逐个清点真实的人头更可靠。目前看来，根据法
律解释，法律不允许用这种抽样的结果来分配各州的国会席位，
但抽样在许多其他地方被允许、被使用，并且引发了争议。

　　和如今大多数政策问题的状况一样令人失望的是，对使用
统计抽样来估算人口的态度也根据党派而存在分歧。各党派对

抽象问题的看法并无不同。他们的分歧在于，对于一个在理论上没有必然的政治影响的问题，谁会从不同的解决方案中获益。
共和党人倾向于反对抽样调查，因为他们认为这会不成比例地增加对低收入者和城市居民的统计，而这些人很可能会把票投给民主党。而出于相反的原因，民主党人反对只依赖面对面地清点人头。

　　然而，问题远不止关于人口普查。最近政治民调的失误——有些人会称之为惊人的失败——对民调行业总体而言不是好事，但值得指出的是，民调、调查和所有其他类似技术都是基于以抽样为证据的理念。如果我们感兴趣的是，在 2024 年的总统大选中，全美国约 1.5 亿选民中有多少人会选唐纳德·特朗普，而非其他潜在候选人，那么询问 1.5 亿选民他们打算将票投给谁就是最好的证据，但这也并非决定性的证据。可是，这在财政上和可行性上都是不可能的，因此，民调会从我们想要知道其偏好的大群体中抽取一小部分进行调查，然后将抽样调查结果作为大群体偏好的证据。与所有证据一样，从这样的民调中得出的结论是归纳性的、有风险的，而且，即使采用最好的抽样技术，也有出现错误的可能。即便如此，我们也不应忽视这样一个事实，即抽样是最普遍的证据形式之一。

　　抽样也是生产商为控制产品质量而广泛采用的一种证据形式，当然，这类抽样不是通过民调。让我们看下面的轮胎问题。轮胎制造商希望销售的轮胎在正常行驶 5 万英里之前不会出故障——经历过爆胎的人都知道，这种故障通常非常严重。但即使可以在不损耗轮胎可用性的情况下进行测试（这本身就不可能），轮胎制造商也不可能测试其所生产的每个轮胎。因此，生产商会测试数量相对较少的轮胎（测试过程会毁坏这些轮胎），然后将测试结果作为生产条件与之类似的所有轮胎耐用性的证据。

81

　　因此，轮胎耐用性的证据只是统计证据在商业、公共政策和我们的日常生活中发挥作用的证据的核心特征之一。而以数字的形式得出、积累、使用和展示的统计数据，只是更大范畴的概率推断（因此也是统计推断）的量化子集，而概率推断是证据这个概念的核心。有时，我们想把群体层面的数据作为群体中特定成员或样本的证据。另一些时候，我们想把样本作为群体或总体特征的证据，与前者刚好相反，就像人口普查和质量控制抽样。但是，无论是从总体到样本还是从样本到总体进行证据推理，这些推理都属于统计范畴。因此，不管是不是用数字表示，我们使用的大部分证据，以及证据本身的大部分内容都具有统计性。

第五章
证词，不仅在法庭上

　　我们所知道的东西很少是基于我们自己的感知。这种说法乍一听可能会令人惊讶，但进一步反思就会发现千真万确。是的，我知道外面在下雪，因为我能看到窗外的雪。我知道这酒坏了，因为我尝到了葡萄酒专家所谓"木塞味"的霉味。我知道交响乐团正在演奏贝多芬的《第五交响曲》，因为我个人能辨认出它特有的旋律。

　　但这些例子并不具有代表性。我知道自己的出生日期，是因为我母亲这样告诉我，还因为新泽西州纽瓦克市（Newark）的一位政府官员这样写在文件上。当然，我并没有看到、听到、尝到、闻到或触摸到自己的出生。我知道自己的出生日期，不是靠直接感知的，而是别人告诉我的。

　　这个例子毋庸赘言。我们的大部分知识都来自他人的断言，或者说广义上的、不是以法庭为中心的证词。哲学家 R.F. 阿特金森（R. F. Atkinson）正确地指出："我们所相信的大多数东西，不仅关于过去，还关于一切，都基于证词，如果没有证词，就无法想象我们能活到现在。"[1] 从广义上讲，证词由他人的断言组成，尤其是那些仅仅因为某人断言了某事而我们就应该相信的断言。证词可以是书面的，也可以是口头的，尽管一提起证词，人们往往想到的是证人在法庭上作证的形象。我相信蒙大拿州昨天很冷，因为一位住在那里的朋友在电话中这样告诉我。我相信我所在城市的新冠肺炎感染率正在下降，因为我在晚间新闻中听到了这个报道。我相信附近有熊，尽管我从未见过，但好几个邻居说他们见过。我相信印度尼西亚是世界第四人口大国，因为我在美国人口普查局的网站上看到了这个数据。我毫不怀疑地把黄色液体倒进嘴里，因为瓶子上的标签证明瓶子里装的是柠檬水。诸如此类，不胜枚举。这些例子提出的问题是，证词在多大程度上是证人所断言的事实的证据。或者，一个证人告诉另一个证人，而另一个证人又告诉另一个证人，这样形成了一根长长的证词链条，其终端的人依赖于通过多人转述的最初证词。有关证词的问题不仅涉及证词作为证据的地位，还涉及证词证据在多大程度上有别于其他类型的证据（如果有区别的话），证词证据与个人观察或感知相比有何不同，以及由证词造成（或没有造成）的特殊证据问题。本章的重点是二手知识。这些知识不是来自第一手观察或经历，而是来自他人（常常通过语言传播）的知识。[2] 本章和第六章至第八章的目的是揭示和探讨将二手知识作为信息和证据时所产生的复杂性。[3]

乔治·M. 科汉的证词

对大部分美国人来说，乔治·M. 科汉（George M. Cohan）是作曲家和艺人，他为我们带来了《问候百老汇》（*Give My Regards to Broadway*）、《你是一面古老而绚丽的旗帜》（*You're a Grand Old Flag*）、《在那边》（*Over There*）、《扬基男孩之歌》（*Yankee Doodle Boy*）和 20 世纪上半叶的许多其他流行歌曲。然而，税务律师记得科汉却另有其因。对他们来说，科汉是现在被称为"科汉规则"的主角，该规则是税法和税务实践的重要组成部分。[4]

科汉规则源自科汉与美国国税局之间因其 1921 年和 1922 年的报税而起的争执。科汉名气很大，出手也很大方，他乐于在餐馆和夜总会替生意伙伴、演艺界人士、朋友、熟人和各种溜须拍马之人付账。到了报税的时候，科汉估算了一下他为这些职业方面的慷慨行为花了多少钱，并将这笔花费申报为可抵税的业务支出。国税局的审计员要求科汉提供这些支出的证明，但科汉提供不了书面证明。毕竟，出了名的出手阔绰之人是不会索要收据的。于是，科汉只口头陈述了自己的花费作为证据。可想而知，国税局拒绝了他的抵税申报。官司就此打响。

科汉与美国国税局的官司最终诉至美国联邦第二巡回上诉法院（US Court of Appeals for the Second Circuit），该法院的管辖范围包括纽约州、康涅狄格州和佛蒙特州。尽管科汉在一些争论上败诉，但在他的口头陈述（他的证词）是否可以作为

其可抵税费用的证据这个问题上，他胜诉了。在勒尼德·汉德
（Learned Hand，他可能是那些未成为最高法院法官的美国法官
中最杰出的一位）撰写的判决书中，法院支持了科汉的主张。[5]
汉德法官似乎对科汉的陈述持怀疑态度，但他也同样怀疑国税
局不允许任何没有书面材料的抵税申请的"一刀切"政策。汉
德法官的结论是，科汉所说的话就是科汉实际所作所为的证据，
因此法院指示国税局更仔细地评估科汉的口头陈述，而不能先
发制人地驳回任何没有书面记录的内容。[6]

85　　　尽管美国国会于 1962 年修订了《美国税法典》（Internal
Revenue Code），要求为商务旅行和其他各种常常被夸大的商务
开支提供书面证明，但科汉规则依然存在。[7]尽管在没有书面文
件的情况下申请抵税仍然不是一个好主意，但国税局的工作人
员还是被要求承认纳税人的口头陈述和回忆是证据，不能不加
考虑地驳回。至少就税务目的而言，书面证据仍然优于口头证据，
而且口头证据必须"可信"。但口头证据，即口头证词，仍然是
一种被允许的抵税依据，虽然有风险。[8]尽管后来科汉规则的适
用范围有所收紧，但以科汉的名字命名的税收规则仍然提醒我
们，也提醒国税局，人们所说的话，即证词，可以作为他们所
说内容真实性的证据。

　　将证词视为证据的前提是信任证人所说的话。[9]显然，这种
信任可能来自证人值得信任的信念，而这个信念本身也基于证
据。也许我们对证词真实性的信任来自我们知道证人以前说过
的话是真的，这是我们认知上的信任。也许我们的信任来自我

们知道证人是那种不会毫无根据地说一些话的人。也许是证人的职位、职业或其他专业知识来源给了我们信任的理由。也许还有其他原因，但关键是，一个人所说的话是他所说内容真实性的证据，至少当他断言的事情有可能有证据的时候，这一点也得到了国税局的勉强承认。[10]

上一段略过了证人说谎的可能性，这将是整个第七章的话题，也略过了证人犯无心之过的可能性，我们将在第八章处理这个问题。但即使更一般地说，证词能在多大程度上成为某人所断言的事实的证据，是以证人的真诚和能力为前提的，即他们知道自己在说什么。我们将会看到，诚实（或真诚）和能力（或准确性、可靠性）这些制约因素不容小觑，因为它们给证词能否被看作证据制造了许多问题。但作为"将证词当作证据"这一概念的介绍，我们能认识到，证词无处不在，它可以成为证据，而且它可能是现存证据中最主要的形式。即使乔治·M.科汉与国税局之间的官司所遗留下的所剩无几的痕迹也提醒我们，人们所说的话，即使没有任何书面证明，也没有任何更具体的佐证，也可以成为他们所说内容的证据。

关于传闻的错与对

2021 年 2 月，在对前总统唐纳德·特朗普的弹劾审判过程中，众议院弹劾经理提议传唤华盛顿州众议员海梅·埃雷拉·博伊特勒（Jaime Herrera Beutler）作为证人。虽然埃雷拉·博伊特勒提供的口头证词最终被书面声明取代，但无论是提供的口头证词还是实际的书面证词都提出了一个重要问题。众议员埃雷拉·博伊特勒的证词所涉及的事情既非她亲眼所见也非她亲身经历。她作证说，众议院共和党领袖凯文·麦卡锡（Kevin McCarthy）曾告诉她和其他人关于麦卡锡和特朗普之间充满火药味的电话通话，特朗普在通话中明确表示，他不会叫停当时正在冲击美国国会大厦的暴乱者。[11]

众议院弹劾经理最初试图用埃雷拉·博伊特勒的口头证词作为麦卡锡对她说过的话的证据，然后用埃雷拉·博伊特勒所转述的麦卡锡的话作为特朗普不愿采取行动平息骚乱的证据。但这能不能成为特朗普行为的证据，取决于参议院成员是否相信埃雷拉·博伊特勒转述的麦卡锡的话，如果参议员们相信埃雷拉·博伊特勒关于麦卡锡所说的话的证词，他们还必须进一步相信麦卡锡对特朗普所说的话的转述。也就是说，这是传闻，而且还被传了两次。

再看 2020 年 6 月 14 日《纽约时报》（*New York Times*）的一篇文章，该文报道了一本关于第一夫人梅拉尼娅·特朗普（Melania Trump）的新书。[12] 这本由《华盛顿邮报》（*Washington Post*）记者玛丽·乔丹（Mary Jordan）撰写的书在《纽约时报》的文章中被描述如下：

> 她（梅拉尼娅·特朗普）还塑造了一个并不总和事实

相符的自我形象。例如，乔丹女士对特朗普夫人声称自己
精通多国语言的说法提出了质疑。

　　"多年来与她共事过的摄影师和其他人，包括母语为意
大利语、法语和德语的人告诉我，他们只听过她用这些语
言蹦过几个单词。"乔丹女士写道。

　　现在假设我们对梅拉尼娅·特朗普是否会说法语这个问题
感兴趣。然后想想我们该如何评估《纽约时报》文章中的证据。
这篇文章支持"梅拉尼娅·特朗普不会说法语"这个命题，它
本身就是梅拉尼娅·特朗普不会说法语这一结论的证据。但对
于梅拉尼娅·特朗普是否会说法语的问题，撰写这篇文章的记
者玛吉·哈伯曼（Maggie Haberman）并没掌握第一手资料。
这篇文章只是在描述玛丽·乔丹的新书时，复述了书中摄影师
和其他人告诉玛丽·乔丹的内容。乔丹女士也没有第一手资料，
她依据的是别人告诉她的信息。摄影师可能从与特朗普女士的
互动中知道她不会说法语，但读者必须依靠《纽约时报》记者　　88
的文章，而记者依靠的是玛丽·乔丹的书，后者依靠的是摄影
师和其他人告诉她的信息。因此，从摄影师到书的作者，再到
《纽约时报》的记者，再到可能对梅拉尼娅·特朗普是否会说法
语感兴趣的读者之间形成了一个链条。传闻被传了三次，这有
很大的风险。

　　从摄影师到《纽约时报》文章读者这个链条充分说明法律
认为传闻有风险的原因。从摄影师到书的作者，再到报纸记者，

最后到读者，这个链条中的每一步都有出错的可能。而想知道梅拉尼娅·特朗普是否会说法语的读者，根本无法确定链条的任何一个环节是否出错，只能依靠可能是错误的下一环节。读者无法检验摄影师所说的话，只能相信书的作者对摄影师的信任；读者也无法检验书的作者，只能相信《纽约时报》记者对作者的信任。读者甚至无法检验《纽约时报》记者。

这就是为什么法律历来不信任传闻。当证人在法庭上用别人所说的话作证，而陪审团被要求接受那个不在法庭上的人所说的话的真实性时，宣誓、交叉询问和观察证人态度这些正常的保障措施都无法起作用。在上述例子中，我们凭什么要相信摄影师？凭什么要相信作者所转述的摄影师的话？凭什么要相信记者转述的作者的话？同样，法律也不相信那些不在法庭上、没有宣誓、没有被观察、没有被交叉询问过的人的陈述。

近年来，美国的法律在反对传闻证据的规则上附加了很多例外情形，以至于该规则的适用范围已所剩无几。[13] 根据不同算法，《联邦证据法》包含至少 31 种禁止传闻证据的例外情况，后来还加了一条兜底条款，以防有可靠的传闻形式未被已列出的 31 种例外情况所涵盖。[14] 加拿大和英国等英美法系司法管辖区已经更进一步，基本取消了排除传闻证据的规定，许多美国法官在没有陪审团的情况下也在实际操作中这样做了。[15]

我们很难想象一个没有传闻的世界，或者不通过传闻来传播的知识，这是对传闻证据的限制逐渐减弱的原因。也许没有多少人关心梅拉尼娅·特朗普是否会说法语。[16] 但有很多人关心众议员埃雷拉·博伊特勒转述众议员麦卡锡转述的前总统特朗普说过的话。从我们的出生日期开始，我们所知道的很多事情都是基于传闻，以至于我们无法想象一个不使用传闻作为证据的世界。只要快速浏览一下日报，我们就会发现，我们从所谓的新闻中了解到的大部分内容实际上都是关于其他人说了什么的新闻，而我们关心人们在新闻中说了什么，主要因为这些人做出了事实陈述，而我们隐性地被要求相信这些陈述。让我们回到 2021 年 1 月 6 日暴徒冲击美国国会大厦事件，新闻报道中关于该事件的大部分内容都是由亲历者提供的各种所谓第一手资料，尽管那些亲历者通常是将资料提供给记者，而记者再将资料提供给公众。即使我们一如既往地相信记者会准确地报道亲历者和观察者告诉他们的事情，我们仍然需要根据当时在场人士的叙述来就发生了什么事情形成自己的看法，我们无法观察或交叉询问那些人的证词，只能假定他们的叙述是诚实和准确的。我们经常这样做，要不是我们这样依赖传闻，我们对这个世界和其中发生的事情就不会有太多了解。法律一直以来对传闻证据持怀疑态度，这为我们在评估传闻陈述时对其链条中的每一环节都进行慎重思考提供了很好的理由，但需要我们牢记的是，传闻证据仍然是证据，而且它们通常是很好的证据。

关于传闻及一般证词的最后一个提醒：法律规定，当一则陈述的真实性需要庭外陈述来证明时，该陈述就是传闻。这个限定条件很重要，法律文献中有个经典例子（此处略有改动），能清楚地说明这一点。[17] 如果我的同事对我说，院长刚刚声称

90

自己是圣女贞德，我的同事并不指望我将院长的话当真。我们都不认为她是圣女贞德，也不认为她有丝毫可能是圣女贞德。相反，我的同事将院长的话作为她精神失常的证据，或者作为她在开玩笑的证据，但不会作为她真的是圣女贞德的证据。只有当一个人转述另一个人的话，而我们被要求把另一个人的话当作他断言的命题为真的证据时，才会出现传闻的问题。

　　对传闻的这种理解与整个关于证词的主题相关。人们为了各种各样的目的而说出各种各样的话。在万圣节，当一个孩子从灌木丛后面走出来大喊"嘿！"时，她并不是在作证，也不是在要求我相信什么。同样的例子还有，当列车长说"全体乘客请上车"时，当老板说"你被解雇了"时，当我的朋友说"对不起"时，或者用约翰·奥斯丁（J. L. Austin）的言语行为理论中的另一个所谓施为句（performatives）的例子，当一些名人在船头打碎了一瓶香槟，并说"我将这艘船命名为'伊丽莎白女王号'（*H.M.S. Queen Elizabeth*）"时。[18] 只有当某人的断言可真可假时，才有证词一说，也只有在那时，我们才需要处理关于断言，即证词，是否可以作为断言者所断言内容的证据的各种问题。

91

道听途说——谣言作为证据

　　当我们考虑是否可以将八卦、谣言和名声，以及其他形式的集体证词的和出处不明的证词视为证据时，传闻作为证据的问题变得更加严重，但也可能有所缓解。从一个角度看，如果某个断言的源头并非个人或不可识别，那么围绕传闻的问题似乎更加严重。当我们说某人有不诚实的坏名声或某人有可靠的好名声时，我们依赖的是一系列的传闻，尽管我们很少意识到这一点。但那些确实是传闻，而传闻通常辗转相传，最初的来源已不可考。当我们不但没有机会审查陈述的最初来源——法律术语中叫"原陈述人"（declarant）——甚至都不知道传闻的来源是谁或有哪些来源时，传闻的风险就更大了。在我们被要求依赖一群身份不明的人不明所以地相信的东西并将它们当作证据时，相信谣言、八卦和名声的理由似乎显得尤其站不住脚。即便我们不至于坚持认为这些知识来源根本就不应该算作证据，但至少不怎么信任那些出处不明和弱化来源的证据似乎是明智之举。

　　但这样的结论未免过于草率。也许，谣言、八卦和塑造某人或某事名声的社会机制不应该被理解为加剧了传闻的问题，而应该被理解为减轻了传闻的问题。这样理解的原因之一是，谣言、八卦和名声是社会机制的集体产物，而集体产物可能（也仅仅是可能）倾向于可靠。几年前，《纽约客》（*The New Yorker*）的撰稿人詹姆斯·索罗维基（James Surowiecki）写了一本畅销书，名为《群体的智慧》（*The Wisdom of Crowds*）。[19] 索罗维基用许多引人入胜的例子来论证，当群体是异质化的、去中心化的，且成员之间相互独立时，那么群体往往会比个人做出更好的决策，甚至比训练有素的专家单独做出的决策更好。

不过，正如几位评论家所指出的，其他研究对索罗维基的结论提出了质疑。[20]此外，他的结论可能过于依赖群体的异质化、去中心化及其成员的独立性等条件，尤其是最后一项，以至于他得出的关于群体智慧的结论可能完全无法代表真实群体的真实决策行为。而早在 20 世纪 70 年代，心理学家欧文·贾尼斯（Irving Janis）就"人们如何得出事实性结论"的问题提出了"团体迷思"（groupthink）这个影响深远的叫法。就像群体智慧有时可能会趋向真理，人们随大流的倾向（就像人们常常会做的那样）会让他们趋向相反方向。

近年来，可能存在的群体智慧在学术界已成为更严肃的研究课题，这些研究通常被归类在"集体智能"（collective intelligence）名下。《集体智能》（*Collective Intelligence*）也是一份新学术期刊的刊名，尽管截至本书撰写时，该期刊的创刊号尚未发行。麻省理工学院也成立了麻省理工学院集体智能中心（MIT Center for Collective Intelligence）。但是，无论是关于集体智能的通俗说法还是更为严肃的学术研究，都存在着同样的问题。[21]现代信息技术，以及人工智能和所谓大数据等相关领域的进展无疑增加了集体智能的潜力，但同样的技术也可能成为集体愚昧的工具。关键问题是，好的想法或关于事实的真实断言，在多大程度上更有可能从不确定的某个集体过程中产生，或者说，那些增加集体产生好的想法和准确的事实断言可能性的过程，是否也会增加集体产生和传播坏的想法和错误的事实断言的可能性？

　　这场一方支持"群体智慧"、另一方支持"团体迷思"的辩论引发了一个问题：群体智慧能否成为证据，以及群体智慧是否通常优于非群体智慧，而后者正是我们大部分证词证据的来源？如果群体智慧具有巨大的证据价值，那是因为人们有时能够相互学习，有时能够纠正他人的错误。不过，尽管有些"群体"确实是异质性、去中心化的，但索罗维基要求群体成员之间互相独立的条件限制了他的结论的价值。大多数形式的集体判断都是由成员间并不互相独立的群体产生的，我们可以直言不讳地称之为"群氓"（mobs）。与"群氓"相比，"传统智慧"的贬义要少一些，但有时也会沦为纯粹的谣言。但是，无论我们使用什么标签，都存在一个严重的问题："众所周知"的事情是否可以作为众所周知或大家以为众所周知的事情的证据？

　　将"众所周知"某事和用"众所周知某事"这个事实作为众所周知的事情的证据这两者区分开很重要。想一想唐纳德·特朗普经频繁做出的断言，最声名狼藉的一次是他在 2021 年 1 月 6 日对聚集在华盛顿特区的人群说话时——其中相当一部分人不久后成了冲击美国国会大厦的暴徒。总统在就选举的公正性问题向群众发表讲话时说，"众所周知"，他以压倒性优势赢得了选举，但是，"众所周知"，这一显而易见的结果没有被正式宣布，因为选举被"偷梁换柱"了。[22] 这一说法（至少）包含两个谎言，必须加以区分。其一，特朗普总统是否真的以压倒性优势赢得了选举。他并没有，因此他所宣称的是假的。再者，这是不是"众所周知"的事情。这也是假的。当然，有时候每个人都自认为他们知道一些事情，但这些事情事实上是假的，这一点倒是真的。即使认识到"众所周知"的经验性主张有夸张之嫌，事实依然是，1491 年的每个人都知道，或者至少他们认为自己知道，地球是平的。类似于如今的每个人都知道玛丽·安托瓦内特（Marie Antoinette）说过"让他们吃蛋糕"、拿破仑很矮、游泳前吃东西会导致肌肉痉挛。关于什么事情"众所周知"或我们认为什么事情"众所周知"，这些断言大致是对的。而关于那些"众所周知"的事情或者我们认为"众所周知"的事情的真实性，这些断言是错的。

　　一旦我们区分开了"断言某事众所周知"和"断言众所周知的某事是事实"，我们就可以更多地关注后者，即断言某事众所周知，或者更确切地说是对某事的共识，是否可以作为该事具有真实性的证据。"群体智慧"或者集体智能的说法，简单来说就是如此。但是，导致人们想要与他人保持一致的各种社会的、心理的和政治的力量引人深思，这种力量与人们想要的一致性的基础无关。在高中时，我们中的一些人想做那些酷孩子在做的事，只是因为我们想成为那个群体中的一员，即使那群人在做的事往往非常愚蠢。并且，在其他社会领域中，这种力量的存在也相应地减弱了用该领域的群体智慧来证明该领域所相信的真理的能力。

　　"群体智慧"的说法与"思想市场"（marketplace of ideas）这一口号有着异曲同工之妙，至少从约翰·弥尔顿（John

Milton）反问"谁曾看见在自由而公开的交战中，真理会败下阵来？"以来，"思想市场"这一口号就一直是关于言论自由的讨论、政策和法律的核心部分。[23] 弥尔顿的基本观点是，集体讨论的过程将趋向真理，即集体活动所产生的集体智能将多于集体愚蠢。约翰·斯图亚特·密尔（John Stuart Mill）的《论自由》（*On Liberty*）、奥利弗·温德尔·霍姆斯（Oliver Wendell Holmes）关于"对真理最好的检验，莫过于让思想的力量在市场竞争中获得认可"的断言，以及在过去至少 100 年里的公民自由主义言论都呼应了弥尔顿的观点。[24] "思想市场"用现代术语来说就是［正如已故的安东尼·刘易斯（Anthony Lewis）形象地形容的那样］，言论自由制度所促成的集体话语是"真理的搜索引擎"。[25]

作为一个关于证据的问题，"思想市场"口号提出了两个不同的关于证据的断言。其一，某个命题为真是不是人们有可能接受它的证据。显然，人们相信许多真命题，也同样相信许多假命题。我们知道，麦迪逊大道（Madison Avenue）*也知道，某个命题为真并不是某个群体可能接受该命题的唯一决定因素，甚至不是该群体中相当比例的人可能接受该命题的唯一决定因素。毕竟，约 30% 的人认为占星术的（虚假的）预测和（虚假的）行为主张是真的。[26] 即使我们假定，如我们所愿的那样，

---

* 麦迪逊大道是纽约曼哈顿区的一条街道，自 20 世纪 20 年代以来，这条街的名字就与美国广告业联系在一起。因此，"麦迪逊大道"一词特指广告机构。

真实性对人们的接受度很重要，宣称某事的人的身份、权威和魅力也很重要。同样的道理也适用于某事被提及的频率、被提及时所用的技术性方式、与受众已有信念的契合度、对听者某些情感和心理需求的满足度等等。事实上，人们对某些命题的接受程度远非取决于该命题的真实性，人们对所谓的阴谋论的接受自古已然，于今为烈，正是对以上结论的有力支持。[27] 如果问题是命题为真是不是它可能被接受的证据——或许这在本书中并不那么重要——那么我们有很多理由相信，尽管作为证据，命题的真实性是重要的（正如弥尔顿及其后继者所信奉的那样），但并没有我们所希望的和我们通常以为的那么重要。我们依靠证据知道一个命题为真，但其真实性本身并不是很好的证据，或者至少不像人们长期以来所认为的，是人们是否会接受被传达给他们的这个命题的很好的证据。[28]

　　然而，相反的情形对我们来说更重要，不是真实性的证据价值决定人们的接受度，而是人们的接受度本身的证据价值决定真实性。这就是"众所周知""群体智慧"或"集体智能"的主张，即某事物被人们接受的事实至少是该事物正确性的某种证据。[29]

　　在这个问题上，"群体智慧"的说法只是故事的一面。而故事的另一面是怀疑将群体智慧作为证据，这种态度和对思想市场的乐观态度程度相当。故事的另一面将集体讨论视为错误信息、虚假信息和各种人类心理需求的温床，而这些需求往往与真相相冲突，这个观点可以追溯到第二次世界大战期间对谣言传播的担忧，这种传播与我们许多人小时候玩过的"传话"游戏如出一辙。随着互联网和社交媒体广泛而迅速地传播虚假信息，这个温床变得更加适合滋生虚假信息，普遍观念作为真相的可靠指标的价值也变得越来越小。

　　尽管如此，可能不是很好的证据往往也有一定的价值，当然也可能没有，取决于我们想用它来做什么，或者想根据它作出什么决定。例如，法律向来认为，一个人诚实（或不诚实）的名声可能关系到对他的可信度及其正式证词的可靠性的评估。[30] 法律在这一点上可能是错误的，但这一由来已久的观念表明，"众所周知"的名声在某些情境下可能具有一定的证据价值。无论我们对名声的某些用途（包括法律用途）持怎样的怀疑态度，我们大多数人在选择承包商、餐馆，甚至保姆和投资顾问时，都很自然地使用名声作为证据。我们以各种方式依赖集体产生的名声，某种程度上就是在依赖证词，尽管这种证词的最初来源已不可考。当我们依赖名声（我们通常将其贬低为谣言和八卦）时，我们依赖的是那些同样匿名的人对他人所言的可靠性的评估。因此，我们更有理由怀疑那些我们能够且应该理解为间接证词的东西，但这或许并不是完全抛弃间接证词的理由。

证词的检验

长期以来，法律体系要求证人在作证前宣读誓言，以此作为防范谎言和说谎的措施之一。作为传统，证人要将手放在《圣经》上，宣读人们熟悉的誓言，这样做的目的是提醒宣誓人说真话、说全部的真话，而且只说真话的义务。显然，法律系统为了防范证人撒谎才设置了宣誓环节，我们将在第七章中更详细地探讨谎言、撒谎和撒谎者。然而，我们的第一个问题是，宣誓是否提供了法律体系想要它提供的那种保证？如果是（我们将看到，这其实很难保证），那么宣誓是否对所有证词陈述提供了同样的保证呢？因此，我们既要考查承诺后或宣誓后的陈述作为法律证据的价值是否大于那些没有用宣誓增强过所谓可信度的陈述，也要考查同样的结论（或疑问）是否适用于法庭外的宣誓和承诺？

如果本书是神学著作，就会有很多关于誓言价值的论述。

其中一部分是关于个人对上帝发誓说真话后必须遵守承诺的特殊义务。还有一部分是关于上帝会如何对待那些违背誓言说谎的人。但本书不是神学著作。尽管如此，人们（在现实中）在多大程度上相信或者曾经相信誓言的宗教性和控制力，这个社会学而非神学的问题依然存在。从社会学而非神学的角度来看，我们知道许多人确实相信，如果他们发誓说真话却说了谎，那么他们将在死后（或许更早）遭受痛苦。当然，这种普遍信念是否正确，宣誓后说谎的人死后是不是真的受到惩罚，我和本书的大多数读者都不得而知。尽管如此，现在仍有一些人相信这种说法，更重要的是，在正式的宣誓刚出现时，有更多的人相信这种说法。法律体系利用人们对上帝惩罚的信仰，将宣誓作为提高证人诚实的可能性，甚至提高审判中证词准确性的一种方式。[1]

尽管相信宣誓后撒谎会被判在地狱之火中永世受苦的人的比例有所下降，但宣誓仪式保留了下来。而且，它的保留不仅仅是为了遵循传统。保留宣誓仪式的部分原因在于，在很多情境下，宣誓后撒谎有可能带来严重的法律后果。诚然，对伪证罪的起诉很罕见，这主要因为对伪证罪的刑事起诉要求检察官在排除合理怀疑的情况下证明证人知道自己的证词是假的。[2] 不过，尽管起诉伪证罪的难度大、次数少，但并非闻所未闻。此外，这些案件往往备受瞩目，就像前总统唐纳德·特朗普的朋友罗杰·斯通（Roger Stone）就因宣誓后向国会作伪证而被判处 40 个月监禁，但之后总统赦免了他。[3] 同样广为人知的还有类似罪行，如玛莎·斯图尔特（Martha Stewart）因为对联邦官员作伪证而入狱；还有非刑事制裁，如前总统比尔·克林顿因宣誓后作伪证而被弹劾（但未被定罪），并被暂停律师执业资格五年。[4] 如果连这些制裁也不算常见，那么我们从启发式和偏见的研究中知道，人们倾向于夸大不太可能发生的灾难性事件的频率，空难保险的销售商也很了解这一点。[5] 因此，担心因为作伪证而被起诉或受到其他官方制裁所产生的威慑力可能会大于实际被起诉和定罪的统计概率所起的威慑作用。如果真的是这样，法庭上被提醒自己宣过誓的证人，说真话的倾向性有可能超过自己的道德准则，甚至超过对自我利益的袒护。

　　"可能会"（might plausibly）这个用词反映了这样一个事实，即对宣誓是否在因果关系上确实影响了证人诚实作证的可能性这一具体问题的研究很有限。[6] 显然，有些人即使没有宣誓也会说真话。至少我们希望如此。同样明显的是，有些人即使在宣誓后也会撒谎。这太糟糕了，但我们也无可奈何。不过，还有第三类人，他们可能是我们考虑宣誓时最重要的一类人，尽管可能比前两类人都要少。这一类人在宣誓后会说真话，但如果没有宣誓就会在时机合适或有利可图时撒谎。[7] 一些低利益相关的实验表明，明确提醒人们说真话的义务，或明确承诺即使没有受严格意义上的誓言约束——比如十诫中禁止说谎的戒律——也要说真话，至少能在一定程度上减少说谎的发生。[8] 但是，由于关于这个问题的其他研究并不多，而且关于十诫提醒作用的研究似乎并没有区分十诫的宗教面向和诚实提醒的非宗教面向，因此我们缺乏大量的经验证据来证明宣誓本身在多大程度上（如果有的话）促使人们说真话，无论是在法庭内外。

据说，即使撇开伪证罪的起诉甚至永堕地狱的风险，宣誓也提醒了人们诉讼程序中的严肃性，或者说庄严性，从而也提醒了人们诚实在这些诉讼程序中的重要性。但是，尽管宣誓的这些所谓好处常常被夸大，就像法院宣布"那些对正式宣誓讲真话的道德、宗教或法律意义有深刻印象的人更有可能说真话"一样，但几乎没有任何研究表明，相对于不那么正式的提醒，正式宣誓是否起到了这种作用。[9]

宣誓是否成功地提高了人们在正式法律程序中说真话的概率是一个重要的问题，但我们所考虑的更宽泛意义上的证词并不局限于司法程序。宣誓也是如此，各种形式的宣誓在日常生活中无处不在。当有人说"我对上帝发誓，这就是我看到的"时，他们似乎在暗示，无论平时他们对真相多么无所谓，但这次的陈述非同寻常。同样，还有大量相似的语句似乎也有类似的准宗教渊源。"我以我母亲的坟墓起誓。""对上帝发誓，拿命担保。""我在胸前划十字起誓。"或者只是简单的"我发誓"。

也有类似的说法是基于荣誉感，而不是出于宗教传统。"你能向我保证吗？"或者，自发地表示"我向你保证""你可以相信我的话""我以一名军官和绅士的身份向你保证"等。[10]同样，就像军事学院和我们的一些老牌高校对全体学生所实施的现行守则那样，荣誉守则旨在用荣誉（和制裁）强制学生履行不"撒谎、欺骗、偷窃，或容忍那些撒谎、欺骗、偷窃的人"

的义务。[11]

　　撇开荣誉守则不谈，针对特定的说法宣誓在某种意义上令人费解。当证人在陈述中加上这类自我背书时，我们难道应该更加怀疑没有这些自我背书的陈述吗？在陈述中不用"我对上帝发誓"或类似内容，是否就等于在背后交叠食指和中指＊，因而不足信？或者说，"我向上帝发誓"和"我向你保证"已经变得如同清清嗓子的声音一样，几乎不影响听者对陈述真实性的信心？这种假设似乎很有可能，因此它支持了以下结论，即尽管有某种方法能让我们在依赖证词之前对其进行检验是件好事，但证人是否发誓，是正式还是随意地发誓，并不太可能成为非常有效的检验标准。证词通常是很好的证据，但宣誓，尤其是在正式司法场合之外的宣誓，能否使证词变得更可信，这一点值得怀疑。

102

佩里·梅森与荧屏上的交叉询问艺术

　　佩里·梅森（Perry Mason）是一位虚构的交叉询问大师，他最先是厄尔·斯坦利·加德纳（Erle Stanley Gardner）的一系列推理小说中的辩护律师，从 20 世纪 50 年代开始，他又是

＊　　一个人在说谎的时候把手放在背后交叠食指和中指是基督教社会的民间做法，这种做法向上帝表明自己说谎有正当的或不得已的理由，祈求上帝宽恕和保护，避免被上帝惩罚。

三部不同的电视连续剧中的主角。在典型的剧情中，梅森的委托人会被错误地指控犯有某种可怕的罪行，通常是谋杀。在预审或审判中，梅森会咄咄逼人地交叉询问某位控方证人，在这样激烈的交叉询问下，证人会承认犯罪的人其实是他自己而不是被告。有时，梅森的交叉询问一针见血地指出了事实真相，洗脱了被告的冤屈，以至于在旁听席上的某个人（甚至都不是证人）可能会被负罪感击溃，在庭审中站起来，冲口而出说其实是他（偶尔也可能是她）犯的罪。

　　这一切都是虚构的。这不仅因为它是虚构故事，还因为佩里·梅森用语言击溃证人使其招供的形象，为交叉询问在检验证词证据真实性的本质和有效性方面描绘了一幅极不现实的图景。在现实中，作证时说谎的证人在交叉询问时会继续说谎，而确实搞错了状况的证人在交叉询问时还会重申他们的错误。任何交叉询问过证人的人都知道，加德纳和电视编剧无非是占了故事人物的提问和回答都由自己编排的独特优势罢了。[12] 但现实中的证人很少如此合作，现实中的交叉询问常常混合着证人的固执、多重的不确定以及律师的陈述，而律师的陈述往往是证词的形式，也是真正的问题。

　　一个世纪前，约翰·亨利·威格莫尔对交叉询问去伪存真的所谓优点给予了高度评价，而在当时的美国乃至整个英美法系世界中，威格莫尔是证据法领域的顶尖学者。威格莫尔宣称，"毫无疑问，交叉询问是有史以来为揭露真相而发明的最伟大的法律引擎"。[13] 然而，我们并不能肯定交叉询问是否配得上威格莫尔对它的称赞，因此我们应该更仔细地审视交叉询问揭示真相的过程。

如果我们想研究交叉询问在评估证词真实性中的辅助作用，我们需要像威格莫尔那样，将重点放在真正的交叉询问上。在这个过程中，我们不应该参考在国会听证会上经常出现的那种被误认为是交叉询问的表演。无论这种壮观的场面可以达到什么其他目的，但用提问者提供的事实配合着煽情的指控来刁难证人，不太可能是"揭示真相的引擎"。[14]任何主持过公共活动的人都很清楚，提问者往往会忽视提问与发表演说之间的区别，而典型的公共立法或行政机构听证会则包含了大量的演说，却并没有多少提问。事实上，太多的新闻发布会也是如此，台上官员用各种答非所问，回应台下自大的记者包含多个问题的提问。[15]

重申一次，就算交叉询问发挥出最大作用，也不会导致证人推翻自己的证词，哪怕佩里·梅森现身也不可能。[16]而当交叉询问以最糟糕的方式运作时，会阻碍人们对真相的探寻，比如说真话的证人证词被无端怀疑，或者使那些证人从一开始就打消了作证的念头，正如那段对强奸受害者滥用交叉询问的令人难过的历史所显示的。[17]然而，有效而节制的交叉询问能套出证人有意隐瞒的信息。尤其通过揭露证词的前后矛盾，交叉询问有时能为证词的听众——主要是陪审员，也包括许多其他情境下的其他人——套出一些信息，使他们可以据此评估证人的诚实度、可靠度和可信度。[18]交叉询问能揭示偏见的来源、利益冲突，或者仅仅是一些使人相信证人更偏好某个答案或结果的原因，如果我们接受关于"动机性推理"（这将是第十三章的主题）的研究结果，那么这一点就值得关注。它可以帮助证词评估者确定证人看法的依据。此外，通过后续追问，它通常还能对最初看似不精确的证词进行有价值的澄清。如果一个事实断言（即证词）有可能成为有用的证据，然而这个断言的可靠性值得怀疑，那么最宽泛意义上的交叉询问就可能提供了一种实用的评估方式。这样的交叉询问不必像佩里·梅森的，甚至不必像真正的交叉询问那样。相反，它可以只是一个以这个断言为契机，让断言者进一步澄清、阐述或限定条件的过程。因此，正如美国国税局在与乔治·M.科汉的争执中不得不勉强承认的那样，当交叉询问提供了更仔细地审查证词的机会时，证词往往能成为一种有用的证据形式。

105
校准证词

很多人都依赖"Tripadvisor"（旅游网站）、"Yelp"（商户点评网站）和类似互联网资源来选择餐馆、酒店、承包商和许多其他服务。虽然依赖评论的主意并不新颖，但这些服务提供的功能是用传统方式发布的评论所不具备的，它们不仅包括多种多样的评论的汇集，而且还能轻松搜索到每位评论者的评论历史。影迷当然知道如何解读《纽约客》传奇影评人宝琳·凯尔（Pauline Kael）的影评或《纽约时报》同样传奇的布鲁克斯·阿特金森（Brooks Atkinson）的戏剧评论，就像他们知道如何看待现在的皮特·韦尔斯（Pete Wells）或过去的露丝·雷克尔（Ruth Reichl）在《纽约时报》上发表的餐厅评论一样。但是"Tripadvisor"和它的同类产品让这种做法变得简单多了。它们让在线评论的读者只需动动鼠标或敲敲键盘，就能查看每位评论者过去的所有评论。

　　当读者在读完一篇评论后翻阅评论者的评论历史，他就有了校准这篇评论的能力，就像我们用自己知道读数偏小的秤时就会自行对秤的读数加磅数，用过去经验告诉我们读数偏大的秤时就要减磅数一样（当然，我们也应该这样校准）。猎人也是如此，他们瞄准的位置比瞄准器所指的位置低，因为以往经验告诉他们，对准瞄准器所指的位置会让他们打得高于目标。在曲线评分的风气盛行之前，当然也是在许多高校执行强制性曲线评分之前，口碑（它本身就是一种证据）告诉我们谁是严厉的打分者，谁给 A 给得很松。当我们考虑任命、录取、聘用等事宜时，我们对待推荐信的态度也类似。如果我们在一段时间内收到来自同一推荐人为不同人写的多封推荐信，我们就会知道有的推荐人对每个他推荐的人都有溢美之词，我们就会相应地把他的赞誉打折。[19] 而有的推荐人则恰恰相反，即使是对他自己推荐的人，也几乎没有什么赞扬。对于这类推荐人，我们就会给他推荐的人加分。所有这些做法都是校准，而不仅仅是加分或打折的问题。当我发现"Tripadvisor"上的某个餐厅评

106

论者过去常常抱怨菜肴分量太少或香料放得太多时，我就知道该如何看待这位评论者，如何采取相应的行动。同样，我对于那些希望每家餐厅都能满足他们不合理要求的评论者的评论也是如此。如果评论者描述了自己的要求（他们通常会这么做），我就能判断出哪些要求是不合理的（即使评论者不这么认为），然后就会对这位评论者的评价打折或忽略。

校准的概念适用于整个证据领域，但与证词作为证据的使用尤为相关。[20] 正如我们将在第七章中探讨的那样，证词的提供者通常能在说谎中得利，因此如果有能尽量减少说谎和识别说谎者的方法，那会很有用。在第八章中，我们将探讨无心之过，这种错误在道德和法律上的责任显然小于说谎，但对于将证词作为可靠证据的阻碍却并不小。然而，即使撇开谎言和错误，证词也会受到措辞的细微变化、敷衍塞责、模棱两可、扭曲、美化、夸大和贬低，以及其他各种失真形式的影响，因此，对于评估说话者和书写者的所言所写在认知上的价值，校准是一种很有用的方法。

根据证人的非个体化属性进行校准的校准方式有一段特别黑暗的历史。这类非个体化或群体属性有很多，但最臭名昭著的是基于种族、宗教、民族、原籍国和性别的属性。即使不考虑各种基于奴隶身份的排斥，非奴隶的非洲裔美国人也经常被官方排除在法庭证人之外，印第安人和华裔（有时）也是如此。[21] 即使官方排除已经不再实行，暗中排除这些种族群体成员的做法还是很普遍。[22] 此外，尤其与此处相关的是，即使没有官方或非官方排除，我们也曾有过（而且现在仍然有）米兰达·弗里克（Miranda Fricker）贴切地称为"可信度贬损"的普遍现象。[23] 人们往往因为自己的各种属性被别人相信或不相信，即使这些属性在预测准确性或诚实性方面毫无价值。[24] 而长期以来，种族属性一直是这些虚假预测属性中最著名的一个。[25]

根据性别预测证人可信度的历史虽然有所不同，但也好不到哪里去。在现代世俗法律体系中，女性一般不会被排除在证人之外，这与古代的情况不同，与英国早期的普通法不同，与某些宗教法体系也不同。然而，长期以来，人们一直默认女性证人不如男性证人可信，尽管这种假设毫无证据支持。[26] 但是，约翰·亨利·威格莫尔在 1913 年首次出版的《司法证明原则》（*Principles of Judicial Proof*）中，依赖现在看来方法上可笑且道德上令人感到冒犯的心理学调查，声称女性比男性更有可能"混淆她们真正观察到的事情与她们想象或希望发生的事情"，而且更有可能"在坦率和诚实方面不如（男性）"。这一点在 1931 年此书再版时并未作任何改动。[27]

更为严重与持久的后果是，报告强奸和其他形式性侵犯的女性被认为比其他犯罪受害人更倾向于夸大或捏造性侵犯指控，这一点也没有证据支持。就在 1975 年，加利福尼亚州的标准（因此也是官方的和强制性的）陪审团指示中包括了所谓的告诫性指示，法官通过该指示告诉强奸案的陪审员，"对被告提出这样的指控……很容易，而且一旦提出就很难辩护，即使被指控者是无辜的。因此，法律要求你谨慎审查信息中提到的女性的

108 证词"。[28] 这一指示源于 17 世纪英国法官马修·黑尔（Matthew
Hale）爵士的著作，他认为相比于其他人幻想出针对他们的
并不存在的其他犯罪，女性更容易幻想出并不存在的强奸，
这个观点在很大程度上是基于上文提到的广为流传的虚假
观念。[29]

　　现代法律试图减少利用在统计上无关的群体属性给女性、
某些种族和其他边缘化群体成员的法庭证词打折的官方以及部
分非官方的方式。但这并不是说，在法律和非法律情境中，这
些准确评估证词的障碍已经不存在了。有一整套以"知识的不
正义"（epistemic injustice）为名的哲学方案都着力于解决上述
的许多问题以及许多其他类似问题。[30] 然而，区分认知层面上
的知识的不正义，与可能不是认知层面上的证词和可信度的不
正义是很重要的。如果某类人的某些属性确实能预测出他们的
诚实性和可靠性，那么利用这些属性对这类人的证词加分或打
折就不会有认知上的问题，尽管取决于分类的性质，这种做法
可能仍会出于其他原因而不正义。[31]

　　虽然据我所知，没有任何种族、民族、宗教或性别符合上
述描述，但其他分类可能有所不同。例如，有的法律禁止就业
中的年龄歧视，尽管这样的法律是正确的，但这并不意味着基
于年龄的记忆障碍是虚假的。即使是没有阿尔茨海默病或其他
形式的痴呆症迹象的老年人，正常的衰老也很有可能导致至少
部分记忆力的减退。[32] 因此，在其他条件都相同的情况下，对
一定年龄以上的人的回忆性证词持怀疑态度——将这些回忆性

证词视为较弱的证据——在认知上并非不合理。但是，这种做法可能是不公正的，因为它边缘化了那些已经在其他方面被边缘化的人。(也正因如此，我们仍应避免或者禁止这种做法，尽管这种做法在认知上是合理的。)虽然我们无法选择自己的年龄，因而对与年龄有关的记忆衰退的控制能力也非常有限，但对于那些个人主动选择而非无法控制的属性，情况可能也是如此。目前还没有研究表明，以撒谎为生的人，例如职业扑克玩家和电话销售员，在生活的其他方面是否比其他人更不诚实，但不难想象，对诚实的随意态度可能会从一个人生活的一个领域扩散到其他领域。给某些属性的人的证词打折的情形也同样适用于给某些属性的人的证词加分。受过仔细观察训练的人，比如警察、保安、受过识别敌机训练的军人，可能被认为比我们其他人更不可能在感知上犯错误,因此,在其他条件相同的情况下,他们关于自己所见的证词可能比没有受过这种训练的人的证词更可信。

在这一点上，我们转向了一种更宽泛意义上的校准，这种意义上的校准不同于"Tripadvisor"和"Yelp"通过评论者历史记录所实现的针对特定证人的校准。更重要的一点是，当人们在评估证词的证据价值，即法律术语中的证明价值（probative value）时，他们通常会根据证人所属类别的属性对证词进行校准。这种校准在经验上有时合理，有时不合理。有时，这种校准涉及一种与认知无关的不正义，有时则不会。但即使校准不是基于将证人归入某个类别，我们仍然可以根据证人自己先前

的证词进行校准。这就是"Tripadvisor"和"Yelp"允许我们
做的。当我们给严苛评分者的证词加分，而给宽松评分者的证
词打折时，我们就在这么做。这里的评分者既可以是严格意义
上的考试和期末论文的评分者，也可以是更宽泛意义上的推荐
信提供者。这就是美国法律允许各种"辅助"证词来证明主要
证人是否诚实的原因。[33] 这也是那些讲述乔治·华盛顿（George
Washington）和樱桃树故事的人想让公众做的：用他过去宁可
自我牺牲也要保持诚实的例子来证明华盛顿现在说的话和未来
可能说的话的真实性。当然，这样做的前提是这个故事本身是
真实的，而这个故事几乎可以肯定是杜撰的。

　　宣誓、交叉询问和各种形式的校准都可以帮助我们评估证
词作为证据的价值，尽管这些形式主要针对口头证词。但是，
对于评估证词的价值，所有这些手段和策略在所有领域都具有
普遍性。具体而言，我们对证词价值的担忧通常有两种：一种
是证人可能有意说谎；另一种是证人犯了无心之过。这些是第
七章和第八章将分别讨论的对证词作为证据的具体担忧。

第七章
谎言和说谎者

　　证据法有许多特殊之处，其中之一就是传闻证据排除规则中的所谓"激情表述"（excited utterance ）例外。该规则的细节与这里的讨论无关，但其基本前提是，当人们突然进入高度兴奋（或高度紧张）的状态时所说的话特别可靠，因此不应被传闻证据排除规则排除在外。[1]

　　从表面上看，激情表述例外似乎在心理学上很幼稚。[2] 我们早就知道，人们在激动时所说的话容易受到暂时失忆和知觉失灵的影响，这可能正是激动和压力造成的。如果激情表述应该被特殊对待的话，它似乎应该被当作特别不可靠的证据，而不是特别可靠的证据。

　　但这只是故事的一半，而且是现代社会的那一半。在激情表述例外刚被提出时，法院并没有像后来那样意识到人们的感知、记忆和描述可能会因为各种原因而失真。感知被我们认为

是人们获得知识的主要方式，但我们很少承认感知可能并不准
确，回忆可能出错，叙述也可能混乱。但是，尽管法院和一般
112　人对并非有意的错误感知不太敏感，对并非故意的失真回忆和
无意间说错的报告往往浑然不觉，但他们敏锐地意识到故意捏
造事实的可能性，即说谎。正如宣誓是为了防范人们说谎而设
立的一样，激情表述例外也是在人们还没有足够重视无心之过
的时候设立的。但当时的人们对谎言和说谎者却非常担心，当
然，这种担心是正当的。而激情表述例外正是基于说谎需要事
先考虑和计划这个基本正确的观点。人们在一时冲动时，尤其
是在高度焦虑的情况下不假思索地冲口而出的话，至少在那一
时刻是他们真心相信的话，或者至少他们认为是这样的。因此，
激情表述例外提醒人们，对于法官和陪审员都不曾目击的事件，
法律制度高度依赖法庭证词，因而对说谎问题尤为担忧。

　　人们对说谎的担忧并不局限于法庭，而是从谎言出现那天
起就一直存在。要不是做伪证在古代就被视为一个严重的问题，
《十诫》也不会命令人们不可"作假见证"。况且，哪怕《十诫》
以神的名义叫人们不要说谎,谎言也依然存在。丈夫对妻子说谎,
孩子对父母说谎，父母对子女说谎，商人对顾客说谎，罪犯对
警察说谎，警察对嫌疑人说谎，政客对选民说谎，迟交论文的
学生对教授说谎。谎言似乎无处不在。

　　讨论说谎的书层出不穷。[3]有的书关注为什么说谎是错误
的。有的书关注例外情况——在什么情况下说谎可能没错，比
如，常用的例子是向意欲行凶的人谎报其目标受害者的行踪。

还有所谓的"善意的谎言"，其目的是避免伤害他人的感情；或者"社交谎言"，其目的是让拒绝和驳斥变得温和。还有些谎言是无害的，甚至是某些惯常做法中的必要部分，比如在打扑克牌时虚张声势，在足球场上欺骗对手，或者在战争中欺骗敌人。而人们热衷于吹牛皮，听者也一笑置之，并不把它们当作谎言。

　　我们关心的既不是说谎在道德上的对错，也不是要为传统上对撒谎的严格限制中所谓的例外情况做道德辩护。相反，我们面对的问题是说谎如何影响了证词作为证据的可靠性。如果人们所说的话可以作为他们所说内容的证据——这正是证词的意义所在——那么证词的价值就取决于所说内容的真实性。谎言削弱了这种价值，从而削弱了证词作为证据的价值。从证据的角度而不仅仅从道德的角度出发，能够分辨出人们何时在说谎，这是一件好事，这样我们在得出事实结论时就能够不考虑说谎者的证词，或者降低其作为证据的重要性。

　　可想而知，法律长期以来一直致力于解决这个问题。鉴于审判中的大部分证据都由证词组成，我们不难理解为什么法律一直特别关注证词的可靠性。而证人说谎就是证词不可靠的原因之一。起初，我们注意到，如果证人与案件结果有利害关系，那么证人可能会说谎，而不仅仅是会犯错。长期以来，法庭不允许被指控犯罪的被告为自己的辩护作证，因为人们认为，为了避免被绞死或者坐牢，大多数人会选择说谎，这种看法并非毫无根据。因此，人们认为，哪怕宣过誓，被告说谎也是意料

之中的事，对于十有八九不可靠的被告证词，还不如干脆就不
被允许。[4] 人们在民事诉讼里也同样担忧私利会妨碍证词的真实
性，因此当事人在民事诉讼中也一直不被允许作证，这正是基
于人们对私利的追求通常会胜过坚持认识真相的责任感这个假
设。[5] 英国的法律在 19 世纪早期取消了被告和当事人不允许作
证的规定，其他大多数英美法系国家也在差不多同一时期取消
了这些禁令，但是人们仍然担心刑事诉讼的被告会为了保住自
己的身体或自由而说谎，民事诉讼的被告会为了保住自己的钱
而说谎，而同是那些民事诉讼的原告会为了报复或经济利益而
说谎。说谎的原因不胜枚举，即使是现在，法庭也允许交叉询
问或以其他方式"质疑"证人，其目的是套出证人与案件结果
有利害关系并因此说谎的可能性，而且这些做法很常见。

    长期以来，为了防范谎言和说谎，法律制度至少部分依赖
于要求证人在作证前宣誓，发誓证人说的是真相、所有的真相，
并且只说真相。正如我们在第六章中所讨论的，宣誓长期以来
一直是众多作证仪式的一部分，无论是在法庭上的正式宣誓还
是在许多其他场合的非正式宣誓。但无论在法庭内外，誓言的
价值都很有限。在如今的社会，人们越来越不相信来世和上帝
会坚持惩罚说谎者，因伪证罪而受到正式惩罚的例子如此罕见，
"我向上帝发誓"之类的话几乎沦为口头禅，而口头证词依然是
我们在生活中使用的证据的重要组成部分，所以如何防范说谎
依然是一个问题。尽管"真相伤人"这句俗语说的是人们不愿
直面对自己不利的事实，但更宽泛地讲，这句俗语说的是人们

往往有强烈的动机避免说出那些对他们个人、职业、社会和经济或其他方面不利的真相。由于说谎常常能给说谎者带来好处，相应地，我们设法识别说谎者和谎言的动机也很强。我们越能识别说谎者，就越能信赖证词。

什么是谎言？

115

"谎言"这个词烙在了特朗普执政的这四年上。早在18世纪康德谴责谎言、20世纪希赛拉·博克（Sissela Bok）等人分析谎言时，大多数人对谎言已经有了相当深刻的认识。谎言是说谎者故意使用虚假的陈述，意图诱导听者产生错误的看法。就在2014年，西娜·希弗林（Seana Shiffrin）给谎言下了一个有细微差别的定义，其中仍然包含故意制造假象和误导听众这些基本要素。[6]

特朗普政府对真相毫无敬畏之心，这在很大程度上改变了公众对"谎言"的理解。[7]这种改变当然不是特朗普政府的本意，毕竟谁也不想用"谎言"这个词来形容自己的行为，这是可以理解的。但主流媒体却为此大伤脑筋，不知如何报道由过去被认为是可靠官方消息源发布的赤裸裸的虚假信息。事实上，从特朗普时代开始，新闻界人士以及新闻界评论员就针对关于明显的虚假信息本身是否应被称为谎言展开公开辩论。《石板》（Slate）杂志总体上允许如此宽泛地使用"谎言"一词，《纽约时报》（最终）也在其评论版面上允许使用"谎言"一词。相比之下，美国国家公共广播电台（National Public Radio）和《华尔街日报》（*Wall Street Journal*）则规定，"谎言"一词只适用于那些明显是故意而非仅仅是疏忽的假话，即使是严重疏忽也不算，它也不能仅仅是出于自欺，无论这种自欺后果多么严重。[8]

　　有人提倡或者至少接受将"谎言"一词放宽到包括明显的虚假信息，即使没有证据表明这样做的意图，我们也可以看出这些人似乎依赖一个对明显的虚假信息的证据推断，即用虚假信息的显而易见本身作为证据来证明，任何人在说出一个如此明显的虚假信息前，一定已经知道这个信息是虚假的，因此，明知虚假却还说出来就是有意欺骗，尽管这些人从未明确使用这样的措辞来表达。如果我声称自己是复活节兔子、获得过美军荣誉勋章或曾在四分钟内跑完一英里，这些话虚假得如此明显，似乎足以证明我知道它们是虚假的，因此，即使按照过去（要求说谎者是故意撒谎）的定义，这也应该算得上"谎言"了。[9]同样，我们可以从"减肥拖鞋"可以减肥这个明显不可信的宣传中推断出，销售者也知道这是个虚假广告。[10]事实上，明显的虚假是否可以作为故意造假的证据这个问题或多或少从时任总统的特朗普在2021年1月2日致电佐治亚州州务卿布拉德·拉芬斯珀格（Brad Raffensperger）后就出现了，在这通现在臭名昭著的通话中，特朗普怂恿后者至少在佐治亚州"找到"足够选票来改变选举结果。[11]公众随即讨论了总统在知情的情况下试图影响选举结果，是否犯了联邦法律中的选举舞弊罪。[12]一种观点认为，由于总统相信自己事实上赢了选举（无论多么不切实际），因此他不可能在知情的情况下故意［或如法律所说的"蓄意"（willfully）］试图改变选举结果。但持反对意见的人则认为，没有人能确信自己已经赢了选举，哪怕是特朗普。特朗普试图制造一个与他所知道的现实情况相反的结果，因此，他违反了法律。

如果我们从这个具体事件中后退一步，就可以看到，那些坚持认为即使没有明确证据证明当事人知道自己的陈述是假的，也应将明显的虚假信息称为谎言的人，可以被恰当地理解为，他们并没有试图通过取消"意图"这个必要条件来改变"谎言"这个词的传统含义。相反，他们所依赖的推断是，如果一个人说的话明显是虚假的，并且这种明显的虚假是众所周知的，那么，这本身就足以证明他们明知自己说的是假话，而不仅仅是疏忽，甚至不是莽撞。尽管如此，当代新闻界显然朝着将任何明显的 117 虚假信息都算作"谎言"的方向走，即使没有进一步的证据证明被指控说谎的人在说这些话时知道自己说的是假话。

无论这场关于"什么是谎言"的语言学辩论结果如何，有意欺骗（或者说故意说假话）这个"谎言"的必要条件，不仅符合人们长期以来对"谎言"的用法，也符合人们试图识别谎言时的惯常做法。当某人断言某事，而除了他自己的话就没有其他证据，比如"狗吃了我的作业"时，确认他本人是否真的相信自己所说的话就很有用。我们或许应该把他的话当作证据，或许不应该，即使他的话出自真心，但如果连说话的人自己都不相信，那么我们也不应该相信。换句话说，虽然"谎言"的现代用法越来越倾向于认为，"明知自己的陈述是假的"这一点并不是"谎言"的必要条件，但"明知自己的陈述是假的"显然是一个充分条件。如果我们担心有人在法庭上说谎，对政府官员说谎，在申请大学时说谎，在新冠疫苗接种资格问题上对医护人员说谎等等，那么我们就应该努力排除那些故意说假话的人。这不会杜绝所有的虚假信息，但至少会减少一些。这就是为什么长期以来，人们按照对什么是谎言的传统理解，努力寻找识别谎言的方法。这些努力有目共睹，也是我们接下来将讨论的内容。

故弄玄虚

　　传统上对谎言的定义不仅包括说谎意图，还包括字面上的虚假。然而，事实证明，让别人相信一些虚假的事情往往并不需要这种字面上的虚假。假设有一个同事知道我业余喜欢做家具，他来到我的办公室，对我那张从店里买的办公桌赞不绝口，而我以"谢谢"回应他。我的同事由此推断那张办公桌是我做的。我用沉默默认了他的推断，尽管他的推断是错误的。如果我准确并公开地评论另一位同事今天很清醒，那么我就误导性地暗示他在有些日子不清醒。或者，再回到迟交论文的学生身上，如果这个还没有开始写论文的学生告诉我他的近亲去世了，并且如果这位近亲确实已经去世，那么这位学生在做出这个真实的陈述时，希望我相信，他近亲的死亡导致了他迟交论文，即使事实并非如此。

形容这种并没有在字面上说假话，却试图欺骗别人的做法有一个恰当但不好懂的词，叫做"故弄玄虚"（paltering）。[13] 一旦我们了解了人们有可能故弄玄虚，并且意识到这种行为很常见，我们就会意识到，当我们关注社会交往和社会信任的条件时，过去对"谎言"的定义方式可能过于狭隘了。因此，我们完全有理由像担心直白的谎言一样担心那些故弄玄虚。

然而，如果我们关注的只是证据，甚至只是证词，那么我们只关注那些明确说出来的与事实不符的话就可以了。以这种方式缩小关注的范围，可以让我们不必考虑故弄玄虚和其他形式的与事实不符的欺骗。这样，我们就可以把注意力集中在确定事实陈述真伪的方法上，这种方法在过去被使用过，现在可能正在被使用，未来可能也会被使用。当一些陈述被当作其主张的证据，尤其是几乎没有其他证据可以得出这一结论时，我们就有强烈的动机去试图确定该陈述（也就是证词）是真是假。在法律诉讼、公共政策和日常生活中，我们常常需要确定某些事实陈述（证人的证词）真实与否。事实证明，正是在这里，119 存在着一段漫长而富有启发性的历史。

测谎的前世今生与是是非非

　　神奇女侠（Wonder Woman）这一漫画角色（后来成为电影角色）最值得一提的特点之一，是她能够预先发现甚至阻止他人说谎。她的真言套索（Magic Lasso）是由阿佛洛狄忒的神奇腰带（Magic Girdle of Aphrodite）锻造而成的，不知创作者这样设计的最初意图是以此确保真实性，还是仅仅诱使对手屈服，但正是神奇女侠的测谎能力使得这个角色经久不衰。

　　神奇女侠本身是否有趣不重要。[14] 但特别值得一提的是，她的创造者威廉·莫尔顿·马斯顿（William Moulton Marston）是当时哈佛大学心理学系的资深教员，也是 20 世纪 20 年代早期测谎仪（polygraphs）的发明者之一。这本身就特别令人感兴趣，因为马斯顿的测谎仪不被法庭采纳的司法判决——美国政府诉弗赖伊案（*United States v. Frye*）——在两个不同方面产生了持久的影响。[15] 一个影响是建立了判断科学专家证词在法律诉讼中可采性的检验标准。这个标准被使用了很长时间，有些州至今仍在使用。[16] 另一个影响是开启了长达一个世纪的官方对测谎的技术和专业知识的怀疑态度。至少对法院而言，这种怀疑态度即使在该技术已经有了巨大进步的情况下也没有改变。

　　测谎仪并非由马斯顿首创。19 世纪末，意大利著名犯罪学家切萨雷·龙勃罗梭（Cesare Lombroso）发明了一种设备，目的是通过血压测量值来识别谎言。几乎在同一时期，苏格兰心脏病学家詹姆斯·麦肯齐（James MacKenzie）基于相同的原理也发明了一个相似的设备。首创的荣誉显然属于以上两者之一。[17] 测谎仪的理论是，与说真话相比，说假话会使人产生更大的压力（或在其他方面产生更多精神消耗），而压力的增加会反映在血压的升高上。随后的改进，包括马斯顿的测谎仪，也包括约翰·A. 拉森（John A. Larson）在 1921 年设计的更复杂的测谎仪，都是在龙勃罗梭和麦肯齐的基础上，将呼吸频率作为被试故意说谎的另一个指标。在拉森之后出现的测谎仪，特别是伦纳德·基勒（Leonard Keeler）在 20 世纪 30 年代发明的测谎仪（它是现代测谎仪的重要前身），增加了皮肤电反应和心率作为检测指标。[18] 然而，无论如何改进，测谎仪的基本原理始终不变：说谎会产生生理标记，其中以因压力水平而产生的生理标记为主。换句话说，压力是说谎的证据，这一过于粗略的观察至少是大多数更为复杂的生理测谎方法的起点。

说谎的生理标记，包括将在下文讨论的更多现代方法，应与行为指标相区分。大多数人，包括大多数在法庭上聆听证人证词的陪审员，都认为某些行为是说谎的可靠指标。比如证人是否直视提问者，人们普遍认为说谎者会避免目光接触。[19] 同样，人们普遍认为，相比于说真话的人，说谎者在说话时没那么自信，会坐立不安并表现出其他明显的紧张迹象，即使不考虑目光接触的问题，他们的目光也会向下而不是向上。类似

看法还有很多，但这些看法大多是错误的。[20] 或者，更确切
地说，大多数人（包括大多数警察）所认为的故意说谎的行
为线索，纯属子虚乌有。[21] 由于深受这些不靠谱的说谎行为
指标的影响，普通人不擅长分辨说真话和说谎话的人。事实
上，大多数关于人际测谎的研究都表明，即使是那些密切留
意着对方说谎迹象的人，甚至是那些似乎受过识别说谎者训
练的人，他们识别谎言的能力也比普通人好不了多少。[22] 法
院历来不允许在审判中使用测谎技术，大多数法院至今仍然
如此（尽管有些州，如新墨西哥州，倾向于允许使用这种技
术）。[23] 支持这一政策之人的理由是，"陪审团就是法庭上的
测谎仪"。[24] 但这个观点与"陪审员与普通人一样不擅长识别
谎言"这一事实相悖。

　　在这里，与在其他地方一样，对于任何关于证据的结论，
尤其是旨在质疑某些证据或取证方法的结论，最重要的问题之
一是："与什么相比？"因此，对于任何形式的测谎，我们要问
的不是该方法是否完美，或者是否高度准确，而是它是否优于
其他测谎方法，包括民间智慧、都市传说和想当然的业余心理
学，以及其他无数人一直用来评估证词可信度的传统但错误的
方法，这些方法既被用于法庭上，也被用在法庭外。尽管测谎
仪的可靠性测试结果差别很大，但即使是持最谨慎或最怀疑态
度的结论也认为，现代测谎仪识别真话和假话（两者不一定相同）
的可靠性至少为 70%，而更常见的结论是，测谎仪识别真话和
假话的准确率在 80%—85% 之间。[25] 2002 年美国国家研究委员

会（National Research Council）的报告结论是，传统的测谎仪
在操作得当的情况下，能够识别谎话的概率"远高于随机猜测"，
但"远低于完美"，并且不具备"极高的准确性"。这个结论概
括了当时大部分的研究结论，至今仍然适用。但是，即使是这
样的准确率水平，也让普通人（包括担任陪审员的普通人）使
用的其他非技术性方法的准确率相形见绌。

　　各种现代测谎技术不同于传统的测谎仪，但它们的基本
原理没有改变，即人说谎时容易产生可测量的生理指标。我
们并不清楚这些技术比传统测谎仪好多少，有可能差不多，
但显然不会比传统测谎仪更差。[26] 其中，眼周热成像技术
（periorbital thermography）的准确率约为 75%。这种技术依靠
测量眼睛周围的温度，它的依据是眼睛周围的血流速度对压力
特别敏感，因此与说谎相关。[27] 近红外光谱仪（near-infrared-
spectroscopy）评估脑组织的光学特性，这些特性也被证明与
压力水平相关。它的准确率与眼周热成像技术差不多或略高一
筹。[28] 还有脑电图，有时也被称为"大脑指纹"，测量大脑在受
到各种刺激时的电化学释放，尤其是脑电波 P300，其理论依据
是，电化学释放水平是对罪恶感的衡量标准，而罪恶感是对说
谎的衡量标准。[29]

　　所有这些技术仍在使用和改进，包括最好的传统测谎仪。
然而，当代人对测谎的关注主要集中在使用功能性磁共振成像
（fMRI，即"大脑扫描"）来识别说谎行为。[30] 即便使用了新技
术，基本原理也依然没变。先介绍几个常见概念：大脑在执行

任务时并不会发光，而 fMRI 扫描也不是拍摄大脑的照片。相反，fMRI 扫描会测量和显示大脑对各种活动的生理反应。出于测谎的目的，fMRI 被用来测量被试说谎（相比起说真话）时大脑某些区域吸收更高水平氧合血红蛋白的程度。

旨在推动这些技术的研究仍在继续，目前最大的一项研究是由神经学家利用 fMRI 技术进行的。尽管大部分研究以纯粹的科学和知识本身为目的，但还是有一部分兴趣是受这些技术广泛而实际的用途驱动的，这些用途不局限于法庭或刑事司法系统的其他部分。例如，一家已不存在的名为"无谎言磁共振成像公司"（No Lie MRI, Inc）的公司认识到，检察官和辩护律师可能不是唯一对识别说谎者感兴趣的人，其他人可能也会对此感兴趣，尤其是当我们不信任自己的配偶、合伙人或试图向我们推销房屋和汽车的人时。

让我们言归正传。我们想解决的问题始于"证词可以作为证据"这个命题，而我们对证人没有试图欺骗我们的信心越大，证词作为证据的价值就越大，这种欺骗可以是赤裸裸的谎言、故弄玄虚或者别的方式。因此，我们通过确定证人说谎的可能性，为证词作为证据的价值寻找评估的方法。马斯顿的测谎仪（尽管以现代标准来看它非常粗糙）被拒绝作为法庭证据的理由是，该方法尚未被任何相关的科学或专业团体普遍接受。如前所述，所有联邦法院和大多数州法院不再用是否被普遍接受作为检验标准，而是改为对可靠性和准确性的考量，我们将在第九章再次讨论这个问题。尽管检验标准的性质发生了变化，但

123

司法系统一直以来对测谎仪的怀疑依然存在。不过，也有例外情况。如前所述，在满足相关性和避免偏见的限制条件下，新墨西哥州现在一般允许使用测谎证据，一些联邦法院也对特定案件中的测谎证据持开放态度。但这些只是特例，法院坚持不采纳基于测谎技术的证据，即使其可靠程度在不断提高。

　　在大众媒体和许多科学文献（尤其是神经科学文献）中，人们对在法庭上使用这些技术普遍持怀疑态度，哪怕对这些技术中的佼佼者也是如此。[31] 这种怀疑似乎基于两个互相关联的 　　124
因素，每一个都值得仔细研究。其一是担忧这些技术目前的可靠性还不够高，远不足以用来证明给他人定罪或者剥夺他人自由的合理性。这种担忧显然是对的。即使是对最先进的现代测谎技术最乐观的结论，其可靠性也不到 90%。因此，即使我们可以设法避开美国宪法第五修正案有关禁止强迫任何人自证其罪的限制，使用测谎技术本身也显然不足以成为刑事定罪的理由。但是，如果单靠测谎不足以排除合理怀疑并证明被告有罪——事实也是如此——那么站在被告的角度，它是否足以表明合理怀疑的存在呢？[32] 假设有目击证人指认被告曾持枪抢劫现场，但被告声称目击证人搞错了，案发时他在 200 英里之外的另一个州。（我们将在第八章中探讨目击证人证词难以确定的可靠性。）在这种情况下，很难说我们应不应该剥夺被告用测谎仪或 fMRI 扫描结果来支持其不在场辩护的机会，因为测谎结果表明他有 85% 的可能说的是实话。或者，甚至有可能说谎的是对他不利的证人。换句话说，在排除合理怀疑的标准下显然不足以定罪的证据，却可能恰恰因为这一标准而足以推翻定罪。

怀疑态度的另一个来源是，人们担心陪审员甚至法官会高估测谎证据的可靠性。人们觉得陪审员在看到 fMRI 扫描结果时，会错误地认为这是大脑的照片，并将其视为说谎或讲真话的绝对证据，而这种理解当然不对。但有趣的是，神经学家玛莎·法拉（Martha Farah）和凯斯·胡克（Cayce Hook）对这一问题的研究表明，这种担心毫无道理。他们用实验证明了，大脑扫描图像对普通人并没有什么特别的影响力，所谓的"诱惑力"并不存在。[33] 当然，各种证据都有可能被高估，但法拉和胡克表明，高估 fMRI 证据的可能性并不比高估任何其他类型的证据更大。

至此，我们必须牢记，即使在法庭上，被禁止知道测谎结果的法官和陪审员不会撒手不干了，也不会拒绝做出裁决。这两个都不是可选项。尽管对科学家来说，当一个实验既没有证实也没有证伪其假设时，类似的选择——不提供或不发表结论——是存在的。然而，不同于科学家，法官和陪审团必须在特定时间内作出决定。如果在作出决定时，他们无法使用测谎科学或测谎技术的成果，那么他们就会像普通人一样，依靠被广泛接受但未必正确的说谎指标来评估证词的可信度，这些指标充斥在普通人的决策、流行文化和电视剧中，但其经验基础远比各种测谎技术的经验基础脆弱得多。这种情况并不少见，但人们很少能提出这个正确的问题："与什么相比？"

法庭之外

　　事实证明，测谎技术比法院认为的要好，也比一些主流新闻媒体认为的要好，这也解释了为什么测谎技术在法律体系之外如此普遍。在筛选求职者，尤其是执法、情报和国家安全职位的求职者时，政府利用测谎技术来评估求职申请表和面试中陈述的准确性。政府安全和情报机构不仅用它来评估现有和潜在的雇员，还用它来评估所获信息的准确性。保险公司用它来确定索赔的真实性及其受保人的索赔记录。尽管 1988 年通过的联邦法律《雇员测谎保护法》（Employee Polygraph Protection Act）禁止私人雇主对雇员和求职者进行测谎筛查，但该法将制药业和安保业定为例外。[34] 还有一些不那么常见的情况，公众人物有时会试图利用测谎结果来反驳针对他们各种不当行为的指控，比如弗吉尼亚州副州长、当时的州长候选人贾斯廷·费尔法克斯（Justin Fairfax）在试图反驳针对他的两项性侵犯指控时就是这样做的。[35] 有时，提出此类指控的人在其指控受到质疑时，也会利用测谎结果来支持自己的指控，比如克里斯蒂娜·布拉西·福特（Christine Blasey Ford）声称当时被提名、现任最高法院大法官布雷特·卡瓦诺（Brett Kavanaugh）在两人还是青少年时对她实施了性侵犯，当她的指控受到质疑时，她就是那样做的。[36]

　　事实上，考虑到大多数测谎方式的准确性，那些其公开主张受到直接质疑的人没有更多地利用测谎技术，这或许才令人

126

惊讶。这种对测谎技术的利用不足可能部分来自法庭一般不接
受测谎技术这个常识对法庭外的影响。另一些原因可能是公众
对测谎抱有怀疑态度，众所周知，如果一个人训练有素，尤其
是他可以自己选择技术和技术人员，他就有可能"骗过"测谎仪。
还有一些原因可能是，参与公开争论的人担心他们陈述中事实
的真实性，因为被揭露为说谎可能会对他们的公开声明造成致
命打击。与其依赖来自不完美的技术对真实性的认可，或许还
不如自己一口咬定真相就是这样。尽管如此，如果有人不愿意
使用最好的现代测谎技术来支持自己的公开声明，那么我们也
有理由怀疑他害怕这种技术可能揭示的真相。

当 fMRI 的测谎潜力开始为世人所知时，一些企业家也意
识到了它在法庭外的应用潜力。无谎言磁共振成像公司已不复
存在，另一家公司"Cephos"也奄奄一息，这两家公司都错误
地把赌注下在他们的方法最终会被法庭采用的可能性上，尤其
是涉及商业纠纷和子女监护权等非刑事案件。但这个领域不
乏后继者，其中一家是位于犹他州的"Converus"公司，该
公司使用一种名为"测眼"（EyeDetect）的设备来测量瞳
孔大小及眼睛其他方面的特征，并声称这种设备测谎的准
确率是 86%。[37] 亚利桑那州的洞察科技国际（Discern Science
International）公司始于亚利桑那州立大学，该公司使用一种
名为"阿凡达"（Avatar）的设备来分析一系列面部微表情，并
声称其设备对识别向数字化海关代理说谎的人的准确率接近
90%。[38] 由于人们意识到识别谎言和骗子的兴趣与说谎的历史

一样古老，而且对两者的需求不太可能减少，其他公司也纷纷加入这个领域，我毫不怀疑将来还会有更多公司加入。

更深远的两点启示

有两点更深远的启示隐藏在前几节中，它们不仅与谎言和说谎有关，也不仅与证词有关。即使仅作为强调，它们也值得我们重提一次。一个是反复出现的"与什么相比"的问题，我们依靠证据来确定某些关于事实的陈述是否属实或检验某些事实性假设。但我们的起点不是证据，而是我们想知道的问题：某些事实断言是否真实或某些我们感兴趣的假设是否合理。为了说明这一点，伟大的科学哲学家卡尔·波普尔（Karl Popper）曾在一次演讲开始时不明就里地要求听众"观察"。听众对这一要求感到一头雾水，但最终明白了波普尔是想让他们理解，漫无目地的观察，就算在技术上可能，一般来说也是毫无意义的。这就是为什么我们要从一些我们感兴趣的假设、话题或事实陈述开始，而不是从杂乱无章的证据开始。

如果我们想要评估的一个假设，或者想要为一个问题寻找答案——并且常常被要求必须得出一个答案——我们就会从对证据的需求开始。由于证据是被需求驱动的，这种需求促使（有时是迫使）我们认识到证据有程度之分，而且有时不完美的证据是我们能得到的最佳证据。微弱的证据胜过无凭无据的猜测，轻微的证据胜过迷信。当然，较好的证据总比较差的证据强，并且，要求用我们能得到的最佳证据通常是有用的。但较差的证据通常也聊胜于无。

　　第二个启示源于第一个启示，即某种形式的证据是否足够好，取决于证据充分（或不充分）的后果是什么。这是我们在第三章讨论举证责任时得到的重要启示之一。测谎技术是否足够好到可以把被告送进监狱（显然它没有那么好），和测谎技术是否足够好到可以排除被告进监狱的嫌疑（很可能它有那么好），这两者之间是有区别的。这个区别给我们第二个启示。事实上，相较于特定事实假设的真假，政策制定更需要根据证据的潜在用途、证据是否充分的后果对证据进行评估。不足以限制个人自由的证据，可能足以给政府发布警告提供合理性；不足以禁售原本合法的产品的证据，可能足以让某些消费者个人拒绝购买该产品。不仅在我们评估谎言和说谎，或评估一般证词时，而且在我们评估所有证据，无论是单项证据还是汇总的证据时，我们需要问的不是它好不好，而是它是否足够好。

我们能相信自己的眼睛和耳朵吗？

美国有 130 多家电视台将其本地新闻称为"目击者新闻"（Eyewitness News）。至少维基百科是这么说的，它的说法在这类问题上通常算得上很好的证据，尽管不是对所有事情都是如此。由于该标签代表了本地新闻报道的风格，这些电视台以摄制组匆匆赶赴有新闻价值的事件现场、记者气喘吁吁地采访正在发生的事件的参与者为特色，希望将自己的形象塑造成可靠的第一手目击者。

但是，目击者到底有多可靠呢？更确切地说，我们常常想知道，那些声称亲眼所见的人的陈述（作为证据）有多可靠。或者，没那么常见的，那些亲耳所听的人的陈述有多可靠。或者，更不常见的，那些亲口尝过、亲自闻过或亲手摸过某物的人的陈述有多可靠。相比于听觉、嗅觉、味觉和触觉，这个问题的答案对于视觉来说可能有所不同。这个问题也不仅仅涉及我们在第六章和第七章已经探讨过的说谎。更为常见的情形是，它涉及那些亲历者的"无心之过"，我们被要求相信他们，仅仅因为他们是亲历者，当时就在现场。[1]

130　　目击证人的可靠性——或者更准确地说，目击证人的不可靠——问题，近年来变得备受关注。[2]目击证人的陈述一向是一种常见的信息和知识来源，但它在最近受到关注主要因为有无辜的人被错判有罪而后又改判无罪。事实证明，这种错判大部分是由于在审判中，目击证人错误地指认了那个非常不幸的、事实上无辜的被告，这种错误指认后来才被发现。[3]然而，这种目击证人的错误指认有三种情况，我们需要分类讨论。第一种是大多数人在想到目击证人的错误时都能想象到的——感知错误。例如，你认为自己看到的是一只鸟，而实际上看到的是一只蝙蝠。或者，你认为自己看到了偷东西的人，但实际上拿着货物离开商店的人已经付过钱了。又或者，你认为自己看到的是克里斯，实际上你看到的是与克里斯身高体重相仿、穿着相似的另一个人。第二种是记忆错误——你当时准确地感知到了某样事物，但在几天、几周、几个月或几年后，记忆中那种感知却不准确了。[4]例如，在目睹一起车祸时，你看到闯红灯的是一辆蓝色丰田车，但很久后你（错误地）记得那是一辆红色本田车。或者，当你还是孩子的时候，你记得自己家的电话号码，现在却误以为是另一个号码。第三种是报告上的错误——不准确地报告你当时准确看到并且现在也准确记得的东西。例如，在你描述自己准确看到并准确记住的雨夹雪时，听众却认为你在描述雪。

　　所有这些错误（包括更多其他错误），使得近年来人们对目击者陈述作为证据的价值产生了合理的怀疑。这种怀疑对法律制度产生了积极而重要的影响。例如，近些年来，在犯罪嫌疑人队列中识别犯罪者的程序经历了重大修改，以降低因执法人员的操纵手段而造成误认的可能，这种操纵手段的目的是将指认的方向引向警方已经认定的罪犯。[5] 此外，对仅凭一名目击证人的证词就做出刑事判决的怀疑，也促使人们展开进一步调查，这些调查经常发现定罪和随后的监禁都是基于明显的事实错误。事实证明，正是目击证人的错误指认导致了大多数在定罪后又改判无罪的案件，这种错误指认有时正是由目击证人令人信服地推翻了自己先前的证词而揭示的。事实上，即便是那些声称亲眼看见被告实施犯罪的人，其错误指认的风险也还是相当大的，以至于从新泽西州开始，一些州现在明确指示陪审员注意目击证人错误指认的可能性，因为一个普通的非专业陪审员很容易忽视或低估这种可能性。[6]

　　即使在法律体系之外，那些声称"亲眼"所见的人犯下无心之过也很普遍。[7] 那些坚称自己记得某事的人也是如此，记忆错误与感知错误一样常见。[8] 因此，我们有很好的理由怀疑，是否应该总是将目击者对过去事件的描述视为可靠证据，仅仅因为他们现在向我们报告的是他们声称自己亲眼所见甚至亲身经历过的事情？

　　但是，请回想一下第二章中关于马与斑马的例子。诚然，

131

记忆和亲身感知都不像人们一直以来认为的那样准确。牢记这
一点很重要，尤其考虑到高估亲历者或者目击者的陈述在刑事
司法系统中，有时也在其他地方所产生的后果。尽管如此，大
132 多数（实际上，比绝大多数还要多）的目击者的陈述是准确的，
因此目击者的陈述可以作为其声称所见之事物的证据。大多数
人的记忆也是准确的，再次证明了那些描述自己所见所闻或经
历的人确实看到了、听到了或经历了他们所描述的内容。我们
每个人都有一长串不准确的记忆，但它们还是无法与数量庞大
得多的准确回忆相比。我可能忘记了昨天早餐吃了什么，或者
今天把钥匙落在了哪里，但我准确地记得发生在昨天和今天的
许多其他事情。感知和记忆常常出错，这与感知和记忆在更多
时候是准确的从而具有证据价值并不矛盾。尽管在过去，目击
者陈述作为证据的价值被高估了，但最近对这种高估及其后果
的揭露有可能导致其价值被严重低估。

　　如前所述，导致目击者陈述在当代被低估的一个原因是，
面对最近发现的目击者陈述的各种缺陷，人们往往矫枉过正。
曾经相信目击者陈述的人经历了失望后往往变成激进的怀疑者，
当过去相信目击者陈述（几乎）总是可靠的人开始意识到这些
陈述可能出错时，对目击者陈述的怀疑产生了这种过度反应。
对刑事司法系统中改判无罪案例的关注，让人们看到了过去过
度依赖目击者陈述（尤其是目击者指认）对个人造成的后果，
这是非常有价值的。但重要的是，我们要记住，尽管在刑事诉
讼中错误的指认可能导致无辜者入狱甚至被处决，但并非所有

亲历者陈述的错误都会造成同样严重的后果。回顾布莱克斯通以及他认为冤枉无辜的错误比错放罪犯的错误严重得多的态度，人们在刑事司法系统中将不准确的目击者陈述看作特别严重的错误是完全合理的，相应地，愿意为了避免数量虽少但后果严重的错误证词被采用而将一些准确的目击者证词放弃不用或者打折也是完全合理的。虽然我们不知道如果陪审团被（正确地）指示对目击者的指认持怀疑态度，会有多少有罪的人被无罪释放，但这个数字肯定不会是零。[9] 由于对目击者陈述的怀疑态度或倾向必须针对所有事件而不是特定事件，因此，必须一视同仁地怀疑准确的和不准确的目击者陈述，这样的后果就是一些准确的目击者陈述也被错误地当成不准确的陈述而被弃用。此外，正如我们在第三章中看到的，相信目击者陈述的准确性并没有到排除合理怀疑的程度，与该陈述很可能是准确的这两者并不矛盾，然而，如果目击者陈述是唯一或者主要证据，那么对刑事定罪来说，该证据显然是不够的。这就是为什么根据最近关于目击者指认失误的研究与发现，有一些人完全有可能（但仅仅是有可能）确实犯了被指控的罪行，但我们不能排除合理怀疑地将他们定罪，并且我们这样做是正确的。我们不知道这样的人有多少，但肯定不会一个都没有。

　　然而，一旦我们离开了刑事司法系统，面对如何看待目击者陈述作为证据的任何问题时，布莱克斯通的偏好就绝不是唯一或者必然正确的方法。鉴于法律会指控某人犯罪而起诉他，并以监禁或更严重的惩罚威胁他，法律就理所应当地将采用错误目击者陈述看作比不采用准确目击者陈述更为严重的错误，但这个结论是以整体准确率降低为代价的。而一旦走出刑事法庭，在整体准确率上做出同样的牺牲可能就不再合适了。一年前，我曾在一家餐厅品尝到我吃过的最美味的巧克力蛋奶酥。记忆中那道精致的蛋奶酥引诱着我再次光顾那家餐厅。那么，让我

134

们想一想，我应该再次光顾那家餐厅吗？也许蛋奶酥并没有我记忆中那么好吃。也许那份蛋奶酥是我在另一家餐厅吃到的。也许我当时吃的是奶酪蛋奶酥或者巧克力慕斯，而不是巧克力蛋奶酥。所有这些可能性都存在，对错误记忆甚至错误感知的意识提醒我注意这些可能性。但是，与点了一份令人失望的巧克力蛋奶酥，或者去了一家本以为能吃到巧克力蛋奶酥的餐厅，却发现菜单上根本就没有也从未有过这道菜相比，这世上还有更糟糕的事情。比如，你为并没有犯过的罪行而被关进监狱。巧克力蛋奶酥的例子可能比较极端，但它说明，感知和记忆错误可能在一些情境下比在另一些情境下更严重。因此，明智的做法是牢记尽管这类错误总有可能发生，但很少发生。更深远的启示是，对证词作为证据的真实性保持一定的怀疑态度是正确的，或者至少意识到虚假证词的可能性是正确的，但低估某项证词的真实性却不一定是正确的做法。这一点贯穿了本书所有关于证词的章节。

前几页内容在 2021 年 2 月参议院对唐纳德·特朗普的弹劾审判过程中体现得淋漓尽致。或许有些讽刺并且虚伪的是，随着众议院弹劾程序和后来参议院审判的展开，最近那些对目击

者和亲历者陈述准确性的担忧似乎被抛诸脑后。一些国会议员因为自己在场，就认为根本不需要目击证人或者其他证据。这些国会议员声称，他们可以根据自己的经历和观察做出判断，但他们似乎没有意识到，这些带有创伤性的经历可能会使他们的观察更可疑，而不是更可靠。我们这些在电视上看到了事件的发生，并且之后又多次回看的人也是如此。如果目击者不可信，那么我们每个人在 2021 年 1 月 6 日从电视上看到的一切是否都不可信呢？

　　这个问题的答案并不直截了当。首先，弹劾审判不是刑事审判，没有人会因为参议院的裁决而被监禁或处决。因此，更多地相信我们自己的观察或许是恰当的，尽管它也可能会（相当罕见地）出错。在刑事审判中，当监禁甚至处决迫在眉睫时，我们完全有理由防范"亲眼所见也会看错"这个微小但并非不存在的可能性，正如新泽西州法院引领其他法院所做的那样。但在刑事审判以外的诉讼程序中，或许依赖很有可能是准确的目击者观察比防范不太可能出现的错误更合乎情理。然而，有趣或讽刺的是，许多对过度依赖目击者的危险性持最怀疑态度的人，却反常地对近期记忆中最依赖目击者的事件保持沉默。

作为一名……

　　刊登在大多数报纸社论版或附近的致编辑信的开头都令人

乏味地一致。尽管这些信件涉及各种各样的主题，表达各种各样的观点，但其中有相当高比例的信都以同样方式开头："作为一名……"

"作为一名退休消防员……""作为一名地震幸存者……""作为一名治疗过许多幽闭恐惧症病例的精神病医生……""作为一名肇事逃逸事故的受害者……""作为一名大学生……""作为一名新移民……""作为一个祖辈死于 1918 年大流感的人……"诸如此类，不胜枚举。

"作为一名……"这个说法的有趣之处在于，读者被要求因为写信人拥有亲身经历而把写信人所说的话看作更可靠的话，即更好的证据。有时，说"作为一名……"的人振振有词也常常有效地自我认证，例如，"作为一名诺贝尔生理学或医学奖得主，我相信控制新冠疫情最有效的方法是……"或者"作为写了 7 本关于气候变化的书的作者，我越来越相信极地冰盖融化的主要原因是……"有时，自我认证的不是专业知识，而是讲述者拥有可能比读者更好的感知机会。"作为一个在 2021 年 1 月 6 日站在美国国会大厦外的人……""作为一个在 2001 年 9 月 11 日在华尔街银行工作的人……""作为一个曾经吃过朱莉娅·查尔德（Julia Child）的家宴的人……"

这种自我认证屡见不鲜，合情合理，也常常让读者受益。但是，撇开那些源自写信人真正的专业知识或感知优势的自我认证，我们就会发现另一种类型的"作为一名……"的说法特别常见。在这里，写信人不是声称具有专业或专家知识的权威，甚至可能不是他人不具备的观察能力，而是作为幸存者、参与者、受害者或其他形式的亲历者的权威。与我们在前几节中讨论过的目击者指认问题明显相关的问题是，参与了某个事件的人在多大程度上仅因其参与而对该事件拥有了某种特殊的权威或见解，以至于我们应将其陈述视为有重要意义的证据。

如今的情形变得更加错综复杂。有时，在场者的权威建立在证人可能确实有过的感知机会上。例如，2021 年 1 月 6 日在美国国会大厦的那些人可能看到了我们其他人看不到的东西。有时，参与给了我们动力去了解更多。与那些对某种疾病的兴趣并非出于个人原因的人相比，被这种疾病折磨的人可能会有动力阅读更多相关资料，并更密切地关注相关研究。在"反对醉驾母亲组织"（MADD）的成员中，比起其他没有切身体会的人，那些孩子死于醉驾事故的母亲有更深切的理由去了解醉驾、其原因及可能的解决方法。 137

综合考虑所有条件，给予参与者的证词（也就是证据）以特殊的证明力，仅仅因为他们是参与者，这依然是很常见的做法。然而，作为参与者本身并不必然意味更多知识或更深刻的见解。首先，身处现场既可能是近水楼台，也可能是当局者迷。在一起轻微交通事故中受伤的司机不仅可能会对谁或什么原因造成了事故有独特的视角，而且可能会把事故或受伤情况看得比旁观者所认为的更严重。这种情况也适用于其他受害者。有时，因环境因素——有毒废物倾倒场、铅管和受污染的水源等——而深受折磨的人他们往往会对导致其痛苦的原因发表看法，并经常将这种痛苦归咎于某种有新闻价值的有毒物质。这些观点往往是正确的，但这种正确并不是因为痛苦在自己而不是别人身上。人们可能知道自己折了胳膊的原因，但"脱发有时是由二手烟引起的"这一事实并不能让脱发者对二手烟是否是其脱发的原因产生任何特别的见解，尽管受害者在晚间新闻中经常发表这样的观点。

以拥有亲历者权威自居的人常常谈论自己的独特视角。前国会议员对国会的看法确实不同于我们这些没有这种经历的人。但是，这种视角是否赋予了站在这个视角上的人所说的话作为证据的价值呢？局内人的视角确实是局外人看不到的，但局外人也有自己的视角，而局外人的视角局内人也看不到。局内人的视角是否因其局内人的性质而更可靠，或能作为某些结论更可靠的证据？这取决于结论是什么，或者局内人声称掌握了什么局外人不知道的信息。

艾萨克·沃尔顿（Izaak Walton）在其 1653 年出版的《钓客清话》（*The Compleat Angler*）一书中提出了关于局内人视角的最深刻的观察之一。沃尔顿在书中告诫读者，如果鱼会说话，那么渔夫关于如何钓鱼的任何建议都不值得考虑。虽然我认为我可以从我的视角谈谈大学教学，但我的视角并不比学生的视角更有价值，或者用一个更好的比较来说就是，我的视角并不比我的法律系学生最终要服务的客户的视角更有价值。

这个想法对我们许多人来说并不陌生，它来自关于盲人和大象的印度寓言，我们中的许多人是从印度寓言中了解这个故事的，如今更多人则是从约翰·戈弗雷·萨克斯（John Godfrey Saxe）1873 年创作的同名诗歌中了解到这一寓言的。这个寓言说的是，一群盲人被带去"看"大象，但由于他们是盲人，他们实际上看不到大象。于是，每个人都触摸了大象的不同部位，并从碰巧触摸到的特定部位来概括，或者说类比大象是什么样的。一个人摸到了象鼻，想象大象就像一根绳子；另一个人摸到了象腿，认为大象就像一棵树；还有人摸到了象的侧身，认为大象就像一堵墙。诸如此类。如果说这则寓言能给我们带来什么启示的话，那就是片面的感知只能感知到事物的某一面而已。

盲人摸象的寓言为我们如何看待亲身经验或直接经验的权威性提供了宝贵的启示。参与者、肇事者、受害者、旁观者和其他人——事实上是所有其他人——都有自己的立场、视角和透镜来看待某种行为、某个事件、某样事态或任何其他事物。虽然目击者陈述作为证据的价值可能超过当代某些对此持怀疑态度的人愿意承认的（或者说我就在争论这一点），但它的价值可能也并不像当代那些鼓吹所谓亲身体验的人所认为的那么高。就某些历来被忽视的视角而言，这是一个巨大的问题，亟待解决。显然，对于这些长期以来被忽视的视角，有一些呼吁要求大家停止对它们的忽视，重视这些体验及其产生的感受，这源于道义，也在道义上站得住脚。[10] 但是，这些视角依然只是视角，我们需要就事论事地理解它们作为证据的价值。那些说"我碰到过这事"的人的陈述，如同那些说"我当时在场"的人的陈述一样具有证据价值，但这些陈述的价值与包容的道德价值不同，而且作为证据，它的价值和目击者证词的价值一样可能被高估了，就像亲历者陈述往往在道德上被低估一样。

照相机不会说谎——是真的吗？

早在所有相机都使用胶片（或者甚至是更早的玻璃底片）的时代，人们就认为照片是所照内容的特别可靠的证据。没有多少人知道珠穆朗玛峰或帝企鹅长什么样，但他们认为自己知道，因为他们看过照片。同样的道理，人们认为自己知道那些长相独特的人，比如富兰克林·罗斯福（Franklin Roosevelt）、查理·卓别林（Charlie Chaplin）和杰奎琳·肯尼迪（Jacqueline Kennedy），也是因为他们被拍过无数照片，但从未成为令人难忘的画像或素描像的对象。

对于我们这些声称知道那些人、地方和动物长什么样的人来说，我们获得所有这些知识的证据完全来自照片。就像来自目击者的证据一样，照片证据一直被认为是所拍摄的人、地点和事件之特征的特别可靠的证据，即使不是完美的证据。长期以来，人们一直认为照片与目击者的报告类似，唯一的不同是照片更好。

苏珊·桑塔格（Susan Sontag）等人更清楚这一点，大多数严肃的摄影师也是如此。在《论摄影》（*On Photography*）一书中，桑塔格证明了一张照片不仅是所照内容的产物，也是摄影师做出众多选择后的结果。[11] 最明显的是对什么入照、什么不入照的选择，这不需要任何复杂的暗房、计算机图形处理或图片修饰技术，而仅仅是瞄准哪里、不瞄准哪里，或者相机与它所照目标之间距离的远近。例如，在 1959 年的波士顿市长选举中，处于劣势的市议员约翰·科林斯（John Collins）击败了热门候选人约翰·鲍尔斯 (John Powers，时任马萨诸塞州参议院议长），这一事件至今仍备受争议。鲍尔斯与赌徒和其他有组织犯罪人物相勾结的传闻多年来一直在坊间流传，而科林斯利用了这一点，在他的竞选宣传册中使用了鲍尔斯与一个声名狼藉的赌徒的合影，并将其提供给了报纸。然而，科林斯的竞选团队却在同一张照片中删掉了另一个人——受人尊敬的红衣主教理查德·库欣 (Richard Cushing)。一个人与一个众所周知的赌徒联系在一起会有负面影响，而与红衣主教库欣联系在一起则有正面影响，因此，这种剪裁使一张原本无害的照片看起来比实际情况要罪恶得多，这可能在那次竞选中帮了科林斯一把，却在之后的几年里一直困扰着他。而那些看过这张被裁剪过的照片的人却毫不知情。[12]

就像目击者陈述一样，认为"照相机不会说谎"是谎言的观点或许也矫枉过正了。注意到目击者经常犯错，会让我们忽视大多数目击者的大部分陈述是正确的这一事实。同样，意识到照片反映了摄影师的选择和视角，以及光学、化学和如今的数码处理的结果，也会让我们忽视一个事实，即照片通常是所照内容某些方面的很好的证据。电视摄像机所拍摄的内容也是如此，近期最突出的例子就是 2021 年 1 月 6 日美国国会大厦骚乱事件。艺术哲学家肯德尔·沃尔顿（Kendall Walton）提醒我们，照片不仅仅是一种描绘或描述。它对被拍摄的事物是"透明"的，这一点很重要，就像通过显微镜或望远镜看到的事物不同于散文和诗歌中描述的事物，也不同于素描和油画中描绘的事物。[13] 当然，照片可能失真，甚至可以伪造。例如，尼泊尔政府刚刚着手吊销了两名登山者的登山许可，因为他们在珠穆朗玛峰顶上的照片被揭发完全是伪造的。[14] 即使照片不是伪造的，也反映了摄影师的立场、视角、理论和价值观，以及人造设备的机械、光学以及如今的数码属性。但是，报纸为我们提供照片而不是图画是有原因的，为什么电视新闻往往让人感觉比广播新闻的信息量大，为什么马修·布雷迪（Matthew Brady）的内战照片能展现给我们的东西，差不多同时代的爱德华·马奈（Édouard Manet）的油画或上一代的弗朗西斯科·戈雅（Francisco Goya）的素描却不能。[15] 作为证据，照片远非完美，也远非"纯粹"。但照片作为证据的价值与其他传递大致相同信息的手段不同，而且往往更胜一筹。

因此，照片最好被理解为一种机械形式的证词。与所有证词一样，它也可能失真，也可能不完整。照片内容可以完全是捏造的，这取决于摄影师的技巧和动机。西蒙·布兰·索普（Simon Brann Thorpe）只用玩具士兵和人造背景来拍摄关于战争的照片。对索普来说，拍摄人造物强调了摄影师作为创作主体的角色，而淡化了照片本身的作用。[16] 正如我们已经开始明白，并不是所有的报道都是真实的；桑塔格这样的评论家和索普这样的摄影师使我们明白，并不是所有的照片证据都是准确的。但在这里，我们又回到了"与什么相比"的问题上。

法律制度对照片的态度反映了法律偏爱口头证词的传统，这种偏爱有时甚至到了让人难以理解的地步。传统上，照片只有在某人——这个人不一定是摄影师——证明这张照片准确地表现了所拍摄内容的情况下，才能被作为证据。[17] 尽管以这种方式认证和使用的照片通常被称为"图像证据"，但照片与其说是证据，不如说是对他人证词的补充，就像图表一样。因此，以这种方式使用的照片类似于证人用手比画着说她看到的人"有这么高"，以此支持自己的证词。

最近，由于隐藏式摄像头和不那么隐藏的摄像头的激增——这些摄像头过去只安装在银行，而如今几乎无处不在——只要有安装者、操作者或其他人的证词，证明摄像头所拍摄的就是摄像头所看到的，也是摄像头在记录图像时实际"在那里"的东西，那么这些设备拍摄的照片就可以作为证据，作为"沉默的目击者"。[18]

显然，适用于照片证据的大多数考虑因素也适用于录音，以及各种形式的录像。事实上，法律同样也不得不应对录像的问题，因为录像看似如此逼真地从一个视角描述了事件，以至于陪审员很可能相信他们看到的是实际发生的情况，而不是关于实际情况的一面之词。[19] 但是，从路易斯·雅克·达盖尔（Louis

Jacques Daguerre）最早的照相机到当代最先进的数码成像技术，从托马斯·爱迪生（Thomas Edison）的第一台留声机到最先进的电子录音技术，所有这些技术发展过程中出现的问题都是一样的，尽管程度不同。[20] 所有这些技术都可以传达它们所记录的内容，这和人们通过证词传达他们的所见所闻或其他体验类似。但是，照片和录音与人一样，也能撒谎、敷衍、伪造、搪塞、偏袒和美化。然而，问题不在于它们是否能这样做，而在于它们是否这样做了。就像一个有倾向性的故事往往比没有故事提供更多的信息一样，一张照片能够而且通常也确实比口头描述或绘画提供更多更好的信息，后两者与技术性的复制相比，涉及人为创造和干预的比例通常要高得多。

最好的类比或许就是我们的汽车车锁。即使在我所在的这个只有 5 万人口的小城市，我也可以肯定，有几百个人在几分钟内就可以在没有钥匙的情况下启动我锁着的车，然后把车开走。但我还是会锁上我的车，因为我知道，这件事虽然可能发生，但通常不会发生，而且我知道，即使不能完全杜绝偷窃行为，增加偷窃难度也会降低被偷窃的可能性。同样，尽管 2021 年 1 月 6 日袭击美国国会大厦的照片有可能完全是伪造的，也有可能（实际上肯定是）反映了摄影师最宽泛意义上的视角，但这些照片也远比没有强，它们给人们的印象无疑是非常准确的，即使不是完全准确。警察德雷克·肖万（Derek Chauvin）杀害乔治·弗洛伊德（George Floyd）的视频记录，和更早之前橄榄球运动员雷·赖斯（Ray Rice）在电梯中殴打妻子的视频也都是如此。在这些案件中,犯罪者的否认有可能会被相信,但照片证据增加了可靠性,使矢口否认变得难以被相信。因此,这两起事件都在提醒我们,尽管照片和视频可能失真、被曲解,有时甚至是伪造的,但它们相比于第一手或第二手证词往往是更好的证据,因为后者也可能失真、被曲解和伪造,而且程度往往更严重。

144

因此,关于摄影的启示与关于目击者或其他形式的亲历者证词的启示如出一辙。怀疑有理,但全盘怀疑就没道理了。当然,我们也应该意识到,摄影、录音与人们的描述一样,带着固有的不可避免的人为选择。但是,如果适度的怀疑得出了摄影证据远非完美的结论,那么,我们就应该记住,那些远非完美的证据,就像几乎所有其他证据一样,绝不是毫无价值的。

第九章

关于专家和专业知识

2020 年 10 月 14 日，时任法官、现任大法官埃米·科尼·巴雷特在她的确认听证会上被时任参议员、现任副总统卡马拉·哈里斯（Kamala Harris）问及是否相信气候变化正在发生。秉承过去至少 30 年来最高法院大法官提名人的光荣传统，巴雷特大法官支支吾吾，三缄其口，回应说她不会对气候变化这样一个"具有政治争议性"的问题发表看法。[1] 尽管巴雷特将气候变化问题定性为"政治上有争议"是完全正确的，但她因暗示气候变化问题在科学上也有争议而受到广泛批评，尽管她实际上并不是这么说的。[2]

在那些因为他们认为巴雷特说了什么，或者他们认为她暗示了什么，或者因为巴雷特没有说他们希望她说的话而批评她的人中，有些人确实懂很多关于气候变化的科学，但大多数人并不懂。而大部分相信气候变化真实存在，而且有潜在的灾难性后果的人也不懂，尽管这个信念是正确的。于是，我们相信科学家的话。不只是个别科学家，而是研究此类问题的科学家的共识。他们是专家，对我们大多数人来说，气候变化的证据既不是来自我们自己的感知，也不是来自我们自己的研究，而是来自我们相信科学家已经研究过并得出这样的结论。科学家，即专家，告诉我们的话就是我们相信的事物的证据。科学家依靠证据，而我们的证据则是科学家所说的话。

　　第五、六、七、八章的重点是将证词作为证据，而对专业知识的依赖则是这一主题的变体。当人们依赖科学共识，相信气候变化是真实的，主要是人为的，并将导致一场史无前例的灾难时，他们依赖的是科学家的证词。我们或者至少大多数人相信，科学家是专家。他们的结论是基于证据的，至少我们是这样希望和假设的。而于我们而言，我们的证据就是科学家所说的话，我们依赖科学家的证词。而依赖专家的证词或专家团体的集体证词，与依赖声称掌握第一手资料的某个人是不同的。事实上，两者的不同是如此之大，以至于在法律上、本书中和其他地方，前者都被另立一类。

　　巴雷特大法官被问及气候变化问题绝非偶然。这个问题不仅在政治上充满争议，而且是个说明我们必须要依靠专家意见的典型例子。诚然，在汽车维修、家具制造和体育健身等方面都有专家，但在这些领域中，许多人都有一些外行知识，因此，他们常常（有时是错误地）相信自己的外行知识已经足够，并由此（同样，有时甚至常常是错误地）相信他们有足够的知识区分真专家与假专家。[3]

　　而气候变化问题则不同。作为大众文化中的典型形象，火箭科学和脑外科手术因其高度的技术性和复杂的知识让外行望而生畏。气候变化问题也和这两个例子一样。撇开那些因为上周天气暖和而无知地相信气候变化正在发生的人，或者因为昨天天气寒冷而同样无知地确信气候变化并不存在的人不谈，我们大多数人都不得不依赖专家意见。然而，我们必须搞清楚谁是专家，就是在这一点上，我们犯了难。作为外行人，我们如何在一个一无所知的领域里确定谁是专家？[4] 难道非要自己先成为专家，才能知道谁是专家，才能知道他们说的话是否值得信赖吗？[5]

　　在非专家用专家结论作为证据前，似乎有必要对专业知识进行评估，以下是针对非专家是否有能力评估专业知识的疑虑提出的几点反驳。首先，非专家往往有能力识别和评估专家结论的合理性，即使他们并不理解其背后的方法和结论。当所谓的专家提出的结论及其理由存在内在矛盾或依赖不合理的初始前提时，即使评估者本身并不了解所谓的专家方法，他们的评估也能否定专家结论。你不需要是天文学家就能知道月球不是由绿色奶酪做的，如果有些自称是天文学家的人说月球是由绿色奶酪做的，那么非天文学家就有充分的理由拒绝接受这个被标榜为专家结论的东西。回到现实中，当一位实验心理学专家声称自己已经证明了预知未来的超自然力的存在时，那些拥有普通（非专家）知识的人即使自己不是专家，也有理由怀疑专家结论的可靠性。[6] 至少有些情况下，我们不需要成为专家，也能知道专家靠不靠谱。

对于非专家无法评估他们自己不具备的专业知识的担忧，更重要的一个反驳理由是，即使非专家无法识别和评估专业知识本身，他们仍然可以识别和依赖专业知识的外在特征。这些外在特征可以是诺贝尔奖、加州理工学院和麻省理工学院的终身教席、美国国家科学基金会（National Science Foundation）的研究经费，以及美国科学促进会（American Association for the Advancement of Science）、美国国家科学院（National Academy of Sciences）和英国皇家学会（Royal Society）等被广泛认可的荣誉专业协会的会员资格。当我们依赖专家的资历来确认他们的专业知识时，我们实际上依赖的是我们作为非专家对各种机构认证制度的了解。当然，外行人对这些资历和认证制度的了解可能本身就不如内行人。尽管如此，鉴于资历是专家实际做了什么的证据，对外部观察者来说，了解认证制度可能要比了解专家实际做了什么来得容易。

然而，使用这种可从外部观察到的专业知识的标志并非完美的方法。让我们看一看颅相学。这种所谓的颅相学或多或少是由奥地利医生弗朗兹·约瑟夫·加尔（Franz Joseph Gall）在18世纪末发明的，盛行于19世纪早期和中期，直到20世纪初才逐渐消亡。颅相学的基本思想是，通过观察人们颅骨的外部形状，可以确定其心理特征和行为倾向。那些在颅骨的某些地方有凸起或凹陷的人，很可能具有攻击性或被动性、聪明或愚蠢、自私或利他等。颅相学在兴盛之时拥有其他学术或科学领域都会有的大部分外在特征。它有专业协会、专业学位、同行评议期刊［如《美国颅相学期刊》（*American Phrenological Journal*）］、发表论文的学术会议、广泛使用的教科书、最佳实践手册和著名知识分子［如哈佛大学校长乔赛亚·昆西（Josiah Quincy）］的背书等。[7] 但是，用一个词来说（这个词最近因为重新被拜登总统使用而流行起来），颅相学仍然是"胡扯"（malarkey）。正如我们现在所知，颅骨上没有任何标记可以真正代表或预测一个人的心理特征或行为倾向。[8] 因此，所有这些有用的专业知识的外部标志（通常是可靠的），却在颅相学这一例上一败涂地。

149

现今的占星学也是如此。总部设在英国的占星学协会（Astrological Association）出版了《占星学期刊》（*Astrological Journal*）和《占星学与医学通讯》（*Astrology and Medicine Newsletter*）。其他占星学期刊包括《上与下：占星学研究期刊》（*Above and Below: Journal of Astrological Studies*）、《地球宇宙期刊》（*Geocosmic Journal*）和《国际占星学研究协会国际占星学》（*ISAR International Astrology*），后者由国际占星学研究协会（ISAR）出版。其中大部分期刊在格式、参考文献、脚注和各方面都与严肃的学术期刊相似。各种占星学组织举办会议、开设课程并提供证书。但与颅相学不同的是，占星术仍然吸引并留住了大量的信徒。[9] 大量严肃的学术研究已经证实，占星术关于星座与性格、行为和预测未来之间关系的基本前提是错误的：知道某人出生时行星和恒星的位置，根本无法告诉我们这个人的心理构成或行为特征。然而，这些研究结果并没有影响人们对占星术的信念。[10] 除了作为非科学的娱乐之外，占星术已反复被证明属于胡扯的范畴，尽管学术合法性的外部包装它都有。

颅相学和占星术警示人们，不要把某个专业领域的外部标志奉为圭臬。这些外部标志可能是代表真正知识的证据，但它们仅仅是证据而已，而在这两例里，证据指向的东西并不真实。当支持某一观点的证据明显不如支持相反观点的证据有力时，从这个较弱的证据得出仅能被单方面证据支持的结论可能就是错误的。颅相学和占星学给我们的基本警示是，外部可见的认证和证据可靠性的相关标志可能具有误导性，某些领域自创的自证机制也可能将我们引入歧途。

150

如果我们明智到能谨慎对待那些非专家可以获得的、真正的、有价值的专业知识的外部标志，那么我们又回到了最初的问题。我们从外行对专家结论和意见作为证据的价值的评估问题开始，但如果这一探究只把我们引向非专家对认证和相关标志的评估，那么我们其实并没有取得多大进展。为什么我们应该更看重美国国家科学院的验证，而不是占星学协会或国际占星学研究协会？我们当然应该这样做，但为什么呢？为什么我们应该把麻省理工学院的理论物理学学位作为真正的专业知识的更好标志，而不是那种当人们还使用火柴盒时在火柴盒上做广告的营利性教育机构的学位呢？更确切地说，如果我们对占星术或美国国家科学院所涵盖的科学学科确实知之甚少，那么我们为什么要认真对待所谓的验证标志呢？颅相学和占星术的例子告诫我们，不要过于依赖，或者至少不要仅仅依赖内部标准来评估专家意见的可靠性。所谓内部标准，指专家团体成员自我验证其所在团体的专业知识。

在这一点上，近年来美国法律对专家意见的处理可以给我们一些启示。正如第七章所述，威廉·莫尔顿·马斯顿发明的原始测谎仪是美国司法系统多年来唯一依赖的专业知识内部标准中的主角。由于一些与本章论点无关的原因，专家被允许在法庭上说一些非专家证人不能说的话。专家可以就假想事例发表意见，但非专家只能就他们个人所了解的事情作证。专家可以根据他们在本学科积累的知识发表意见，而非专家则不能。专家还可以就有关事项提出意见和结论，而非专家对这些事项只限于提供确凿事实。[11]

我们暂且不论区分专家证词和非专家证词是不是一个好主意。[12] 但这种区分确实使得法官必须确定谁是专家而谁不是，并评估哪些知识形式涉及专业知识，哪些不涉及。当一家法院在 1923 年被问及马斯顿的测谎仪是否有资格享有专家证词所享有的更大回旋余地时，法院表示否定，其结论依据是马斯顿的设备及其所依据的科学均未在相关科学界得到"普遍接受"。[13] 换句话说，对专业知识的检验是内部的，当且仅当某个专家团体验证了某种方法或途径，它才算是合法的专业知识。

最终，大多数法院和美国最高法院都遇到了我所描述的"颅

151

相学问题"，或许我们应该称之为"胡扯问题"。某些专家团体有自己的内部标准，但满足这些内部标准不能确保产生有用的证据或有用的知识。一个很好的例子发生在 1996 年，纽约大学一位名叫艾伦·索卡尔（Alan Sokal）的物理学家向一家文化研究领域的学术期刊寄去了一份捏造的、没有任何内容的文章，其间充斥着无意义的术语和热门的参考文献，声称要确立万有引力存在的非客观性，而该期刊随后接受了这篇文章并将其发表。[14] 但这篇文章甚至比胡扯还糟糕。它不仅错误，而且荒诞。索卡尔的恶作剧意在揭露这本期刊的空洞，同时也暗示了整个研究领域的空洞。它给我们的更深远的启示是，即使我们可以相信某个领域能够说出谁或什么符合该领域的内部标准，谁或什么不符合，也并不能说明该领域或其标准所声称的内容是否对外部具有真实性或价值。颅相学家可以告诉你谁是颅相学专家，但这并没有告诉我们其他人是否应该听从这位颅相学专家关于疾病、性格、行为或其他方面的意见。

认识到这类问题，联邦最高法院于 1993 年裁定，某个领域的内部标准可能与确定专业知识有一定的相关性，但检验其可靠性的外部标准也必须加以运用。[15] 即使某位颅相学家连续五年获得"年度颅相学家奖"（虚构的），但只有在颅相学确实能提供可靠证据这一点被证明的情况下，该颅相学家才有资格作为专家在联邦法院作证。

这又带我们回到了气候变化和全球变暖的问题上。回到第一章中提出的问题，在这里发挥作用的证据有两种。一种是科学家在得出气候变化是存在的、是由人类引起的，并且人类行动可能减轻其后果的结论时所考虑的证据；另一种是政治家、非科学专业的决策者和公民在断定全球变暖存在时所使用的证据。尽管前者远超本书的范围，但后者却至关重要。如果政治家、决策者和公民持有的关于全球变暖存在的证据主要由科学家的证词（包括结论）组成，那么那些由非科学家组成的团体，即政治家、决策者和公民，应该如何评估和权衡这些证词呢？

　　联邦最高法院对这个问题给出的答案是，专家证词必须符合外部的可靠性标准。但是，联邦最高法院在关于法律系统使用专家证据的说法中所包含的启示并不局限于法庭上的专家证据。在法庭之外，在一般的调查中，也存在一些超越特定领域的可靠性标准。联邦最高法院在谈论"可靠性"时似乎考虑的就是这一点。在任何领域，无论是核物理学还是颅相学，只要提出因果性或预测性主张，我们就可以通过外部可获得的手段来检验这些主张。这些外部手段既包括证据和调查的基本原则，也包括统计推断的基本原则。或许还有其他类似的理性探究的总体原则存在，但基本思想始终是，我们拥有一些使我们能评估一个领域可靠性的方法和标准，这些方法和标准并非特定领域或学科独有，从而使我们不至于陷入依赖内部自我验证的颅相学困境。或许忠实的怀疑论者会纠结于调查的基本原则、证据推理、统计和数学的可靠性，而其他愿意把这些烦恼留给哲学家的人就大可放心，我们有办法评估整个领域的可靠性，进而评估领域中专家的可靠性，这些办法不需要我们完全依赖专

153

家，因为专家的可靠性恰恰是问题的核心所在。

　　因此，虽然我们依靠气候学家告诉我们气候变化和全球变暖的原因和潜在后果，但我们并不只是依靠气候学家告诉我们气候科学是可靠的。就像我们并不只是依靠沙特人或得克萨斯人来使我们确信化石燃料的重要性一样。但是，气候科学本身建立在向其他领域学习的基础上，而这些领域的价值已经经历了科学研究和科学有效性的基本原则的检验。鉴于气候科学建立在物理学、地质学和化学这些一般科学的基本原则之上，只要我们有足够多的证据证明这些领域的可靠性，我们就会对这些领域的衍生领域，例如气候科学，也至少有一些信心。

　　此外，如果有人为了获得某些利益而攻击一个领域的方法和结论，而这个领域在被攻击的情况下生存了下来，那么我们往往可以对该领域抱有信心，即便这不是绝对的。颅相学最终被揭穿为毫无价值的原因之一就是医生们对它提出了质疑，而颅相学并没有经受住这些质疑。我们对气候科学的怀疑也是如此。多年来，石油公司、航空公司和汽车制造商一直对证伪全球变暖预测有着浓厚的兴趣。[16] 尽管一直有人在努力证伪这个预测，但这个预测至今却尚未被证伪，这本身就使我们有充分的理由将科学家（即专家）所说的话作为他们结论的有力证据。

　　重申一遍，我们在这里讨论的问题并不是为什么科学家得出的结论是气候变化是真实的、人为的，并且它的变化速度，尤其是变暖速度，可以通过某些方式减缓。该问题已经成为大量科学文献的主题，而这些文献的数量还在不断增长。[17] 即便是那些与共识或主流观点的某些方面意见相左的文献，也承认其核心观点，只在边缘问题上争论不休。因此，对我们来说，问题不在于是什么产生了这些核心观点，而在于作为非科学家的我们为什么应该将这些核心观点视为气候变化的性质和原因的证据。本节得出的启示是：答案在于"因为科学家已经这么说了"，而这个启示及其复杂性贯穿了将专业知识作为证据的整个主题。

对我们的饮食（或许过于密切）的观察

　　我今早买了一瓶苹果汁，瓶上贴着大大的标签，上面写着"非转基因产品"。苹果汁中也不含许多其他物质，比如砷、马钱子碱和蝙蝠粪便，但果汁公司认为没有必要声明那些事实。它声明自己的产品不含转基因产品，是因为该公司正确地认识到，许多人反对含转基因产品的食品，或用转基因生物技术生产的食品。

　　转基因技术（尤其是在与气候变化问题放在一起研究时）与本节相关，因为它与气候变化一样，也是科学共识的对象。两者不同的是，科学共识告诉我们应该深切担忧气候变化问题，而至少美国的科学共识让我们不必担忧转基因技术。这到底是怎么回事呢？如果科学界和科学家对气候变化危险的共识足以证明重大公共政策和公约的合理性，那么，为什么关于转基因

155

产品无害的类似共识似乎对公共政策、企业行为和公众舆论的影响较小呢？

我们有必要在研究涉及转基因产品的争议之前，先做一点准备性的梳理工作。有些人反对转基因技术，因为他们认为该技术以某种方式干扰了自然产物的自然发展。然而，光看几千年里大自然给我们带来的疾病、地震、龙卷风、飓风、洪水以及其他自然灾害和灾难，很难说顺应自然、不做人为干预就一定是明智的策略。也许在《非洲女王号》（*The African Queen*）中扮演的罗斯·塞耶（Rose Sayer）的凯瑟琳·赫本（Katherine Hepburn）的体会是对的，"人生在世，就是要超越自然"。但是无论"顺其自然"的观点蕴含着怎样的道德或宗教真理，我们在这里都按下不表。[18]

转基因产品的反对者提出的与本书相关的更有趣的主张是，我们应该避免、谴责和禁止转基因产品，因为它们可能对人类、动物和环境造成不可忽视的物理性伤害。这个问题在一定程度上与第三章中讨论过的预防原则有关，该原则告诫人们在面对几乎任何不确定性时都要警惕消极不作为的态度，即警惕保守主义。[19]暂且把预防原则的问题留到接下来的几个段落再讨论，但这里的重点在于，许多人出于非宗教的原因认为，转基因产生的风险相当大，即使这种风险远未被确认。

这个话题与这里的讨论尤为相关，因为美国科学家的共识恰恰相反。尽管科学家对气候变化的共识是，气候变化是真实的和人为的，而且有潜在的灾难性后果，但科学家（有时甚至是同一群科学家）对转基因产品的共识是，转基因产品的危险介于不存在和被夸大之间。使这一问题尤为有趣的是，这两种争议的政治意义恰恰相反。简单地说，对气候变化及其成因和危害的怀疑大多来自政治右派。而对转基因产品抱怀疑态度的大多来自那些自认为政治上处于中间偏左的人，而事实上，他们在许多其他问题上也确实处于中间偏左。鉴于这两种争论都涉及信任科学家的专家证词，这里的差异可以解释吗？

　　一种假设是从众心理在起作用。有时，出于非常合理的认知上的原因，人们会盲目从众，因为他们相信大众通常是正确的。读者可以回顾第五章中关于"集体智能"或者所谓的"群体智慧"的讨论。但人们从众往往是因为他们希望与某个群体的人产生关联。在高中时我们想和酷小孩一起玩，就因为他们是酷小孩。就这么简单。但上一节所强调的重要的证据问题在这里同样存在。专家知道什么，作为非专家的我们如何知道谁是专家，我们应该如何、为何、何时将专家的话作为他们的结论的证据？正如我们将在第十章和第十一章中看到的，这个问题不仅关乎自然科学，但我们暂且只讨论自然科学，因为自然科学可能是最明显的专业领域，也通常是非专家最难以获得专业知识的领域。或许，对于艺术、文学和葡萄酒，不论对错，我都可以说上两句，但对于得出转基因产品安全或有害这一结论的科学过程或推理，我一句也说不上。在欧洲，对转基因产品持怀疑态度的人要比在美国的多得多，即使在科学家团体中也一样，这一事实使该问题变得更加扑朔迷离。[20]众所周知，转基因产品所涉及的物理现象并不会随地理位置而变化，那么，美国和欧洲对这一问题的看法如此不同，甚至在科学家团体中也是如此，这一事实表明，产生分歧的问题至少部分来自政治和社会学，而不是科学。[21]

这里的重要议题是，我们应该如何看待证据不足的问题，或许这与预防原则的问题有关，也与美国和欧洲对预防原则的观点不同有关。假定美国科学家的共识是正确的，即几乎没有证据（"没有证据"的说法过于绝对）表明转基因产品对人类健康或环境有害。从语言和逻辑上严格来讲，没有证据证明有害并不意味着有证据证明无害。这是一个普遍原则，并不局限于转基因产品。但是，即使我们认识到证据不足并不等同于证明证据不存在，并且，证据不足在逻辑上或理论上也并不意味着证据不存在，进一步的问题也依然存在。尽管如此，证据不足，在归纳而非演绎的逻辑下，能否在某种意义上被视为"证据不存在"的证据呢？事情到这一步就不那么清楚了。转基因怀疑论者或转基因反对者可能会回到预防原则，认为在没有证据的情况下，我们不应该假定其安全，尤其是对于我们入口的东西。小心驶得万年船。但是，预防原则并非科学原则，而是政策原则。如果科学告诉我们，根据目前最好的知识，转基因产品是无害的，那么，出于预防原则而限制转基因产品的政策，就不能说是遵循科学的政策。[22]

尽管如此，在为寻找证据付出了真正的努力之后，"没有找到证据"可以成为"证据不存在"的证据。如果根本没有人研究过转基因产品的安全性问题，或许我们只能得出结论：没有证据表明转基因产品有害。但是，鉴于试图证明转基因产品 158 有害的努力至少已经持续几十年，而我们到目前为止依然还没有见到证据，况且这些努力背后都有支持（当然也有反对）它们的经济和政治动机，那么这些不占上风的反对意见的存在本身就是转基因产品无害这一结论的证据。如果我从未尝试过做100个俯卧撑，那么或许我没有证据证明自己做不了。但如果我经常尝试做俯卧撑，且屡战屡败，那么我就有证据证明自己做不了这件事。如今的转基因产品也是如此，尽管人们积极努力寻找证据，但其有害性似乎仍有待证实。

　　因此，尽管转基因产品问题与气候变化问题的政治和社会意义截然相反，但两者在本质上是一致的。如果我们采用以下原则，即科学家的共识就是他们所说内容的充分证据，那么我们就有充分的证据证明气候变化的危害，同样也有充分的证据证明转基因产品的无害。相反，那些对科学家和科学团体关于转基因产品无害这个相对权威的结论仍然持怀疑态度的人，有必要解释一下为什么他们接受许多同样的科学家和团体关于气候变化问题的相对权威的结论。权威观念与内容无关，因为依赖权威意味着至少将结论的来源作为接受结论的一个理由。无数因跟孩子讲理讲不通而恼怒的父母惯用"因为这是我说的"，这句话很好地抓住了权威观念的核心，因此也抓住了尊重权威的核心。同样的权威来源，许多人拒绝接受它作为转基因问题的证据，却接受它作为气候变化问题的证据。这表明他们根本不是在依赖权威，因此也根本不是在依赖专业知识，而是在依赖社会学家和政治学家最擅长解释的东西。

疫苗接种的过去与现在

截至本书撰写时，美国公共政策中最大的话题之一就是疫苗接种。围绕这一话题的大多数争议都与新冠疫苗的供应和管理有关，包括哪些人应该优先接种疫苗以及如何在全球分配有限的疫苗供应。只要对疫苗的供应和管理能力依然有限，这些争议就会一直存在。然而，其中一个问题是如何应对许多人不愿意接种疫苗的事实。其中的一些抵制来自一些非裔美国人社区。曾经有过一段非裔美国人被用作实验对象的丑恶历史，比如在一些监狱实验中，非裔美国人通常在没有选择权的情况下被用作实验对象，即使是那些他们宣称自愿参与的实验，也往往没有披露风险。鉴于此，非裔美国人对实验的抵制由来已久，并非只针对新冠疫苗接种。[23]

美国一些少数族裔社区对疫苗接种的抵制是一个重要的政策问题，但与本章节直接相关的却是许多其他人，包括许多白人福音派教徒，他们不仅抵制新冠疫苗接种，而且抵制所有疫苗接种，这种抵制早在新冠疫情之前就存在了。毕竟，疫苗怀疑论由来已久。[24] 在新冠疫苗之前，与疫苗怀疑论最相关的形式是认为接种疫苗是导致自闭症的一个风险因素。政治因素在这里更加隐晦。气候变化怀疑论似乎倾向于右派，转基因怀疑论倾向于左派，但疫苗怀疑论似乎不分意识形态倾向。相信疫苗与自闭症之间，或疫苗与其他异常和疾病之间存在因果关系的人遍布整个政治光谱。尽管所有疫苗都会遭到抵制，但在新冠疫苗之前，大部分抵制都是针对麻腮风三联疫苗，抵制该疫苗的人声称该疫苗是导致自闭症的主要风险因素。

　　各种政治和意识形态领域都可能产生疫苗怀疑论者，但在疫苗接种方面，科学证据更加明确。也许是因为长期以来，有很多人认为疫苗接种与自闭症相关，而同时不接种疫苗会给整个社区带来潜在的灾难性后果，人们对假想的相关性进行了认真的科学检验，结论仍然是这种相关性不存在。[25]重申一遍，我们并不是说没有证据支持这种相关性；我们有证据——强有力的证据——支持没有相关性这个结论。也许相比于有些人相信的神秘人物"Q"在为联邦政府铲除邪恶势力，或者有飞碟正在飞向地球，疫苗接种与自闭症相关的证据更多一些。尽管如此，目前依然有压倒性的证据表明，疫苗接种与自闭症之间没有相关性，这些证据来自尖端的科学研究，并且这些研究都通过了同行评审和其他科学有效性机制的过滤。

　　同样，我们大多数人都无法直接得知疫苗接种与自闭症之间是否存在相关性。药物确实会产生副作用，从表面上看，自闭症可能是由于某种物质以某种方式进入人体而产生的副作用之一的说法，并不像一群崇拜撒旦的恋童者渗透在民主党中的说法那样荒谬。但我们确实有证据表明疫苗接种与自闭症之间

160

不存在任何相关性，并且对我们中的大多数人来说，这些证据来自科学家个人或集体的证词。这不仅是充分的证据，而且与我们在日常生活中所依据的许多证据是一致的。如果我们可以相信科学家关于气候变化真实性的证词、关于转基因产品无害的证词，那么出于同样的原因，我们也可以相信科学家关于疫苗接种不会导致自闭症的结论，哪怕有许多非科学家坚持己见。

关于共识的概念

气候变化造成巨大危险的说法，或转基因生物和疫苗接种没有危害的说法并不是没有异议。有些异议甚至来自相关科学团体内部。即便如此，我们这些身处相关专家团体之外的人，即使面临部分专家团体内部的分歧，也必须依赖专家共识的证明力，尽管偶尔也会有不同意见。

究竟什么是共识？如果相关的专业领域有严格的界限，那么我们就可以把这些领域当作立法机构一样来对待，只需投票，如果多数、三分之二或四分之三同意，就可以说科学家的共识是全球变暖是真实的，如同选举人团的共识是选择拜登为新一届总统，或者弗吉尼亚州议会的共识是废除死刑一样。

然而，专家团体并非如此。原因之一是，专家团体的判断并不能让某件事变成事实，它只是某些观点的证据。这一点不同于选举人团或弗吉尼亚州议会的决定，后者的行动本身会产生结果，就像两个人在官方授权人员面前说"我愿意"会缔结婚姻一样。相反，专家的结论只是证据，这些结论极少来自一个有组织团体的正式裁决，而该团体明文规定在怎样的情况下会或不会发布作为证据的声明。相反，我们常常面对的"共识"是一个模糊的概念。共识的概念之所以模糊，不仅是因为它不包含数量标准，还因为它包含了某些成员的意见比其他成员更重要这样同样模糊的含义。一人一票可以是民主和宪法的原则，有时也确实被如此执行，但这不一定是决定什么算"共识"的原则。如果美国顶尖医学院的 50 位医学教授与 30 位担任美国主要医学协会官员的医生都认为疫苗接种不是导致自闭症的原因，那么即使美国也有 80 位医生持相反的观点，我们仍然可以（也应该）认为医学界的共识是这种因果关系不存在。

162

上述结论隐含的观念是，哪怕是部分能用数字表示的共识，本质上也是社会学的。我们无法得知什么算作某行业或专家团体的共识，除非我们对该团体的社会学情况有所了解：谁重要，谁不重要。哪些形式的出版物最受重视，哪些不受重视或不太受重视。哪些方法被接受，哪些不被接受。与任何社会学研究一样，关于什么构成共识的社会学解释既显示了该团体的缺陷，也显示了它的优势。当我们说某个团体的共识是这样那样的时候，我们实际上默认了该团体有自己的吸纳和拒绝成员的标准、等级制度和歧视形式，其中有好有坏。相应地，当我们说科学界的共识支持"气候变化是真实的"这一结论，医学界的共识支持"疫苗接种与自闭症之间没有相关性"这一结论时，我们就又回到了本章的主题：非专家对专家结论的依赖既有无法解决的问题，也有无可替代的必要性。

科学的局限与专业知识的局限

哲学家内森·巴兰坦（Nathan Ballantyne）给我们提供了一个非常恰当的词："知识的僭越"（epistemic trespassing）。[26]这个词的意思是，尽管有些人知道别人不知道的事情，尽管我们只能且应该依赖这些更高水平的知识作为证据，但各种知识团体的成员都有声称自己拥有的知识和专长超出了他们所在领域的倾向，对此我们应该保持警惕。

这种现象司空见惯。以报纸广告形式发表的公开信经常吹嘘有多少诺贝尔奖得主同意信中的结论，即使这些结论与诺贝尔奖得主获得诺贝尔奖的领域无关。用巴兰坦的话说，这些诺贝尔奖得主是知识的僭越者，我们应该提防他们。不过，尽管知识的僭越看似有问题，而且似乎涉及对未经证实的专业知识的妄称，但我们仍然可以将某些资质作为另一种形式的专业知识的替代品，从而将知识僭越者的证词视为值得重视的证据。自然科学领域的诺贝尔奖获得者很可能比普通人更聪明，仅凭这一点，我们可能就会把他们对其专业知识以外领域的看法视为证据。我们还可以假定，自然科学领域的诺贝尔奖获得者比普通人更了解科学，因此，诺贝尔化学奖获得者对物理学中某些观点的看法，可能比同样有成就的诗人或雕塑家对同一观点的看法更有证明力。不太明显的是，我们可能会假定科学家比大多数人更关注经验观察的准确性，因此，我们可能将自然科学领域诺贝尔奖获得者的观察证词视为很有可能极为准确，因而是值得尊重的证据。

　　巴兰坦没有提及一个更严重的证据僭越问题，该问题假定某个领域的经验甚至理论方面的专家对涉及该领域的经验性、事实性或者描述性发现的公共政策拥有某种特权地位。经常参与这种形式的证据僭越的是专家，尤其是科学家，我们可以称其为"政策霸权"（policy hegemony）。

　　让我们从一个充满争议又广为人知的例子讲起。1945 年 7 月，对原子弹的设计和研制承担最大责任的物理学家利奥·西拉德（Leo Szilard）起草了一份给杜鲁门总统的请愿书。参与原子弹项目的其他许多科学家也纷纷在这份请愿书上签名，敦促杜鲁门不要对日本使用他们参与研制的原子弹，除非在少数特定情况下。[27] 军方高级官员和战争部长亨利·史汀生（Henry Stimson）的幕僚对请愿书的抵制在很大程度上导致请愿书从未递交给杜鲁门或史汀生。但是，没有迹象表明，如果杜鲁门看到了这份请愿书，他会听从请愿书中的请求，也没有迹象表明对广岛和长崎的相继轰炸违背了西拉德和其他请愿人的愿望。[28]

　　科学家对原子弹巨大破坏力的认识是请愿书中论据的基础。但是，尽管没有理由让我相信杜鲁门总统比我更了解原子弹的原理，但历史记录似乎清楚地表明，在杜鲁门批准向广岛和长崎投掷原子弹时，他知道原子弹的破坏力有多大。既然如此，那么问题就变成了科学家知道什么杜鲁门不知道的事情。显然，关于登陆日本本土而不是原子弹袭击会造成多少人丧生的问题，至今依然存在着经验性和预测性的争议。这些争议还包括，在向广岛投掷原子弹之前，和在广岛之后、长崎之前，诱使日本投降的必要条件是什么。此外，关于总统在战时应如何看待美国人和敌人，以及军人和平民生命的相对重要性，这些巨大的道德争议也一直都存在。投掷原子弹会在多大程度上鼓励进一步的核扩散，以及核扩散的后果将是什么，这些问题也随之产生。但是，除了最后一个问题可能需要了解其他国家制造原子弹所需代价之外，其他问题都不属于那些制造原子弹的人的专业领域。尽管西拉德的主张在道义上值得钦佩，但没有理由让杜鲁门听从西拉德及其共同请愿人，多于其他同样在道义上持有值得钦佩的主张的人。

　　诚然，某领域的专家由于对该领域专业知识的掌握，而对该领域邻近的领域了解得比其他人更多，这样的例子是存在的。但原子弹不在此列。直白地说，在杜鲁门为投掷原子弹的成本和收益作决定时，他掌握的证据和科学家一样多。因此，我们有理由质疑，科学家在向杜鲁门请愿时，是否依赖于他们所拥有而杜鲁门所不具备的相关专业知识。毫无疑问，参与原子弹的研制赋予了他们一种个人责任感，从这个角度看，无论从个人还是从道义上讲，写请愿书都在情理之中。但即使杜鲁门看到了请愿书，这一切也不是他应该把科学家对是否实际使用原子弹的看法视为相对专业的理由，这个问题并非那么清楚。

如今，关于气候变化的情形也类似。气候科学家能够告诉我们，也应该告诉我们，如果我们不减少使用矿物燃料，2050年或2100年的世界将会变成什么样子。但是，为了防范30年或者70年后可能发生的事情，牺牲现在一定量的福利（或效用、快乐甚至金钱）是否值得？对于这个问题，我们也不清楚气候学家是否具有任何相对专业的知识。毫无疑问，这些问题很关键，但一旦科学家用他们的专业知识告诉我们现在正在发生什么以及未来可能发生什么，接下来该怎么做的问题所需要的专业知识就不再是科学家所具备的了，这些专业知识是能够引导其他人把他们的政策建议当作应该怎么做的证据。

这种政策僭越或政策霸权的问题在新冠肺炎领域尤为突出。尽管包括在这一问题上最德高望重的科学家安东尼·福奇（Anthony Fauci）博士在内的许多科学家都呼吁大家"遵循"科学，但是否及如何遵循科学并不完全是一个科学问题，或者说本质上不是一个科学问题。科学家可以且应该告诉我们，如果我们采取或不采取某些措施，将会发生什么，但到底要不要采取这些措施不是一个科学问题，尤其是当这些措施需要我们付出代价（无论是什么形式的代价）时。正如交通分析家能够告诉我们，如果将州际高速公路上的限速降低到每小时50公里将会挽救多少生命，但这并不能告诉我们要不要采取这一措施，流行病学也不能告诉我们如何在流行病风险的增加与个人自由

166

的限制或经济活动的损失之间找到平衡。

　　这一切都不应被理解为违背科学是正确的，或者认为政策目标会导致我们忽视、歪曲或违背科学。如果这是"遵循科学"的含义，那么我们没有理由怀疑这正是我们应该做的。但如果"遵循科学"意味着遵循科学家对健康与经济，或健康与自由之间正确权衡的评估，那么我们就有理由怀疑了。这些政策决定当然影响深远，但这并不意味着适合最先为经验性问题提供看法的人也应该对我们应该做什么拥有最后发言权。

第十章

犯罪科学

提起证据，大多数人都会想到犯罪和破案。受几代人观看过的电视节目和历史更长的犯罪小说的影响，大多数人认为，证据就是发生犯罪后侦探寻找的东西，也是检察官向陪审团展示的东西，以确保犯罪者得到应有的惩罚。

这种对证据的理解并没有错。虽然本书的前提是证据远不止犯罪现场留下的痕迹，但在无数推理小说和电视节目［如《犯罪现场调查》（*CSI*）和《法律与秩序》（*Law and Order*）］中出现的那种证据仍然是证据世界的重要组成部分，这部分证据通常被称为"法医学证据"。长期以来，最为人熟知的法医学证据形式是指纹，但其实还有声纹、鞋印、轮胎印、咬痕、工具痕迹、枪弹痕迹检验、笔迹分析、毛发和纤维比对等，还有一些大众不熟悉的形式，比如血溅形态分析。如今，我们又有了DNA检测。

长期以来，这些法医技术大多在电视节目和通俗小说中享有良好声誉。然而，近年来，对于那些几代人以来不仅在荧幕上，也在真实的庭审中一直被几乎无可争议地接受的法医学证据形式的审查也更加严格。1993 年，美国最高法院在多伯特案（*Daubert v. Merrell Dow Pharmaceuticals*）中坚持认为，只有已被证实为可靠的证据类型才可以作为科学证据和专家证据。[1]对科学可靠性的日益关注所带来的后果之一，就是接二连三地出现了因低劣的法医技术而被定罪的人后来又被免罪的情况。[2]事实上，就连一直被视为法医技术金标准的指纹证据也受到了质疑。[3]2009 年美国国家研究委员会的一份报告内容广泛，对执法部门内外的法医专家长期以来使用的几乎所有方法都提出了可能是最重要也最有影响力的质疑。该报告声称，不仅这些方法的可靠性有待商榷，而且用于确定可靠性的方法一直以来都达不到实验有效性的最基本要求。[4]

现代批评者在过去一直被认可的法医技术中发现了许多问题。其一是，法医专家在法庭上作证时倾向于夸大其结果的确定性，经常使用或过度使用"吻合"和"确定"等字眼。[5]有时甚至在证词中断言出错的可能性为"零"。[6]这种结论和描述是有问题的，部分原因在于它们会误导性地暗示，除了受审中的被告之外，其他任何人都不可能是法医方面有罪证据的来源。例如，如果枪弹痕迹检验员在显微镜下发现子弹上的痕迹——擦痕或者"凸槽"和"凹槽"——与枪管内部可产生如此痕迹的瑕疵之间存在相似之处（或多种相似之处），或者弹壳上的痕迹和撞针上的瑕疵之间存在相似之处，那么训练有素且经验丰富的检验员就可以估计出，这颗子弹是由这支枪发射的概率很高。[7]但是，高概率与确定性之间是有区别的，法院和律师一直担心，将这种高概率描述为"确定"或"吻合"会误导陪审员，使其认为枪管内部的瑕疵必然独一无二，而事实并非如此；同时，这种描述也可能使人们认为，比较这些瑕疵与子弹上的痕迹简单明了，几乎不涉及检验员的判断，而事实也并非如此。例如，出于以上原因以及其他原因，美国纽约南区地区法院的杰德·雷科夫（Jed Rakoff）法官在一宗刑事案件中限定控方的弹道学专家证人只准在证词中说某些子弹"很可能"来自某一特定枪支，这种概率性的评估肯定没有夸大，尽管也可能低估了证据和专家结论的证据价值。[8]

　　与夸大可靠性问题相关的是质疑检验某些法医技术可靠性的程序的有效性。过去，法医学家通过援引由他们的检验和随后的证词所产生的高定罪率来证明其方法的可靠性。但这种验证方法有多处明显的缺陷。其一，法医的证词可能已经影响了陪审团的定罪，于是我们失去了严格验证所必需的未受污染的"基本事实"。举例来说，如果我们想知道枪弹痕迹检验能在多大程度上确定被告持有的枪支是凶器，那么我们就需要知道检验是否真的能确定受害人体内的子弹来自该枪支。但是，如果我们只是因为陪审团这么说才知道是这把枪射出了这颗子弹，而且陪审团这么说至少部分是因为枪弹痕迹检验员这么说，那么把陪审团的裁决作为该方法可靠性的证据就毫无价值了。况

170 且，陪审团无须解释自己裁决的依据，而法官亦不得要求陪审团将其裁决拆分为针对特定问题的特定答案。[9]因此，定罪的事实与陪审团不相信或者忽视枪弹痕迹检验员，但因为别的证据而将被告定罪之间并不矛盾。事实上，检察官最初决定提起诉讼时，情形也大致如此。如果检察官只有在所有证据（包括非法医学证据）都非常有力的情况下才提起诉讼，那么定罪的事实就不能证明法医学证据本身是决定起诉的一个原因。

尽管这些缺陷困扰着几乎所有形式的法医鉴定证据，但迫于最近的事态发展，法医中的一些不同群体开始采用接近真正的科学方法的正确检验方式，从而为其方法的可靠性提供了有力的即便不是决定性的证据。我们真的能通过某种方法，比如试射，来确定一个大样本的子弹中哪些是从一把特定的枪支中射出来的，哪些不是吗？如果能的话，那么我们给弹道痕迹检验员一些子弹样本和一些枪支样本，让检验员检测哪些子弹来自哪些枪支，那么我们就能确定检验员认为子弹来自某支枪，而事实上不是的概率（也就是出错率），以及检验员不认为子弹来自某支枪，而事实上却并非如此的概率。为了应对2009年美国国家研究委员会的报告，法医中有一些群体已经做了以上所有工作。[10]这些工作的完成使这些方法作为证据的价值拥有了真正的科学依据。与在其他领域一样，在法医学领域，某些事实、检验或方法作为证据的价值问题本身就可以通过证据来证实或证伪。

以上我用了弹道痕迹鉴定为例，但几乎所有法医鉴定技术

都存在同样的问题。在犯罪现场发现的头发是被告的头发吗？　　171
逃逸车辆中的棉纤维是来自银行抢劫案嫌疑人的外套吗？火灾
现场附近的空煤气罐是人为纵火的证据吗？煤气罐上的被告指
纹是被告就是纵火犯的证据吗？赎金字条上的笔迹与被告写给
母亲的生日贺卡上的笔迹相似，是被告就是绑匪的证据吗？如
果被殴打致死的受害者头骨上的痕迹与被告拥有的管钳上的痕
迹相似，这是不利于被告的证据吗？如果是，这个证据的强度
如何？等等。当然，所有这些例子中都有对证据的无罪解释，
但这种无罪解释的存在只影响证据的证明力，而不影响证据的
可采性。[11] 只要有这样的证据比在没有的情况下增加了被告被
控罪名成立的可能性，那么无罪解释的存在就不会妨碍法医证
据的证据价值。

　　笔迹鉴定为法医学证据的使用、误用和验证提供了另一个
很好的例子。但是，我们首先需要明确一点，当我们讨论笔迹
鉴定证据时，我们讨论的不是某些所谓的专家宣称的从笔迹中
揭示书写者人格特质的能力。那些自诩为专家的人宣称能从一
个人的笔迹中判断出此人是内向还是外向、谨慎还是大胆、富
有同情心还是自私、节俭还是慷慨等，并且往往还能从中获利。
这些所谓"笔迹学"的专业知识可能比颅相学稍有道理，但也
不会好太多，甚至可能毫无根据，正如多项针对此类笔记分析
的严肃研究已经证实的那样。[12]

　　因此，抛开笔迹学这门伪科学不谈，现在摆在我们面前的
是类似弹道痕迹鉴定的笔迹鉴定——通过笔迹对比来鉴别一个　　172

人。就像子弹可以显示它最有可能是由哪支枪射出的一样，笔迹同样可以揭示书写者的身份，即使两者都不是决定性的。[13]例如，如果罪犯写了一封勒索信，或用伪造的签名兑现了一张开给他人的支票，那么笔迹鉴定就声称能够确定被告是否真的是罪证的书写者或签名者。

　　笔迹鉴定的问题与枪弹痕迹检验的问题相似。长期以来，专业的笔迹鉴定专家一直吹嘘其方法的准确性，然而，我们对笔迹鉴定方法缺乏严格的检验，这导致许多评论家对笔迹鉴定的怀疑程度甚至超过了对弹道学的怀疑。[14]然而，在1993年最高法院做出多伯特案判决之后，尤其在2009年美国国家研究委员会发布报告之后，专业笔迹鉴定人员团体和组织，以及那些使用他们证词的人都大大提高了对笔迹鉴定方法以及对这些方法的检验的严谨性。尽管如此，笔迹鉴定的可靠性仍然大大落后于弹道痕迹鉴定，也远远落后于指纹鉴定。[15]尽管专业人员笔迹鉴定的准确率远超非专业人员，但最近的大多数研究对专业笔迹鉴定做了检验，结果表明其错误率仍有15%—20%，这意味着对于一个未知书写者的笔迹，专业人员鉴定它来自（或不来自）某个笔迹已知的人的准确率在80%—85%。[16]在排除合理怀疑的标准下，仅靠笔迹鉴定不足以证明被告有罪，但足以满足证据可采性的最低标准。然而，在任何证据最初可采性的最低标准与排除合理怀疑的最高证明标准之间，我们在多伯特案之后有了要求满足专家或科学证据的标准，这个标准高于正常的可采性标准，

173

但不到仅靠此证据就可以定罪的标准。

　　还是与弹道痕迹鉴定一样，关于笔迹相似性的专家证词是否足以满足对专家证据的更高标准，法院也存在分歧。[17]可以想见，当问题是该证据是否可以在刑事案中被控方使用时，这一标准会进一步提高，尽管没有明文规定。关于满足专家科学证据的更高标准（或许可能进一步被提高）所需条件与首先使该证据成为相关证据所需条件之间的差别，1995 年联邦法院对美国政府诉斯塔泽克佩泽尔（*United States v. Starzecpyzel*）一案的判决提供了一个有用的例子。[18]在此案中，被告被指控从家财颇丰的姨妈那里窃取了 100 多件艺术品，然后在委托佳士得拍卖行（Christie's）和苏富比拍卖行（Sotheby's）拍卖这些艺术品的文件上伪造了姨妈的签名，之后指示拍卖行将收益汇入被告控制的瑞士银行账户。毋庸置疑，根据联邦法律，这一阴谋构成了多项犯罪。为了在审判中证明这一阴谋，就要证明委托文件上的签名是伪造的，控方请了几名法庭文件检验员作证，证明他们在检验了姨妈签署的其他文件以及委托文件后得出的结论是，后者的签名是伪造的。当这一专家证词的可采性受到质疑时，美国纽约南区地区法院的劳伦斯·麦克纳 174（Lawrence McKenna）法官的结论是，该专家的方法不仅不科学，甚至可以被称为"垃圾科学"。他说，专家和他们的方法既没有严格界定的方法论，也没有多少保证他们所用方法准确性的检验。尽管麦克纳法官得出了这一结论，继而得出鉴别签名是否伪造的能力不科学的结论，但他仍然允许文件检验员出庭作证。

他承认，有许多类型的证据不属于科学，其有效性也无法通过科学方法来确立，但作为某个领域专家提供的合法而有用的实际证词，这些证据仍然可能具有可接受的证明价值，即使不能作为科学证据。[19] 证据因此被采纳，被告也都被定罪，并分别被判处在联邦监狱服刑数年。

尽管证据并不科学，但麦克纳法官仍允许使用该证据，他将这种形式的专业知识与港口领航员的专业知识进行了有益的类比。法官解释道，港口领航员的专业知识来自长期的成功经验，即使拥有这些经验的人没有结构化的和经过检验的方法，这些经验也可以构成专业知识。麦克纳法官用这一类比来支持这样一个结论，即各种形式的经验仍有可能成为专业知识，即使这些经验无法经过科学检验，甚至无法以可检验的假设为基础。毕竟，我们没法要求多名港口领航员使用不同方法领航，只为观察哪些船只安全抵达码头，哪些触礁沉没。麦克纳法官关于港口领航员的类比也可以扩展到司机。保险公司会根据司机在若干年内的无事故记录来确定他们的保费或给予他们安全驾驶折扣。除了集中注意力和别开太快这样的老生常谈外，大多数安全驾驶的司机并不能解释他们为什么能安全驾驶。安全驾驶的司机也不会通过改变一些驾驶习惯，看会不会导致事故来严格检验自己的驾驶方法。重要的是，保险公司也根本不在乎。保险公司只在乎某人的长期无事故记录表明他是一个安全驾驶的司机。同样，正如麦克纳法官所总结的，长期的成功经验可以使某人有资格成为专家，从而使他们的判断拥有作为证据的价值和证明力，即使他们的方法与科学相去甚远。

麦克纳法官判决的正式法律依据现已过时，最高法院随后在另一个案件中裁定，即使是非科学证据也必须达到某种可靠性标准，才能作为专家证词被采纳。[20] 但是，即使各种基于经验的专业知识的可靠性不能以科学的严谨性来确立，比如港口领航，仍有替代性的、不那么严谨的可靠性指标依然被允许，麦克纳法官曾允许的那种非科学的、以个人判断为基础的专业知识在今天仍然被允许。更重要的是，许多形式的证据不属于科学，也无法用科学方法验证，不仅是刑事审判中的法医学证据，而且是广泛意义上的证据。回顾第二章，医生的诊断就是基于长期的经验而非实验室实验或临床试验。毋庸置疑，这类证据的非科学性和对这类证据不严谨的可靠性检验削弱了其证据价值。但证据价值较弱并不等于没有证据价值，非科学的法医学证据给我们的启示在整个证据和基于证据的推断领域都很重要。

弹道痕迹鉴定和笔迹鉴定的例子只是法医学和刑事调查领域大量文献和更广阔历史的冰山一角。数十年来，最高法院坚持所有形式的专家证词在被采纳之前都需要具备可靠性指标，而与此同时，人们对无辜被告被误判有罪的担忧也渐长。这两者的结合使人们对法医学证据的许多传统观点提出了质疑，而长期以来，律师、法官、警察、公众、小说家和电视编剧都认为法医学是有效和可靠的。但是，我们要吸取的教训是来自广泛意义上的证据的教训，而不仅仅是来自留在"犯罪现场"的那种证据的教训。我们接下来就谈谈这个问题。

反复出现的启示

近年来的法医技术史给了我们充分的理由对这些技术的可靠性持谨慎态度，尽管不太明显，但这段历史其实也给了我们理由对我们的谨慎态度持谨慎态度。根据字面定义，法医学领域与犯罪有关，而确定罪犯正是为了利用法律制度来惩罚他们，通常是采用监禁。因此，不难理解，为什么法医学证据的评估主要用在可能将人投入监狱，有时甚至是处决，至少总是让罪犯不舒服的情境下。

由于法医技术的使用、误用和评估绝大多数发生在刑事司法系统及其长期存在的、正当的、排除合理怀疑的举证要求范围内，人们很容易由于某些法医技术无法排除合理怀疑地证明有罪，就轻率地将该技术全盘否定。然而，我们应该抵制这种诱惑。本书反复提到两个抵制这种诱惑的原因。第一个原因，证据的好坏或充分与否取决于如果证据充分，我们要做什么。我们需要多少证据取决于证据"为了什么"。即使在刑事司法系统中，即使与其他证据一起使用可能也不足以支持定罪的法医技术，或许足以推动调查，或者足以引导调查人员朝某个方向或针对某个嫌疑人进行调查。

　　　　　第二个原因，正如我们在第七章关于测谎那段讨论的那样，一些证据仅靠自身明显不足以排除合理怀疑地证明被告有罪，而且鉴于法律制度对被告权利的维护，这些证据可能无法与其他证据一起被采纳。尽管如此，这些证据可能足以让我们对被告有罪产生合理怀疑。如果被告提供弹道学专家的证词，证明从被害人身上取出的子弹与被告以外的人所拥有的枪支"匹配"，并且该人有杀害被害人的动机，我们不禁要怀疑，在这种情境下，那些反对"匹配"之类用语的法官是否还会继续反对。进而，我们也不禁怀疑，在"排除合理怀疑"的举证责任下所做的一些工作是否也给某些形式的证据的有效性蒙上了阴影，或许还扭曲了对证据的评估，以确保（或双重确保）只有最明显有罪的被告才会真正被定罪。[21]

　　枪弹痕迹检验的历史再次为最后这一点提供了发人深省的教训。与过去相比，人们如今更普遍地鄙视这类证据，时不时称其为"垃圾科学"。[22] 但是，弹道学证据的最初用途并不是为了把人关进监狱，而是为了让人不用进监狱。尽管早先的枪弹痕迹检验有过一些粗陋到可笑的尝试，但第一次接近系统严谨性的鉴定就将查利·斯蒂洛(Charlie Stielow)从电椅上救了下来。斯蒂洛是纽约州北部一名智力有缺陷的勤杂工，因谋杀雇主而在 1916 年被审判、定罪并判处死刑。但是，在他的律师和一位富有同情心的州长的共同努力下，斯蒂洛获得了一位自学成才的弹道学专家提供的书面陈述和随后的证词，证明斯蒂洛的枪不可能是凶器，因而诉讼不成立。斯蒂洛因此被无罪释放。[23]

　　斯蒂洛案这个戏剧性的例子说明了，那些可能确实不足以

支持刑事定罪的证据，通过对被告的罪行提出合理怀疑，仍足
以支持被告罪名不成立或洗脱罪名。同样的道理也适用于那些
在刑事案件中被检方使用时看似存在缺陷的其他形式的法医学
证据。例如，笔迹鉴定人员的可靠性仅由因鉴定而定罪的记录
来建立，因此不足以满足可靠性的现代标准。但笔迹鉴定人员
依然拥有揭露检方反证中潜在缺陷的丰富经验，因而我们不会
也不应该驳回他们的证词。在民事案件中，使真正的责任人逃
脱责任和迫使被告承担本不该承担的责任这两种错误一样严重，
同样，在刑事案件中对检方来说不够好的证据，可能在民事案
件中会被认为对受害的原告来说足够好。诚然，前面几句话的
观点与从古到今的法律观点相悖，即证据的可采性不因案件的
类型或证据提供者的立场而改变。但是，查利·斯蒂洛和其他
无辜被告被错判的案件表明，我们或许应该重新评估法律一直
以来对证据来源和目的的漠视。[24]

　　与"为了什么"相关的问题是"与什么相比"。在我们确定
证据是否相关、是否应予以考虑、应给予多大证明力之前，我
们不仅需要知道提出证据的目的或证据用来检验的假设，也需
要知道如果被考量的证据无法使用，有哪些其他证据可以用来
代替。这个问题的答案可能是"没有"。在某些证据不能使用，
而我们又不得不作出决定的情况下，也许我们只能做一个没有
任何证据基础的决定。这种情形可能不是"与什么相比"这个
问题被提出的典型场景，然而，对法医学证据及其他证据来说，
在过早说某些类型的证据不够好之前，先了解其他备选证据仍

然至关重要。

让我们回顾一下笔迹对比这个例子。在美国法律中，非专业的笔迹比对——有时让证人比对，有时让陪审团直接进行比对——在初步鉴定中被明确接受，并常常被当作相关的实质性证据。[25] 如果一个熟悉某人签名的普通人作证说，一份真实性有争议的文件上的签名确系该证人所熟悉的那个人所签，这样的证词通常会被采纳，尽管证词的证明力最终由陪审团决定。更糟糕的是（或许基于你的观点，这是好事），陪审团有时被允许在没有专家协助情况下评估一个签名或者笔迹是否与另一个相似。在斯塔泽克佩泽尔一案中，就戈德斯通（Goldstone）女士（那些艺术品的主人）的签名与提交给佳士得拍卖行和苏富比拍卖行的托运文件上的签名之间的差异性，如果专家不被允许作证，那么这一决定很可能就会留给陪审团来做出。因此，问题不在于专家的笔迹鉴定比对是否好，而在于是否足够好。而是否足够好这个问题实质上取决于陪审团（或法官）在没有专家证词的情况下会怎么做。

最后，我们不应忘记布莱克斯通的观点，即宁可错放罪犯，也不要冤枉无辜。如果我们用决策理论的语言来理解布莱克斯通的见解，就可以将他的观点理解为，判定有罪或无罪其实是在不确定条件下做决策，而设计决策程序不可避免会涉及在不完善的决策程序中进行选择。虽然纠正法医学证据中的某些问题无须付出代价，但假设大多数问题的纠正都无须付出代价就过于乐观了。几乎所有的补救措施都不仅要付出一定的经济代价，而且常常还要付出布莱克斯通最早意识到的那种代价，尽管不是绝对的。在大多数情况下，为了防止冤枉无辜而进行的程序修正导致了很多最近的案件以无罪释放结案，同时也导致了错放真正罪犯的案件数量增加。例如，禁止弹道学专家将确认的相似性描述为"吻合"很可能导致至少一部分陪审团成员低估已被科学或统计证实的专家结论。因此，纵观数量足够多的各类案件，相较于仅采用排除合理怀疑的标准，排除公认的有缺陷的法医学证据很可能会导致更多有罪的被告被错误地无罪释放。这种后果是真实存在的，但我们无法仅凭证据来确定这种后果的代价是否值得。如今，将法医学的失败以及由此造成的误判形为"震惊"的做法很常见。[26]但如果这些失败能够（也应该）以很小的代价得到纠正，并且不会改变将有罪的人误判无罪的数量，那我们确实应该震惊。而如果某些法医学的失误只有付出一定代价才能得到纠正，而且只能通过改变将无辜的人误判有罪和将有罪的人误判无罪的比例才能得到纠正，那么这些失误的存在就可能就没有最初看起来那么令人震惊，而更多的是不可避免。

关于DNA的说明

　　尽管指纹鉴定、弹道学鉴定、笔迹鉴定等法医学鉴定技术仍在法医界占据主导地位，但所有这些技术在某种程度上都过时了。毕竟，我们已经进入了 DNA 时代。DNA 检测有望极大地改进所有其他已知的法医学鉴定方法。因为两个人拥有相同 DNA 的概率比两个人拥有相同指纹的概率还要小得多，更不用说两个人拥有相同笔迹、两把枪发射出相同痕迹的子弹或两个人在目击者看来长得一模一样了。事实上，有趣的是，DNA 检测经常被称为"DNA 指纹"，这表明指纹鉴定才是理想方法，是 DNA 分析所追求的理想。但这种说法是错误的。指纹分析尽管可靠，但并没有达到人们长期以来认为的那样可靠，而如果操作得当，DNA 分析则可靠得多。[27]

就许多或大多数法医学用途而言，DNA 分析比其他方法好得多，但这并不意味着它毫无问题。人们并不总能在实践中按照发挥出 DNA 分析潜力所需的方式行事。样本会丢失、被污染、被贴错标签，或者从一开始就采集了错误的样本。即使没有丢失、污染、贴错标签或采集错误样本，采到的样本也可能不完整。更有甚者，分析用的化学品可能已经过期了，或者分析人员缺乏经验、能力不足或监管不力等。DNA 分析与几乎所有其他人类活动一样，将某种技术在完美执行情况下的潜力与该技术的实际表现混为一谈是错误的。尽管检验员将奶昔洒在样本上的情况可能很少见，但这一极端的假设提醒人们，理论与实践之间、理想与实际表现之间存在差异。因此，法律关于使用 DNA 作为证据的大多数决定关注的不是科学，而是科学如何在特定情形下被易犯错的人类和实验室所运用。[28] 事实上，这个问题最好分成三部分来理解。首先是科学，其次是使科学生效的技术，第三是这些技术如何在特定场合中被实施。[29] 即使这三个部分中的第一部分现在已被广泛接受，第二、第三部分仍有可能在实践中使理论上极其高的可靠性大打折扣，并且这种情况还很常见。

182

　　第二个令人担忧的问题是，DNA 检测是片面的，因为即使是目前最好的检测技术也无法检测所有多态位点上的所有等位基因。简单地说，即使目前最好的技术也只能检测 DNA 图谱的某些部分。虽然两个人（同卵双胞胎除外）的 DNA 不可能完全相同的，但就目前 DNA 图谱中有可能检查到的部分而言，两个（或更多）人有可能相同。于是，问题从理论上的确定性转向了实际中的可能性。但在这里，事情变得棘手起来——凶器或被盗汽车门把手上发现的 DNA 属于被告以外的人的可能性不再小到可以忽略不计。相反，我们面对的 DNA 属于被告以外其他人的概率至少是一个可以被估量的值了。拿一个完全虚构的数字来举例。假设凶器上留下的 DNA 样本属于被告以外的人的概率是千万分之一。这个概率很小，但从理论上讲，这也意味着全美国有 33 个人在凶器上留下自己 DNA 的可能性与被告一样。如果有 33 个这样的人，在不考虑其他证据的情况下，作案者是被告的可能性就只有 3％ 左右。[30]

　　这显然是一个过于简化的例子。但是，这个例子的基本观点带我们回到了贝叶斯牧师那里。如果警方能把这 33 个人全部抓起来，并且完全没有其他证据，那么 3% 这个数字就是正确的。但是，尽管有真正的无罪推定这一假想（这是一个假想），但被告之所以成为被告，是因为还有其他证据指向他。既然已经存在其他不利于被告的证据——居住地、年龄、动机、机会等，那么问题就在于这个 DNA 比对或匹配对被告有罪的概率有什么影响。如果我们从三亿三千万分之一的概率出发，即将被告看作从美国任何一个地方的大街上随机挑来的（或从全国范围内的抽签选中的），那么，尽管 DNA 检测的确大大增加了被告有罪的概率，但它所增加的概率显然还是不够用来定罪。不过，这当然不是刑事诉讼的运作方式。在审判过程中，其他各种证据，包括理论上无关紧要的"这个被告正在接受审判"的事实，会将嫌疑人范围从三亿三千万全国人口缩小至一个小得多的数字。考虑到这个很小的选择范围中的其他成员的 DNA 与犯罪现场的 DNA 相吻合的可能性极小，被告的 DNA 与犯罪现场发现的 DNA 相吻合的事实使 DNA 证据有了统计功效，因此也有了作为证据的证明力。一旦我们认识到无罪推定是一种假想，并且在引入 DNA 证据之前，被告有罪的先验概率远远高于三亿三千万分之一，我们就会理解，DNA 证据的作用是将一个原本就不容忽视的先验概率提高到一个更高的后验概率，这样的后验概率往往足以定罪。[31]

或者往往足以证明无罪。DNA"革命"的一个重要特点是，DNA 分析被频繁地用来证明已被定罪的人不可能犯下那些罪行，或者至少概率没有高到足以引起合理怀疑。[32] 因此，尽管我们没有足够篇幅在这里探讨 DNA 分析的广泛使用所引发的所有科学、统计、法律和道德问题，但大量因 DNA 检测而被判无罪的事实强化了贯穿本书的一个主题——证据好不好取决于它是否足够好，而证据是否足够好取决于它被用于什么目的。这就是为什么 fMRI 测谎仪可能还不足以把人送进监狱，但却足以使他们免于进监狱。正因如此，仅仅将 DNA 想象成如《1984》（*1984*）里所描绘的世界末日般的场景就失之偏颇了。在《1984》中，庞大的 DNA 数据库会侵犯我们的隐私，使我们连轻微的过失都无法逃脱。这的确值得担心，但使罪犯更难逃法网的 DNA 革命和大数据，同样也使无辜者更难被冤枉。这一点值得庆幸，而不是哀叹。

第十一章
不断扩张的专业知识领域

只需 129 美元，你就可以在 IAP 职业学院（IAP Career College）注册一门在线课程，课程结束后，你将获得一张证书表明你成了"生活方式专家"。[1]与此相关的是，女演员格威妮丝·帕尔特罗（Gwyneth Paltrow）也自称生活方式专家，但我们并不清楚是什么使她成为生活方式专家。或者说，我们并不清楚是什么让一个人成为生活方式专家。生活方式专家知道什么我们其他人不知道的东西吗？毕竟，我们每个人都有自己的生活方式。我们中或多或少喜欢自己的生活方式的人甚至会认为，我们至少是自己的生活方式的专家。

嘲笑生活方式专家很容易，但他们的存在表明这个世界上有各种各样的专家，他们中的大多数人不是，也不自称是任何类型的科学家。尽管第十章讨论的法医学专家在方法的科学严谨性方面各不相同，但他们中的大多数至少声称自己所做的事

186　情接近于我们在第九章中探讨的科学。然而，那些在音乐鉴赏、
艺术鉴定、肢体语言、品酒、文学评论以及其他各种或多或少
受人尊敬的专业领域的人就不是这样了。因此，关于专业知识
作为证据的问题，有待解决的是那些相比于科学家的专业知识，
其性质模糊得多的专业知识。[2]

　　例如，我们大多数人从来没有考虑过的小鸡性别鉴定问
题。[3] 但对小鸡性别的鉴定确实存在，而且确实很重要。虽然
在小鸡几周大的时候区分公母并不特别困难，但为时已晚。鉴
于现代禽蛋业的性质，在小鸡孵化后的第一时间确定其性别对
于这些行业和行业中各个公司的成功至关重要。因此，一批小
鸡性别鉴定专家应运而生。[4]

　　关于小鸡性别鉴定，有两点很重要。一是有效性，有经验
的专家对小鸡性别鉴定的正确率据说能在 98% 左右，而新手只
能勉强达到 50%。换句话说，新手并不比随机选更准，但专家
却准得多。二是大多数专家都无法准确描述他们是用什么方法
达到 98% 的成功率的。而且，即使他们能对自己的方法做出一
些描述，也不能对这些方法为什么有效做出令人满意的分析。
同样的道理，即使是最成功的棒球投手，恐怕也不太了解曲球
的物理原理，尽管他们知道球可以被投掷出曲线，也知道如何
将球投掷出曲线。

　　正如我们已经看到的，证据领域中有很大一部分证据的形
式是专家证词和专家结论。我们知道气候变化的存在，因为科
学专家以我们大多数人无法理解的方式进行了确认，并公布了

这一结论。我们知道疫苗接种有效，而且鲜有副作用，也是因为科学家的工作，以及他们随后向公众报告的结论。转基因产品的安全性、月球探测器的飞行控制系统、雷达的效果也是如此，对我们大多数人来说，甚至连驱动汽车，将我们从一个地方带到另一个地方的内燃机的物理原理也是如此。正如我们在第十章中看到的，当代围绕法医学证据的许多争议（如笔迹鉴定的有效性）都聚焦在这些证据是否像气候科学、火箭科学和脑科学一样具有科学性。

　　其他形式的专业知识看起来不像科学，也不自诩为科学，例如小鸡性别鉴定。但它们却行之有效。相应地，当这些专家声称能为我们提供信息，从而为我们提供证据时，我们面临的挑战是考量专家判断这种形式的证据地位。如果小鸡性别鉴定师说这是只公鸡，这是这只鸡确实是公鸡的证据吗？这个证据有多好？这就是接下来要解决的问题，我们将借助一些对我们大部分人来说比小鸡性别鉴定更易懂、更有用的例子来进行说明。

这是伦勃朗真迹吗？

　　在定性、不精确、非科学但却极受尊敬的专业知识中，艺术品鉴赏是最著名的例子之一。2021 年 1 月，桑德罗·波提切利（Sandro Botticelli）的一幅名为《手持圆形圣像的年轻男子》

（*Young Man Holding a Roundel*）的画作在苏富比拍卖行的线
上拍卖会上以 9220 万美元的价格成交。[5]这对一幅画或其他任
何东西来说都是天价。能拍出如此天价，很大程度上是因为这
幅画从各方面来看都是波提切利的真迹。如果这是一幅很好的
复制品，准确地再现了波提切利的色彩、笔触和表面纹理，在
大多数普通人甚至一些艺术专业人士看来跟真的一样，那么它
可能价值数百或数千美元，但不会是数千万美元。即使它是真
正的油画原作，如果它来自"被认为是波提切利的作品""波提
切利工作室""波提切利圈子""波提切利追随者""波提切利风
格"或"受波提切利影响"，那么它的价值也只会是实际成交价
的一小部分。[6]同样，如果一幅手绘油画是伪造的，无论赝品与
波提切利的真迹多么相像，价值都会更低。

　　这幅成交价 9220 万美元的波提切利油画可能有些极端，但
它显示了这样一个事实：除了纯粹的历史或学术兴趣之外，对
一幅油画是否是据称画了这幅画的艺术家的真正原创作品的鉴
定能力，关系到很大一笔钱。雕刻和素描也是一样。因此，我
们有了艺术品鉴定专家。那么，问题是他们凭什么成为专家，
为什么他们的专家结论作为证据具有如此大的证明力？

　　在讨论刚才提出的问题之前，我有必要澄清几点。首先，
或许也是最重要的一点，我们需要将鉴定与评价区分开来。有
些艺术专家自称能够解释为什么克劳德·莫奈（Claude Monet）
的《睡莲》（*Water Lilies*）比同样是他画的《撑阳伞的女人》
（*Woman with a Parasol*）更好，为什么同是印象派画家，莫奈

188

比阿尔芒·吉约曼（Armand Guillaumin）更重要、更优秀。但这些判断与艺术鉴定不同，原因有二。首先，这些判断在很大程度上是品位问题。专家说，认为莫奈作为画家比吉约曼更好，并不能简单等同于认为香草软糖冰淇淋比巧克力碎片冰淇淋更好那样的品位。但是，品位和偏好与比较艺术家或艺术家的作品相关，却与艺术品的真实性（至少在理论上）无关。艺术品鉴定是一个事实问题。专家对艺术品真实性的结论可能不尽相同，但他们达成一致的是，用前面提到的例子来说，他们试图确定一个名叫桑德罗·波提切利的人真的用颜料在一块特定的画布上创作了一幅特定的画作。即使关于事实的证据可能并不确定，但这些证据都是为了支持或反对这个未定事实的结论。波提切利要么画了这幅画，要么没有。

　　与注重事实的艺术品鉴定形成鲜明对比的是品酒。虽然（一些）葡萄酒专家能在盲品中辨别出葡萄酒的葡萄品种、原产地，有时甚至是年份，而葡萄酒的原产地和生产是事实，这使葡萄酒鉴定与艺术品鉴定相似，但大多数葡萄酒专家的报告用"未到适饮期的""轻盈的""浓郁的"等模糊的形容词掩盖专家自己的品位和偏好，尽管这些品位和偏好是在丰富的经验中培养起来的。[7] 尽管如此，葡萄酒专家对葡萄酒的典型评价并不像画作鉴定或小鸡性别鉴定一样是事实鉴定。从这个意义上说，艺术品专家对艺术品的鉴定是专家试图根据证据确定关于这个世界的某些事实。[8]

　　因此，至少在理论上，专家对艺术品真伪判断是否正确可

189

以根据被鉴定艺术品的实际真伪来衡量。艺术品鉴定的目的是确定被鉴定艺术品的真实性，它有别于专家的鉴定意见，即证据，影响艺术品货币价值的方式。专家的话至少在某种程度上导致了莫奈与吉约曼作品的货币价值的差别，仅仅因为说这些话的人是专家，但艺术品鉴定则不同。也许一幅波提切利的真迹价值连城，是因为所有的波提切利专家一致认为这是一幅波提切利的真迹。但如果结果证明专家的判断是错误的，就像第二章中讨论的汉·凡·米格伦创作的"维米尔"那样，其价值就会荡然无存。[9] 即使不是为了估价，专家对艺术品进行鉴定也极少以鉴定本身为目的，专家意见是另一些东西的证据，比如艺术品的真实性。

190　　　　作为最后一点澄清，我们需要搁置区分署名作者和实际作者的争论。尤其是当下，即使是真正的艺术家，也不一定亲手创造归于他们名下的作品。索尔·勒维特（Sol Lewitt）、达米安·赫斯特（Damian Hurst）和杰夫·昆斯（Jeff Koons）等杰出的当代艺术家常常在完全由其工作室助手制作的作品上签上自己的名字，或许这种做法已成惯例。但是，如果助手在勒维特的指导下制作了一件作品，而勒维特在这件物品上签名或以其他方式表明这件作品是他的，那么这件作品就是勒维特的正品，尽管我们可以就"何为勒维斯的作品"展开一场哲学辩论。这个问题既有趣又重要，但它不是一个关于证据的问题，也不是我们在这里要讨论的问题。在这里，我们只关心如何将勒维特、波提切利或伦勃朗的真迹与复制品、赝品、伪造品和被误认为是他们的作品区分开来。而在这一点上，证据问题至关重要。

　　澄清了以上几点，我们就已经进入了问题的核心。我们感兴趣的是一个事实命题的真实性，即一个名叫桑德罗·波提切利的真实人物在 1480 年左右绘制了这幅现在名为《手持圆形圣像的年轻男子》的画作。我们关心的不是这幅画是否比在 2020 年早些时候以8000 多万美元成交的一幅弗朗西斯·培根（Francis Bacon）的三联画更好，也不是波提切利的画是否"真的"值 9220 万美元。我们关心的只是这幅画是不是波提切利画的。

　　在这一点上，专家是主角。[10] 在这方面，艺术品鉴定与我们之前讨论过的其他专业领域既有相似之处，又存在差异。如果艺术品鉴定能采取当今最优秀的法医学鉴定专家及其组织所用的检验方法，那该有多好。尽管法医学专家也曾长时间抵制那种检验，直到最高法院在多伯特案中的判决才让他们改变了做法。[11] 如果要按照法医学最好的领域中最好的法医学家现在所用的方法，以及真正的科学家在实验室里长期以来所用的方法，我们得要求波提切利向我们提供 50 幅画，每幅画都附有他个人宣誓且通过测谎仪测试的证词，证明这些画确实是他画的。我们还得委托一些技艺高超的艺术品伪造者按照波提切利的风格画 50 幅，然后同样要求这些伪造者通过最先进的测谎仪测试，发誓这些画作是他们而不是波提切利画的。接着，知道画作真伪的我们将这 100 幅画交给不知画作真伪的所谓的波提切利专家，请他们告诉我们哪些是波提切利真迹，哪些是伪造的。以上这些工作能使我们算出每位专家作为个体和所有专家作为一个群体鉴别出波提切利真迹和鉴别出赝品的可靠性，由此我们可以算出没能鉴别出真迹的概率和可能不同的没能鉴别出赝品的概率。

　　当然，这是白日做梦。波提切利早已去世，而他生前画作的数量不足以提供足够大容量的样本。类似的原因还有很多。但是，如果我们把这看作一个思想实验，那么正是它的荒诞色彩告诉了我们，波提切利专家与法医学专家的专业知识不同。在某种程度上，艺术品鉴定家的专业知识类似于医生的专业知识，医生对其诊断和治疗的信心来自日积月累的经验。但即便如此，医生知道她以某种方法诊断和治疗的病人好转了。她也知道，她的一些诊断是错误的，因为病人的症状并没有改善，直到她转向另一种诊断。但这种方法似乎并不适用于波提切利专家。

　　那么，是什么让波提切利专家成为专家的？艺术品鉴定专家是用什么样的证据得出他们结论？我们其他人依据什么将波提切利专家得出的结论作为一幅画是波提切利真迹的证据？

　　艺术品鉴定专家的大量专业知识在于对特定艺术家生平的百科全书式了解。波提切利曾在特定的时间生活在特定的地点，如果一幅画里所描绘的特定年代下的某个地点离波提切利当时生活的地方有十万八千里，那么这幅画的真实性就大打折扣。如果一幅画所表现的主题不符合专家所了解到的艺术家的创作风格，也同样会如此。

　　更重要的是风格问题。我们现在所知的"提香红"被如此命名，是因为这是提香在作画时使用的标志性颜色。因此，这种颜色的存在与否成了鉴定提香真迹的证据。维米尔惯用的独特蓝色和伊夫·克莱因（Yves Klein）创造的截然不同但同样独特的蓝色也是如此。克莱因甚至将他创造的蓝色的生产工艺申请了专利。此外，研究特定艺术家风格的专家深谙该艺术家的笔法，而笔触能显示出画家所用画笔的信息，以及更多其他信息。然而，对大多数专家来说，这些更多的信息中并不包括艺术家的签名。这似乎有些出人意料，但仔细一想就不难理解了。以一个经常被造假的艺术家萨尔瓦多·达利（Salvatore Dali）为例，伪造一幅他的画即便不是不可能，也是相当困难的。但即使达利的签名再有特点，伪造它也难不倒哪怕是伪造新手。[12]在签名之外，一个画家的风格有如此之多的特征，以至于专家所倚赖的证据大体上就是基于对这些特征的了解。正如一个人戴着滑雪面罩、拎着包从银行里跑出来是此人抢劫了银行的证据，因为抢劫过银行的人通常如此穿着举止。同样的道理，一种特定的笔触风格是画作出自某位画家（比如波提切利）之笔的证据，因为根据鉴定人的知识储备，波提切利通常使用这种风格的笔触，而大多数其他画家则不是。这是专家结合此类证据与其他风格特征的证据来判断该艺术品是不是真迹的一个例子，尽管这样得出的结论可能还不是定论。

　　对画作进行真正的科学检查的现代技术相比专家鉴定更为精确，或者至少不那么主观。X 射线分析、碳年代测定、画布纤维分析、红外线反射分析、质谱分析、颜料化学分析等技术都可以告诉我们一幅画是在何时（有时也可以是何地）绘制的。尽管典型的波提切利专家可能并不能驾驭这些技术，但他们知道谁能驾驭以及在哪里能找到他们。[13] 此外，显微镜检查还能显示一些肉眼无法看到的细节，例如特定的笔触或颜料涂抹风格是否与画家的独特风格相似。类似的检查还有很多。

关于这类专业知识，有几点很重要。其一，它是主观的，涉及不精确的判断。[14] 我们面对的大多数情况是，某幅画的笔触风格或多或少像波提切利，而非显然是他的或者显然不是他的。其二，这些专业知识大多涉及知识而非技能。两者之间的界限虽然很模糊，但作为波提切利专家与作为滑雪专家还是有区别的。甚至前者与专业画家也有区别。其三，通常也是最重要的一点是，大多数艺术品鉴定综合了多种零散的、不确定的证据，而不是单靠一个决定性证据得出结论。事实上，艺术品鉴定专家与小鸡性别鉴定专家一样，有时无法解释究竟是什么促使他们得出结论。对于艺术品鉴定专家来说，这些多重因素常常被贴上"鉴赏力"和专家"眼光"这样的神秘标签。[15]

对于艺术品鉴定，一旦我们意识到单项真实性证据的主观性，以及得出结论的方式是多种主观判断的累积，我们也就能理解，从多项证据中得出的结论本身也是主观的。为了确定两枚指纹之间是否有足够的相似点，指纹检验员已经制定了详细的规程，并一直沿用至今。取决于具体的实验室和实验室所在的司法管辖区，两枚指纹之间有 12—20 个相似点就可以被认为是吻合的。[16] 但在艺术品鉴定领域，几乎不存在类似的情况。

194

非但如此，一些主观判断可能比其他判断更有证据价值，而不仅仅是一个计算相同点和不同点的问题。一位波提切利专家可能会根据八项鉴定证据和一个无足重轻的反证，将一幅画鉴定为波提切利真迹，而另一位专家可能既不满意支持性证据的数量，也不同意反证被视为无足重轻，因而不愿宣布该画为真迹。此外，每个鉴定人的最终裁决还取决于该鉴定人自己的举证责任标准。一个鉴定人可能想寻求近似于"排除合理怀疑"的证据，而另一个鉴定人则会满足于同样的证据"明确而有说服力"。[17]

　　鉴于所有这些主观性，专家之间经常出现意见分歧也就不足为奇了。于是，画作归属的"使用者"——博物馆、艺术史学家、拍卖行、购买者、目录编辑等——所面对的问题是如何看待这些分歧。对于谁是最好的专家，谁的意见证据价值低，想必这些使用者也会有主观的、主要是社会学意义上的认识。[18]而关于多少一致意见是下结论的最低标准，多少分歧导致无法下结论，这同样也是主观判断，即使假设专家的证据证明力一样大。

　　最近关于20世纪中期现代主义画家弗洛林·史提海莫（Florine Stettheimer）的一幅画作的真伪之争就是一个很好的例子。据《纽约时报》报道，这幅画作将在总部位于波士顿的高端拍卖行斯金纳拍卖行（Skinner's）进行拍卖。[19]但是，尽管几位史提海莫专家都宣布这幅画作是真迹，但另一位专家却认为，这幅画作无论主题还是风格都与史提海莫不符，因此这位专家宣布这幅画不是真迹。斯金纳拍卖行随即以"存在学术观

点分歧"为由撤拍此画。根据《纽约时报》的报道，考虑到多
位史提海莫专家都认可这幅有争议画作的真实性，这意味着至
少对于斯金纳拍卖行来说，只有专家一致同意才能让他们满意。
毕竟，斯金纳拍卖行也要考虑自己的名声，假设他们按照自设
的"预防原则"（参见第三章）行事也合情合理。但这又带我们
回到了老问题，即所需证据的数量（举证责任）与满足或不满
足该要求的后果之间的关系。鉴定意见不一致的事实可能使该
画作无法在斯金纳拍卖行拍卖，但这不影响收藏家或者博物馆
决定如何给挂于墙上的画作标注。如果随后的证据证明博物馆
在归属和标注上有误，博物馆只需将画作取下，或以"画者尚
不确定"重新标注即可。[20] 但如果一家著名的拍卖行（或画廊）
出售了一幅后来被证明为赝品的画作，其名誉（和经济）后果
可能会严重得多。

　　由此可见，艺术品鉴定人的结论，以及此类鉴定结果的使
用者在决定是否接受鉴定以及出于何种目的接受鉴定时，都会
不可避免地涉及主观判断。但正如麦克纳法官对笔迹分析的评
论，主观并不意味着毫无价值。也许艺术品鉴定就像笔迹鉴定
一样，模糊主观、见仁见智、莫衷一是，而且无可否认的不科
学。但是，这种由不精确、主观、诠释性和不科学的判断产生
的证据仍然具有作为证据的价值，即使这种价值不如设计合理
的对照实验室实验产生的证据价值。此外，正如艺术品鉴定的
例子显示出的那样，有些人不属于科学领域，他们的专业知识
也并不属于科学，但他们依然是专家。这些专家的判断在何时

何地是可靠的——即人们是否应该将这些专家的判断视为证据，如果是，其证明力如何——通常是这些专家的判断随时间推移被人们接受的结果。然而，将人们的接受程度作为衡量专家判断可靠性的标准，这种做法具有循环论证的味道，就像传统法医学。但也如传统法医学一样，尽管鉴定证据的有效性保证仅仅是这些判断经受住了时间的考验，并且还没有被明显地证伪，然而在某些情境下，对某些目的而言，这可能仍然是我们所能做的最好的事情了。而且，通常情况下，我们所能做的最好的事情已经足够了。

证据与历史

艺术品鉴定人使用的证据是关于某些具体历史事件存在与否的证据。一个名叫桑德罗·波提切利的人在 1480 年前后画了《手持圆形圣像的年轻男子》吗？是约翰内斯·维米尔还是汉·凡·米格伦画了《基督在以马忤斯》？[21] 一旦我们理解了艺术品真伪之争其实是历史之争——某位画家在过去的某个特定时间和地点做了什么或没有做什么——我们就进入了一个大得多的领域，这个领域充满了关于历史事件、关于在这些争议中作为武器的证据，以及用历史学家和其他人的结论作为证据的争论。李·哈维·奥斯瓦尔德刺杀肯尼迪总统时有帮手吗？[22] 尼古拉·萨科（Nicola Sacco）和巴尔托洛梅奥·万泽蒂

197

(Bartolomeo Vanzetti）是否在 1920 年的马萨诸塞州布伦特里市（Braintree）持枪抢劫一家鞋业公司，并杀害了一名出纳和一名保安？[23] 毛利人最早是什么时候来到现在的新西兰的？ [24]

　　与艺术品鉴定的讨论一样，我们有必要做一些初步的澄清和限定。首先，以下讨论将集中在我们可能认为的关于"确凿的单一事实"的问题。"单一"是指一个行为或事件，而不是一个合集，因此不同于"19 世纪晚期英国的工业化进程急剧加速"这样的事实陈述。而"确凿"是指同时代的观察者能够非常肯定地说该事件发生过或没有发生过。相比之下，许多历史问题和争论所涉及的事实问题就没那么直截了当了，它们的实质是诠释性的，比如第一次世界大战的起因，或罗马帝国衰落是不是由铅管导致的。即使是诠释性问题，也以某些事实为前提，然后再对这些事实进行解释，因此，关于历史的诠释性问题确实涉及对过去确凿事实的判定。但当务之急是，我们首先必须知道具体发生了什么。对此，有关确凿单一事实的证据问题是第一步，也是至关重要的一步。

　　历史学家也关注那些更多涉及规范性评价的问题。一个突出的例子是《纽约时报》的"1619 项目"中一个颇具争议的观点的真伪，即保留奴隶制是美国革命的"主要原因之一"。这一观点引起了一批杰出史学家的反对。这些史学家在许多其他方面表示支持，唯独对此观点不敢苟同。[25] 同样，这场争论实质上关于对美国历史上重大主题的解释，即使与主流解释不同的每个解释都以更具体的事实为前提。即使是涉及反事实推测的历史问题也是如此，例如，如果附近的船只多留心的话，泰坦尼克号的沉没是否可以避免，或者不那么自以为是的医生是否可能挽救被疯狂的刺客射中的詹姆斯·加菲尔德（James Garfield）总统。[26]

诠释性、评价性和反事实的历史问题是学术型史学家的专长，这些问题无疑涉及证据，但它们也涉及对重要性和价值的主观判断，尤其是诠释性和评价性问题。其他问题则是更纯粹的事实问题。这些问题可以琐碎到，许多人相信乔治·华盛顿的假牙是用木头做的，但即使我们目前难以回答这个问题，这毕竟还是一个有事实性答案的问题。[27]证据的不确定性可能会让事情的真相难以捉摸，至少在过去是这样，但从理论上讲，使得关于华盛顿假牙材料的一些假设是正确的，而另一些则是错误的事实真相依然存在。我们不知道安妮·博林（Anne Boleyn）是否与自己的兄弟有奸情，这个后果就比较严重了，因为这是导致她在 1536 年被砍头的指控之一。[28]后果更为严重的是，有人声称，当 17 世纪第一批荷兰定居者（Voortrekkers，即拓荒者）从现在的开普敦出发北上时，现在的南非北部并没有人居住。这种观点长期以来一直是种族隔离叙事及其辩护体系的一部分，也一直被反种族隔离力量以强有力的证据抵制。[29]

以上这些问题，以及无数其他问题，都涉及证据的使用。我们不能询问乔治·华盛顿他的假牙是什么做的，也不能审问安妮·博林她的性行为，更不能亲眼查看 17 世纪的非洲南部有

没有人。当我们试图回答这些直截了当的事实性问题，却没有
来自亲历者陈述或观察所得的相对原始的信息时，就不得不依
赖证据与推断，而那些证据与推断往往来自不确定的、自相矛
盾的证据。但话又说回来，亲历者陈述或观察所得的信息本身
也不一定确凿无疑，正如我们在第八章中所看到的。

　　尽管有些历史哲学家认为历史事实的探究不同于其他类型
的事实探究，但很难说这种说法是否正确，因为其他历史哲学
家也同样强烈地坚持认为两者一样。[30]首先，我们习惯于利用
证据跨越空间得出结论，这与跨越时间得出结论或许并无本质
区别。我未曾生活在1914年，但也从未去过乌兹别克斯坦，因
此，似乎没有什么理由认为，关于1914年发生过什么事情的知
识与关于乌兹别克斯坦的知识，至少对于我的知识来说，在本
质上有什么不同。对于以上两者，我都必须依靠证词，而且可
能是几经转述的证词。当然，证词可能是错的，多次转述也可
能会增加出错的可能性。 但我们用以了解空间上遥远事件的证
据与我们用以了解时间上遥远事件的证据并无本质区别。

　　事实上，除了直接观察之外，任何其他形式的探究都是如
此。即使我们假设直接观察和记忆绝对可靠，我们的大部分知
识还是来自某些形式的证词。更何况如我们在第八章中讨论过
的，直接观察和记忆并不可靠。历史知识也是如此。我们之所
以知道加菲尔德总统在奄奄一息时接受了（错误的）治疗，是
因为当时在场的人说的话，而听到这些话的人又告诉了其他人，
如此辗转相传了近150年。历史探究，或者至少尤其对单一事

实的探究，从根本上说是一个评估证词和传闻的过程。但这并不是发生在遥远和不那么遥远的过去事件所独有的情况。

如今，历史学家越来越多地使用一系列现代的复杂方法，包括对文本和大型数据集进行计算机分析，以及尖端自然科学技术，如对人造物进行碳测定、对纤维甚至身体分泌物进行化学检验。[31] 尤其当历史学家使用这些方法和其他科学方法时，他们的技术越来越像艺术品鉴定专家和法医学专家使用的某些技术。但是，同样的道理，历史的过去性并没有使历史学家使用的证据在种类上与我们无法直接获得感兴趣的事实时所使用的证据有什么不同。历史研究的方法，包括对证词的依赖、多种传闻的使用、文献检阅和实物分析等，与法庭上对证据的使用方法几乎没有什么不同。毕竟，审判也涉及重建非实时发生的事件。[32] 而在许多方面，法院用来弥补这种认知距离的证据，与历史学家用来弥补认知距离的证据在种类上是一样的，尽管历史学家所面对的认知距离通常要比法官和陪审团所面对的更大。

因此，从根本上说，历史探究的基石是历史学家通过使用证据来获取和确定的单一事实。即便是诠释性和评价性历史也是一样。证据有强有弱，而从证据中得出的结论通常是多种证据的产物。这和法庭判决或调查记者的事实性结论相似，也和我们在日常生活中对当下的行为和事件得出的事实性结论一样。

然而，至少在一些有影响力的、历史方法论方面的评论家看来，历史研究在一个方面是不同的。不同于普通人在日常生

200

活中对证据的评估，也不同于公共政策环境中对大多数证据的
评估，甚至不同于法官和陪审团对证据的评估，这些对历史方
法有影响力的声音通常用"史源评判"（source criticism）的标
签来为不同历史证据的权重和优先次序建立相对具体的规则。[33]
例如，实物优于证词。离所描述事件在时间上更接近的证词权
重更高。目击证人的证词优于其他形式的证词。这些"规则"
的软硬取决于作者及历史学家如何使用它们，在某些方面，这
些"规则"类似于美国宪法中对起诉叛国罪所规定的"双目击
证人"规则，以及许多传统纸媒新闻业通常采用的"双消息来源"
规则。[34]

　　尽管这些规定以及其他类似规定与人们通常所做的并无本
质不同，与法官和陪审员通常评估证据的方式也没有太大区
别，但值得注意的是人们将这些证据评估的一般原则简化为明
确的准则（甚至规则）的尝试。提出这些指导方针的评论家往
往来自遵循大陆法传统而非英美法传统的国家，也就不足为奇
了。因为在现代，尽管英美法系鲜有规则规定法官和陪审员如
何评估或权衡被采纳的证据，但起源于罗马法的大陆法系则不
同。大陆法系的证据原则通常就包括这类权重和优先次序的规
则，而这些规则已与如今的英美法体系格格不入。[35]因此，就
像大陆法系的法官（大陆法系中几乎没有陪审团）经常被要求
遵循官方的证据评估规则一样，历史学家也被敦促做同样的事
情，只是这种期望显然不是出自官方。

　　对专业历史学家方法论的这一简短探讨具有更深远的启示。

或许，使一位历史学家成为专家的是他对某一特定领域、时期
或人物的知识（即"知道什么"），而非独门秘诀（即"知道如
何做"）。优秀的历史学家使用证据的方式与优秀的法官和优秀
的思想家使用证据的方式一样，这值得称道。但是，当我们思
考为什么以及什么时候我们应该把历史学家的判断当作他们得
出结论的真实性的证据时，我们可能会发现，把这些结论当作
证据的依据与把其他任何知识来源当作证据的依据之间的相似
性超过我们的想象。

202

第十二章
过去与现在的相关性

　　2021 年 2 月 19 日，佛蒙特州参议员伯尼·桑德斯（Bernie Sanders）被问及，对于当时尼拉·坦登（Neera Tanden）即将被提名白宫管理和预算办公室（Office of Management and Budget）主任一事，他怎么看。由于几年前为前国务卿希拉里·克林顿（Hillary Clinton）工作的坦登曾对桑德斯有过尖锐的人身攻击，因此有人质疑，如果她担任白宫管理和预算办公室主任，是否会对桑德斯以及许多共和党人继续持批评态度。针对外界对他的提问以及坦登将会"彻底改变"的承诺，桑德斯说："比起坦登女士过去做了什么，我更担心她将来会做什么。"[1]

　　两年前的 2019 年 2 月 25 日，特朗普政府的新闻秘书萨拉·桑德斯（Sarah Sanders，与伯尼·桑德斯没有任何关系）在白宫新闻发布会上告诫与会者，不要相信总统的前律师兼"掮客"迈克尔·科恩（Michael Cohen）对总统的指控。"这太可笑了，"萨拉·桑德斯说，"居然会有人相信像科恩这样有前科的骗子的话。"[2]

撇开这两起事件的政治斗争背景不说，伯尼·桑德斯和萨拉·桑德斯的言论提出了一些重要的议题，即当我们对一个人以后的行为或可能的行为下结论时，他过去的行为（不仅是刑事定罪）是否具有证据意义。坦登过去曾对他人进行过尖刻的人身攻击，这一事实是否应被视为她今后还会再次这样做的证据？科恩过去撒过谎这一事实是否是他现在也有可能在撒谎的证据？萨拉·桑德斯坚持认为，现在的科恩不值得信任，因为他过去撒过谎，这是在要求她的听众相信一句古老的格言，"一次说谎，终身是骗子"，或者另一句大意相同的俗语，"豹子永远不会改变它们的斑点"。

但这些口号有道理吗？或者说，无论出自真心还是假意，当伯尼·桑德斯说过去的行为可能并不是未来行为，甚至也不是当前行为的很好证据时，他是否有坚实的理由？"一次说谎，终身是骗子"背后的思想是否不仅适用于谎言、骗子和豹子，也适用于一般的人类行为？弗吉尼亚州州长拉尔夫·诺瑟姆（Ralph Northam）在医学院就读期间扮演黑人的表演涉嫌种族歧视，这是否使他在任职期间更有可能做出种族歧视的行为或决定？[3] 1965 年，拜登总统在法学院的一门课程中因抄袭而被判不及格，再加上他后来在竞选演讲中引用其他政治人物的语言而不注明来源，这是质疑他现在所说的任何话的真实性或原创性的证据吗？[4] 玛莎·斯图尔特在 2004 年因向联邦官员撒谎而被判重罪，这是我们不再相信她的食谱或她的产品推荐的证据吗？[5]

我们还可以看看顶级职业网球赛，赛场上的球员经常谎称受伤，以此获得额外的暂停时间，有时甚至是为了逃避一场注定要输的比赛。[6]如果某个球员自称受伤，但伤势不明显，那么裁判（或医生）在评估这次受伤的真实性时，是否应该考虑该球员过去谎报受伤的记录？同样的问题也出现在职业高尔夫球赛中，有时人们会争论球员是否故意调整球或地形，以降低后续击球的难度。[7]如果锦标赛的工作人员不能确定这种形式的作弊指控是否属实，那么被指控球员过去的违规记录是否与工作人员目前的决定相关？[8]如果该球员是美国总统，那么在高尔夫球场上的作弊记录是他在履行总统职责时可能不诚实的证据吗？[9]

通常在此类案件中，那些反对用某人的过去行为来作为他现在可能做了什么的证据的人，常用的论点是："过去的已经过去了。"这个论点认为一个人以前做过什么，并不意味着他一定会再做，尤其是时移境迁以后。但是，持这种观点的人会愿意在深夜接受一个因三次酒驾而被定罪的司机的载客服务吗？就算抛开刑事定罪不说，他们会愿意接受一个已知发生过多次车祸的司机的载客服务吗？为什么《纽约时报》在报道1991年造成5名乘客死亡、200多名乘客受伤的地铁出轨事故时，认为有必要告诉读者，驾驶列车的这名司机几个月前在驾驶列车时无视红色信号灯，而且在此之前，他曾多次因违反交通管理局的规定而受到训斥？[10]我们猜测，《纽约时报》或许认为，在判断该司机这次是疏忽大意，还是再次违反了交通管理局的规定时，他过去的行为是相关的。我们对诺瑟姆州长、拜登总统和玛莎·斯图尔特这些更复杂的例子很可能怀有政治偏好或个人好恶，但很少有人会指责《纽约时报》的观点，这种观点认为，这名司机过去的行为会影响对他在这起事件中的无罪主张的评估。同样的道理也适用于说"这次真的很痛"的职业网球选手，或者在被指控行为不端时声称自己无辜的职业高尔夫球手。

一个人过去的行为通常被认为有助于预测他未来的行为，这就是为什么被定罪的猥亵儿童者不会被聘用为营地辅导员或救世军（TSA）工作人员，这也是为什么承认剽窃的人很少能获得大学教职。尽管证据对于预测未来行为和确定过去事件都至关重要，但我们的当务之急是在不确定的情况下试图确定已经发生的事实与过去行为的相关性。预测的确很重要，但在不确定的情况下确定过去发生过什么或现在正在发生什么也同样重要。尽管如此，值得我们谨记于心的是，对于所有这些探究，无论是预测未来、回顾过去还是审视现状，问题都在于某人过去的所作所为是否是他们后来的所作所为、现在的所作所为或将来可能的所作所为的证据。

法律的奇特态度

一个人过去的行为与评估他以后行为的可能性是否相关？

有些人对这个问题的反应是，一个人过去的行为是他以后行为的证据，而且常常是很好的证据，这一点不容置疑。一个人过去的行为当然与他后来的行为相关，萨拉·桑德斯和我们所有人都知道这一点。日常的经验和决策向我们提供了无数个例子，显示我们愿意用他人过去的行为作为他以后可能会做什么的证据。如果一位朋友让我相信他被当地一家商店的一个收银员骗了，而一个月前我在同一家商店被同一个收银员骗过，那么我就更有可能相信他。诚然，诺瑟姆州州长的政治支持者可能会反对他过去的过失会对今后的行为有影响，那些玛莎·斯图尔特的粉丝、在政治上同情拜登总统的人和愿意相信迈克尔·科恩的人也一样。但是，父母不会雇用一个有猥亵儿童前科的人当保姆。银行不会雇用一个因抢劫银行而服刑、正在假释中的人当保安。而如果你试图说服你的保险公司，你过去发生（或造成）的事故并不能表明你比其他人更有可能在未来发生或造成事故，因此你之前的三起事故不应该导致他们提高你的保费或取消你的保单，那么结果也会是徒劳的。你的保险公司明白你过去的记录与评估你以后的行为息息相关，而我们大多数人在决定信任谁、相信谁、请谁来修车或修理水管时，也是这样想的。当我们被问到当下的某事是谁做的，或者某人当下做了什么时，我们的矛头会迅速指向过去做过类似事情的人，或者某个人过去做过的事情。当《卡萨布兰卡》中的雷诺上尉说出那句令人难忘的抓捕那些"常抓的嫌疑人"时，他不仅说出了无数警察的心声，也说出了我们大多数人的心声。

　　然而，在试图弄清某人是否在特定场合做了某事时，却不看他过去的行为，这种做法看起来虽然奇怪，却正是长期以来法律制度的典型做法。《联邦证据法》第 404 条 (b) 款规定："犯罪、过失或其他行为的证据不得被用于证明某人的品格，进而表明此人在特定场合的行为与他的品格相一致。"[11] 联邦法院根据《联邦证据法》进行审判，大多数州也以此作为证据规则的范本，这反映了英美法系世界长期以来的做法。暂时搁置品格问题，我们稍后会再讨论它。撇开品格问题不谈，这项规则说的是，一个人过去的行为，包括但不限于过去的罪行和过失，不能用来表明他在所讨论的特定场合实施了类似的行为。检察官在试图证明被告被指控实施了当前特定的银行抢劫案时，被告在过去几年中实施过三次银行抢劫不能成为证据。在一起典型的车祸诉讼中，如果双方司机都声称是对方疏忽造成了事故，那么原告就不能将被告在过去曾多次因疏忽驾驶而被判定负有责任作为证据。如果迈克尔·科恩因涉嫌再次在庭审中撒谎而被指控做伪证，那么陪审团绝不会听到他过去曾因几乎完全相同的罪行而被定罪的信息。

　　法律不合理吗？为什么法律制度坚持不采纳任何一个有常识的人都知道是相关的证据呢？如果银行不会雇用有银行抢劫前科的人做保安，那么为什么陪审团在试图判定某人是否实施了他当前被指控的银行抢劫时，不能考虑他过去抢劫银行的罪行呢？如果保险公司可以用我们过去的事故记录来定我们的保费，那么为什么法院不能用同样的事故记录来判断某些事故是不是我们的过错呢?

　　法律面对乍看之下有悖常情的做法有几种反应,这并不奇怪。其中的一种反应隐约让人想起好多电影中常见的一个主题。[12] 某个人,通常是一个少年,因为偷车或参与帮派打斗而惹上麻烦。他进了监狱,出狱后想找份工作,好"改邪归正"。但每个雇主都会询问他是否有犯罪记录,因为他有前科而拒绝雇用他。于是他抗议这不公平,他不应该因为过去的行为而被歧视。他抱怨并辩解说,他已经"偿还了对社会的债务"。

　　我们可以把法律这种不考虑一个人过去的犯罪和其他已经被惩罚过了的过错(比如针对疏忽驾驶的民事诉讼中的判决)的做法,理解为法律同意那位倒霉的假释犯的观点。如果我们用一个人过去因犯罪而被定罪和监禁的经历来作为他当下被指控的其他罪行的证据,那么他岂不是为过去的罪行而再次受罚?当一个司机因疏忽驾驶而在民事诉讼中被指控时,如果他上一次因疏忽驾驶而在民事诉讼中被判支付赔偿金能作为当前诉讼的证据,那么该司机是否有因其过去的疏忽而再次受到惩罚之嫌?持这种观点的人认为,用一个人过去的过错作为他这次过错的证据是不公平的。罪犯已经服刑期满,过错方已经履行了民事判决,他们已经偿还了对社会的亏欠。既然债已还清,那么他们就有权在此后被一视同仁地看待。在后来审判中使用之前的定罪作证据相当于对他们施加额外的惩罚,因为用过去的错误作证据增加了他们这次承担责任的可能性。法律制度出于同情而不采纳一个人过去的行为作为证据,不允许将他过去的定罪或过错用于试图证明他在之后的场合做了类似的事情。[13]

　　也许是意识到了不考虑一个人过去行为的理由既不能说服保险公司，也不能说服很多普通人，法律制度和证据法为此提出了另一个或许更有力的理由。这个理由解释了为什么法律制度拒绝用一个人以前的行为作为他后来也实施了该行为的证据，不仅适用于犯罪和其他不法行为，也适用于一般行为，无论犯罪与否，无论是好是坏。是的，法律似乎在说，一个人以前的行为确实与确定以后的行为有关。在理想世界里，这些以前的行为或许有一些证明力。但这并不是一个理想的世界，"一些"并不等于"所有"。一个人过去的行为有一些证明力，并不等于从这些过去行为中得出的推断是无可争辩的。毕竟，曾经因疏忽造成事故的人并不会每次都疏忽，所以他们这次可能并没有疏忽。有些人以前撒过谎，但这并不意味着他们说过的每一句话都是谎言。同样的道理也适用于曾经犯过罪的人。因此，即使一个人过去的行为与他之后的行为有关，这种相关性也并不绝对。"一次说谎，终身是骗子"的观点言过其实了，而"曾经说过谎的人现在比其他人更有可能说谎"更接近现实，尽管不那么朗朗上口。

　　然而，尽管一个人过去的行为并不能确凿地证明他现在的行为，但法律制度担心有人不这么认为，尤其是当抱有这种误解的是法官和陪审团成员时。因此，法律制度长期以来一直假定陪审员，甚至是法官，当真相信"一次说谎，终身是骗子"的谚语，并且是完完全全地相信，无论它多么夸张。这样的信念还有"一次做贼,终身是贼",或者"一次烂司机,终身烂司机"等。换句话说,虽然一个人过去的行为作为后来行为的证据似乎有一定的价值,但证据法担心法官和陪审团会高估这些过去行为的价值。法律制度担心,被指控入室盗窃的人如果有入室盗窃的前科,就会理所当然地被推定为这起入室盗窃案的作案人。毕竟,萨拉·桑德斯希望她的听众将迈克尔·科恩做过伪证视为他现在也没有说实话的确凿证据。但是,尽管科恩做过伪证可能会让我们有理由怀疑他现在所说的话的真实性,尽管当有入室盗窃前科的人面对又一次入室盗窃指控而自称清白时,我们有理由表示怀疑,但这些怀疑并不确定。因此,为了防止陪审员甚至法官把一个人过去的行为当作当下行为的确凿证据,法律制度不采纳这些过去的行为作为证据。对于过去行为的证明力,宁可让法官和陪审员信其无,不可使他们信其有。[14]

除了反映对人们高估他人过去行为证明力的担心之外,法律制度还试图防止陪审团,或许还有法官,惩罚人们过去的行为,而不是他们当下被指控的行为。对于一个人过去行为的证据增加了他当下被审判的行为被定罪或承担责任的可能性,我们的担忧尽管与隐性额外惩罚相关,但也有不同。我们担忧的是,人们会因为以前的行为再次受到惩罚,甚至因为那些没有受到惩罚但不属于当前诉讼对象的行为而受到惩罚。法院本应只就当下被指控的行为对被告进行审判,但被告其他的行为常常诱使审判分散注意力,尤其是当其他行为看起来特别可怕,却至今未受到惩罚时。出于对法官和陪审员误入歧途的担心,法律制度用证据法来防止人们，尤其是陪审员，知道被告除现在正在审判的行为之外的其他行为，而那些行为可能在陪审员看来应该受罚，或者应该受到更多惩罚。这种防范或许有过度之嫌。[15] 事实上，法律制度对一个人的品格和过去行为的处理可能反映了证据法的一个重要主题——证据，哪怕是相关证据，也不是越多越好，尤其是如果陪审团甚至法官，会误用这些证据或受其误导。有时在法律中，人们认为在有些情况下证据越少，准确性反而越高。这一启示或许在法律制度之外也有用武之地，尽管适用场合可能很少。

品格——好与坏

让我们再想一想上文引用的《联邦证据法》的规定。该规则不仅规定一个人过去的行为不能用来证明他现在的行为，而且特意指出，一个人过去的行为不能用来证明他具有某种品格或性情，进而导致他实施某种行为。如果某人在之前的三起车祸中被认定有过失，我们可能会认为他是个粗心大意的人，或者至少是个粗心大意的司机。粗心大意的司机以后粗心大意的可能性更大，更有可能因粗心大意而造成事故，也更有可能因粗心大意而造成了正在审理的这起事故。萨拉·桑德斯力劝我们相信迈克尔·科恩具有不诚实的品格特质，她坚持认为，这种品格特质使我们有理由不相信迈克尔·科恩说的任何话。

　　即使多走了这一步——从一个人过去的行为到他的品格再到他现在的行为，而不是从他过去的行为直接到现在的行为——法律还是在推定时绕开品格以及过去的行为，这似乎再次背离了常识。我们大多数人都认为，人有细心或粗心、诚实或不诚实、守时或拖沓、邋遢或整洁、自私或体贴、粗鲁或礼貌等品性。"他总是迟到。""在关于钱的事情上她值得信任。""他脾气暴躁。"我们时常根据人们过去的行为对他们做出这些判断。在我们对他人的品格或性情做出判断之后，我们会用这些判断来预测他们将来可能会做什么，推断他们过去可能做过什么其他事情。如果我之前有四次偷饼干被逮个正着，那我就会成为这次饼干被偷的最大嫌疑人，因为人们对我过去行为的推断是我有偷饼干的倾向。这不仅仅是说我有时或经常偷饼干，而是我就是个偷饼干的贼，或者我就是个小偷，或者我就是不诚实。这就是我的品格，就是我的性情。

　　法律制度禁止的恰恰就是法官和陪审员对一个人的品格得出此类结论。出于上述原因，法律通常不允许法官和陪审团使用法律术语中所谓的"倾向性推理"。[16]法律不允许法官和陪审团因某人过去曾抢劫银行或疏忽驾驶而得出他有抢劫银行或疏忽驾驶倾向的结论。这些倾向无论看起来多么真实，多么符合常识，无论得到多少经验研究的支持，都不能被用于决定某人在特定场合的行为是否符合该倾向。

　　出于对以这种方式利用品格的担心，或者更准确地说，出于对滥用品格的担心，法律系统追踪了现代学术界中实验心理

213

学的一些核心主题。[17] 尤其是，心理学家长期以来一直关注，在人们行为方式的成因中，性情或特质与情境之间的相对重要性。性情是人格或品格中根深蒂固的特征，包括内向与外向、自私与利他、诚实与狡诈、勤勉与懒惰等。长期以来，许多心理学家和许多（大多数？）普通人都认为，这些性情是人类行为的主要决定因素。[18] 按照这个理论，不诚实的人喜欢撒谎和偷窃，好斗的人常常在公路抢道，自我中心的人总把自己挂在嘴边，不讲道德的人会做出自私自利的行为，小心谨慎的人从不冒险。因此，如果我们要寻找某个场合发生了什么的证据，了解被调查对象的性情，或者说品格、特质和人格，是非常有用的。如果警察想知道两个打架的人谁先动的手，如果其中一个人平时好斗又暴躁，而另一个人则害羞、谨慎且宽容，这是谁更有可能是挑衅者，也就是谁是先动手那个人的有力证据。当操场上、后院里或车后座上扭打着的双方争相声称"是他先动手的"时，家长和老师也是这样裁决的。在这种情况下，了解争执双方的性格特质将有助于判定到底发生了什么。或者说，所谓的性情决定论者希望我们这样认为。

214

20 世纪 60 年代，耶鲁大学心理学家斯坦利·米尔格拉姆（Stanley Milgram）进行了一系列著名的实验，在这些实验中，看似正常的人被诱导做出看似不正常的行为，其中最臭名昭著的是电击实验，受试者出于群体压力或取悦权威人物的欲望，提高让他人越来越痛苦的电击伏特数。[19] 随后，心理学家越来越相信，决定人类行为的主要因素是情境而非当事人的性情。

如果你想知道是谁先动手打架的，你应该去了解双方争执的原因是什么，双方在此之前有没有过节，有没有其他人在场或者参与等。所有这些都是打架发生时的情况，而这些事实比仅仅了解打架者的品格、性情或特质更能证明是谁先动的手。按照这个理论，忽视所有这些情境因素，就是犯了一个基本的归因错误，即将一个行为过多地归因于性情，而过少地归因于情境。[20]

如今，大多数心理学家都认识到，想要解释一个人行为，既不能只归因于他的性情或特质，也不能只归因于情境，而是性情与情境相互作用的结果。[21]不同的人在相同的情境下会有不同的反应，因此，认为情境决定一切是错误的。同样的条件（同样的情境）下，好斗的人确实会撸起袖子大打出手，而不那么好斗的人则会拂袖而去。但是，即使是性情（或特质、个性）大致相同的人，在不同的情境下也会有不同的反应。因此，如果你想搞清楚是谁先动的手，你不仅要尽可能多地了解打架双方的性格，还要尽可能多地了解打架开始时的整个情境。了解了所有这些，或至少了解了其中的大部分，比仅凭性情或仅凭情境提供的证据，能更好地证明谁最可能先动手。[22]

2003 年马萨诸塞州发生的一起广为人知的事件给"谁先动的手"这个常见问题提供了一个很好的例子。一天深夜，在和几个朋友喝了不少酒后，哈佛大学研究生亚历山大·布林—威尔逊（Alexander Pring–Wilson）走在回家的路上，路遇几个也在喝酒的剑桥当地人，正坐在一辆停在披萨店外的汽车里等披萨。双方先是斗嘴，其中一个人在车里大声说布林－威尔逊"醉得一塌糊涂"。布林－威尔逊因这个显然没错的说法及其他脏话而恼羞成怒。怒火点燃了斗殴，布林－威尔逊把车中一个叫迈克尔·科洛诺（Michael Colono）的人刺伤。由于伤势恶化，被刺的迈克尔·科洛诺不久后在医院死亡。

至此，双方各执一词。死者迈克尔·科洛诺的同伴塞缪尔·罗德里格斯（Samuel Rodriguez）和吉塞尔·阿布雷乌（Giselle Abreu）作证说，布林－威尔逊走到车边，将车中一人拖出车，并先动了手。而布林－威尔逊则声称，车上的两个人跳下车袭击了他，导致他拔刀自卫。事件的后果惨痛，而问题依然是我们熟悉的"谁先动的手"。如果布林－威尔逊的说法属实，那么他的行为属于正当防卫，并没有犯罪。但如果死者同伴的说法属实，那么作为挑事者的布林－威尔逊则犯有谋杀罪，而他也确实受到了指控，并在米德尔塞克斯郡高等法院（Middlesex County Superior Court）接受了审判。

216　　　在审判中，布林－威尔逊的律师试图提出有关受害人品格的证据，特别是受害人迈克尔·科洛诺的易怒和莽撞尽人皆知，正是会先动手的那种人。基于法律长期以来对品格证据的反感，初审法官起初拒绝让陪审团听取关于受害人品格的证据，而陪审团在对科洛诺的品格一无所知的情况下，判布林－威尔逊故意杀人罪名成立。对此，布林－威尔逊上诉要求撤销定罪，他请求马萨诸塞州最高法院干预，要求初审法官采纳关于科洛诺品格的证据。[23] 初审法官同意并撤销了定罪，但州最高法院驳回了上诉，维持了原判。法院的结论是，受害人的品格确实可以作为证据来证明谁更可能先动手，这一结论现已成为上述联邦规则的一个明确例外，但该规则并不直接适用于马萨诸塞州法院的起诉。[24] 在第二次审判中，陪审团未能给予裁决，布林—威尔逊最终承认了较轻的过失杀人罪，并在狱中服刑数年。这个平平无奇的结局尽管对布林—威尔逊影响重大，但对我们来说，本案的重要性主要在于它明确提出了一个问题，即在不确定的情况下，一个人的品格在多大程度上与确定实际发生的事情相关。

　　撇开法律上的技术性细节，马萨诸塞联邦诉布林—威尔逊案（*Commonwealth v. Pring-Wilson*）的问题是一个并不复杂的证据问题。双方各执一词，我们不知道是谁先的动手。因此，了解斗殴者的品格和经历看似有用，这并不是因为我们对这些经历本身感兴趣，而是因为这些经历为此后可能发生的事情提供了证据，就像萨拉·桑德斯希望我们相信迈克尔·科恩过去的不诚实行为为他当下是否不诚实提供了证据一样。由于布林—威尔逊案，以及早前一个导致初审法官批准重审的案件，马萨诸塞州现在的法律，与联邦法院以及那些将联邦规则作为证据规则范本的州一样，规定在确定谁是最先的挑衅者这个问题时，受害者的品格是可采纳的证据，相应地，被指控的行凶者的品格也是可采纳的证据。但是，尽管本案为我们提供了一个有用而生动的例子，让我们思考在多大程度上可以利用一个人的品格和过去的行为（毕竟，人们从一个人过去的行为中归纳出他

217

的品格）来得出当下可能发生了什么的结论，但我们可不要忘记，本案以及对"受害人品格"的处理构成了对于一般规则的例外。至少在法庭上，一般规则是，一个人过去的行为通常不能被用来证明他做了什么或没做什么，知道什么或不知道什么。

法庭之外

法律耐人寻味之处恰恰在于，司法制度对用一个人过往行为和品格作证据的普遍反感，似乎与常识和人们在日常生活中作决定的方式大相径庭。萨拉·桑德斯知道，让人们注意到迈克尔·科恩已被证实的过往行为显示了他是个对待真相不够慎重的人，就是质疑他现在陈述的最佳方法。桑德斯这样做是因为她明白，人们在日常作决定时并不会遵循《联邦证据法》。如果你在萨米牛排馆用餐后食物中毒，你很可能会认为萨米牛排馆对餐厅清洁不够重视，尽管很有可能这次事故纯属偶然，与萨米牛排馆的常规操作无关。但如果你在"Yelp""Tripadvisor"或任何其他类似网站上看到有三位顾客也抱怨在萨米牛排馆食物中毒，你很可能会得出结论，萨米牛排馆的厨房不卫生、不安全，尽管如果有人起诉萨米牛排馆因疏忽而提供被污染的沙拉，这些过去的报告和投诉很可能不会被法庭采纳。

人们在法庭之外遇到的问题更多的是关于预测他人未来的行为，而不是发现他人过去行为的真相。但在这方面，过去发生了什么的证据问题与未来会发生什么的问题类似。即使是那些与预测有关的法律，也会利用一个人过去的行为来预测他未来的行为。纽约地区法院的理查德·伯曼（Richard Berman）法官拒绝了当时的被告、现已死亡的猥亵儿童者杰弗里·爱泼斯坦（Jeffrey Epstein）的保释，因为爱泼斯坦在之前的保释期间的行为让法官认为，如果这次他被保释，他也会做同样的事情。在法律之外，预测未来事件的推理过程与试图确定过去发生了什么的推理过程类似。萨米牛排馆过去曾发生过食物中毒事件会导致我们大多数人预测，该餐厅在将来——或者说今晚，当我们决定去哪里就餐时——发生食物中毒的可能性会比那些历史"清白"的餐馆更大。但是，如果今天食物中毒的人昨天在三家不同的餐馆用餐，其中一家是萨米牛排馆，而另外两家从未听说提供过受污染的食物，那么同样的过去的食物中毒事件也会让我们把矛头指向萨米牛排馆。或者试想一个常见的情境，争吵不休的兄弟都向父母告状，说是对方先动的手，这是远比布林-威尔逊事件更温和的一个版本。大多数父母会更倾向于相信平时攻击性较弱或较诚实的孩子，即使他们也明白，针对本次争吵，这种完全基于品格或过去行为的证据判断可能是错误的。同样是这些父母，当他们必须决定不同的孩子分别在什么年龄被允许使用像小刀之类可以作为武器的用具，或者在什么年龄被允许独自去音乐会或者派对时，他们也会把孩子过去的行为视为预测孩子未来行为的相关因素。

以上例子表明，在法庭之外，假定人们在试图确定发生了

什么或将要发生什么时，将会或应该忽略他人过去的行为是不
现实的。而且，对于公民、政客和保险公司等许多人来说，不
使用他人过去行为的做法不仅不现实，而且也不合理。人们过
去行为及其所揭示的品格在很多情况下与确定过去发生了什么
确实具有相关性，正如上文提供的大量例子想要告诉我们的那
样。而且，在这一点上，过去的行为在法律体系中以及在我们
日常的大多数证据推理过程中，都以相同的方式产生相同的影
响，并具有相关性。[25] 也就是说，相比我们不知道他人过去的
行为，知道这些行为通常会让我们更相信他人某些行为存在的
可能性，例如，三位现任美国参议员——北卡罗来纳州参议员
理查德·伯尔（Richard Burr）、加利福尼亚州参议员黛安娜·范
斯坦（Dianne Feinstein）和当时的佐治亚州参议员凯莉·莱夫
勒（Kelly Loeffler）——最近被指控根据在机密简报中获得的
关于新冠疫情对经济影响的信息非法出售证券。不过，对参议
员伯尔的指控是他先前买卖过与其参议员职责有关的公司的债
券，尽管其后的交易显然是合法的。而对其他两位参议员的指
控则不然。[26] 参议员伯尔否认了他最近的可疑交易是基于内幕
信息，那么问题是，那些与参议员伯尔目前正在接受调查的行
为大同小异的先前行为，与确定伯尔的否认的真实性是否有关？
在指控伯尔刑事犯罪或民事违法的审判中，他先前那些行为很
有可能不会被采纳为证据。[27] 但是，对于考虑是否在选举中投
票给伯尔的选民、考虑是否应该给予伯尔内部纪律处分的参议
院、考虑是否提名伯尔担任公职的总统，或者对于考虑是否让

220

伯尔进入董事会的公司来说，他先前那些行为可能已经"被采纳"。所有这些都是为了说明，在法律制度之外可能产生各种后果的众多情境中，法律制度对人们的过去行为及其表现出的品格的普遍排斥，并不能决定这些行为和品格能否作为相关证据，以证明伯尔否认得知内幕消息的真假，或者许多其他有事实争议的问题。

尽管一个人过去的行为以及从中对他品格的推断，具有显而易见且无处不在的证据相关性，但我们不应该轻视法律制度的处理方法中所体现的谨慎，因为这种谨慎也适用于法律制度之外。尤其是，人们真的会倾向于高估他人过去行为，因此，我们也真的有必要抵消这种高估。萨拉·桑德斯希望我们把迈克尔·科恩过去的剽窃行为作为他现在正在撒谎的确凿证据，但这过于简单化了。确实，相比不愿为砍倒樱桃树而撒谎的乔治·华盛顿（这个故事几乎可以断定是杜撰的），我们有理由对科恩现在所说的话持怀疑态度，但也只能到怀疑为止。这种对将他人过去行为作为证据的怀疑可以被恰当地理解为对真实性的折扣，但并非将真实性归零。如果我们是理性的，而不是盲从萨拉·桑德斯的主张，我们就会意识到，我们可能倾向于高估他人过去行为，而低估了人们改变行为方式的可能性，也没有充分考虑他人过去的行为与我们当前关注的问题之间可能存在的相关差异。

法律制度的顾虑也是为了避免再次惩罚那些已经受过惩罚的人。经历过破产的人经常抱怨的一点是，破产并不像它所标

221 榜的那样是全新的开始，因为曾经破产的污名将伴随着他们此后申请贷款、抵押贷款以及就业的努力。同样的道理也适用于因造成车祸、医疗事故或其他行为而被追究责任的情况，这些行为造成的民事责任起初看似是一次性的，但实际上会像船底的藤壶一样粘在最初那次事故的责任人身上，令人不胜其烦却难以消除。

 这并不是说，我们在日常生活中决定谁对谁做了什么，或发生了什么时，应该无视他人过去类似行为的真正相关性。我们也不应无视在性情决定论者和情境决定论者之间的心理学辩论中，支持性情决定论的那一方。性情、特质、品格——无论我们如何称呼它们——都是真实存在的，它们在不确定的情况下帮助我们决策的价值也是真实存在的，就像了解迈克尔·科洛诺的特质有助于我们对他与亚历山大·布林-威尔逊之间最终要了他性命的争吵的真相得出结论一样。事实上，如果不是辩诉交易的最终达成，布林-威尔逊自身的特质和他先前的行为可能也会为我们提供类似的帮助。

 尽管法律体制似乎并不情愿允许用一个人过去的行为来证明他后来的行为——诚然，这种不情愿因为很多例外而有所缓和——但我们不应该轻易全盘否定这一点。乍看起来，法律系统的这种做法不合理，它与我们的常识背道而驰，因此，当我们在生活中做与法律无关的决策时，我们有充足的理由无视法律制度的处理方法，但是全盘否定法律的做法过于简单化了。正如我们所看到的，法律不愿意使用我们很多人在日常生活中使用的方法，这背后是有充分理由的。当我们不得不决定哪个孩子在汽车后座上先动手时，如果我们觉得按照法律的做法似乎太过了，那么重温一下法律为什么要这样做，往往可以有效地纠正我们对他人过去行为的高估。正如萨拉·桑德斯似乎意识到的那样，呼吁大家用他人过去的行为或过去的错误来决定当下应该相信谁或相信什么，这种做法有强烈的吸引力。萨拉·桑德斯恳请我们认识到为什么过去很重要。但她有意不告诉我们为什么过去可能不重要。

222

关于画像的另一个说明

本章中的所有例子聚焦的过去行为都来自明确的个人。迈克尔·科恩、玛莎·斯图尔特、迈克尔·科洛诺以及其他所有人过去的行为有何证据意义？但正如我在第十章中已经强调过的，有必要在这里再次强调的是，本章提出的问题与基于群体特征进行画像这一更大的问题之间存在密切联系，有些从群体特征到个人行为的证据推断是准确的，但很多是不准确的，而且这些推断有些是无害的，但很多是有害的。

再看那个佯装受伤的职业网球运动员。比赛裁判或医生面对的问题是，这位职业网球运动员过去假装或夸大伤情的行为是否与判断本次伤情的真实性相关。证明受伤属实的证据可能来自球员当时所说的话、走路或跑步的姿势、面部表情以及其他很多方面。而对证明受伤属实不利的证据可能包括这名球员在之前非常相似的情况下曾假装受伤的事实。

　　但现在让我们稍微改变一下假设。假设这名球员之前没有假装受伤的历史。但裁判和医生都知道，网球运动员在这种情况下经常会假装受伤。在评估该球员声称的伤情以及伤情可能造成的后果时，裁判或医生是否应该考虑到职业网球运动员在这种情况下经常——或者至少比其他人更经常——谎称自己受伤，或者夸大伤情？换句话说，职业网球运动员在类似情况下经常假装受伤，这是否是这位网球运动员自称受伤的不利证据？

　　一旦我们超越了个人及个人的过去行为，此类证据的证明力显然会随着这一特定个人或事件被归入的群体大小而变化。如果我们试图评估其受伤真实性的特定网球运动员是来自某个特定国家的 38 岁男性，那么来自该国的 38 岁男性网球运动员群体谎称受伤事件发生率很高这个统计数据似乎有很大的证明力，而男性运动员谎称受伤事件的发生率高于所有运动员（不分男女）这个统计数据的证明力则较小。

　　大多数近年来看过医生的人对此都不陌生。越来越多的医生喜欢用这类统计数据作为诊断的依据，或者至少用来辅助诊断，他们通常把这种做法称作第二章讨论过的所谓"循证医学"。当然，所有医学都是以证据为基础的，千年来一直如此。当医生倾听病人的心跳，测试他们的反射神经，或查看他们的耳朵时，他们都是在用自己的观察作为某种病症的证据。这种循证医学的不同之处在于，它的证据不仅来自个人，也来自我们对个人

（页边标注）223

所属群体的了解，就像上文例子中的那位可能佯装受伤的网球运动员一样。

　　这里最关键的一点是，基于群体的证据仍然是证据。对此，医生知道，雷诺上尉知道，我们大家都知道。如果孩子哭着回家说他被小区里的狗咬了，而小区里的狗中有一只是斗牛犬，那么斗牛犬比许多其他犬种更具攻击性是证据，尽管不能凭此断定咬了孩子的是小区里的斗牛犬而不是金毛犬。[28]

　　尽管基于群体的证据是证据，但凡事都有两面。这个故事的另一面，通常与种族画像有关，也与过于轻率地将群体属性的平均值安在该群体所有成员头上的危险有关，即使并非该群体的每个成员都具有这些属性。把某些型号的汽车（如南斯拉夫的尤戈车和东德的特拉班特）基于群体的可靠性统计数字作为某辆特定汽车可能不可靠的证据，这并没有什么坏处。但是，如果我们像对待车一样对待属于某个种族、宗教、性别、年龄、性取向等群体的人，问题就会变得复杂得多，而且，即使某些群体特征有一定统计依据，我们也往往有充分的理由拒绝将其作为证据。这些问题及相关的复杂性已被广泛讨论和分析，但值得注意的是，循证医学的优点与种族和民族画像的缺点有同一个来源，即某个人所属群体的群体特征有时可以提供一些关于他过去做了什么，或将来可能会做什么的证据。事实上，再次回顾第二章关于证据推断的讨论会让我们发现，从某种意义上说，所有证据都属于这种类型。我们之所以相信一个戴着滑雪面罩、拎着包从银行里跑出来的人刚刚抢劫了那家银行，是

224

因为我们了解，或者我们认为自己了解戴着滑雪面罩、拎着包从银行里跑出来的这类人，而这个特定的人正是这类人中的一员。当我们认为一个人过去的行为至少是他当前和未来行为的某些证据，从而赞同萨拉·桑德斯、反对伯尼·桑德斯时，我们也像对待戴面具、拎着包的银行劫匪那样，进行着基于群体的证据推断。我们担忧约翰·亨利·威格莫尔关于女性证人不如男性证人可信的公开观点（在第八章中讨论过），因为这个观点从经验上没有根据，而且即使有根据也不公正，但并不是说，对所有从行为或事件的类别中推论到个别行为或事件的做法都要有这种担忧。这种做法恰恰是证据推断的意义所在，这种用过去推断现在的做法，与证据要求的那种推断没有太大的不同，即使如同在法庭上利用一个人的过去行为一样，有时甚至经常，我们有充分的理由拒绝考虑证据看似所指的方向。

第十三章

看到我们想看到的

　　正如第一章所强调的，这是一本关于事实的书。有些事实明显比另一些事实更清楚。同样明显的是，人们常常对事实产生分歧。有时，这些分歧是由指向相反结论的证据引起的，例如第二章中讨论的，那些指向（偶尔也会质疑）托马斯·杰斐逊是萨莉·海明斯六个孩子的亲生父亲这一结论的证据。对于一幅名为《救世主》（*Salvator Mundi*）的画是不是达·芬奇（Leonardo Da Vinci）画的，也存在互相矛盾的证据导致类似的分歧。[1] 然而，即使所有或大部分证据都指向同一个方向，分歧往往依然存在，这也许出人意料。而且，至少从表面上看，这些分歧似乎无关价值观、目标或普世原则，而只是与事实有关，单纯、确凿的事实。

　　许多关于事实的分歧都受到人们偏好的影响，无论是清晰的事实还是模糊的事实。从理论上讲，人们的偏好不应该影响具体而确凿的物理事实。我希望自己更高、更瘦、更年轻，但无论我的偏好如何，我还是这个样子。哪怕我希望 12 月和 6 月的白天一样长，我的愿望也并不能改变现实。

尽管大部分现实世界都成功地抵制了我们的偏好，但令人惊讶的是，我们对现实世界的感知往往符合我们的偏好。这种现象对于体育赛事的参与者和观众来说尤为熟悉。网球的落地点分界内界外，即使打在界线附近也有略偏界内和略偏界外之分。尽管如此，至少在电子裁判被使用之前，网球场上的典型争论是击球的一方坚持说球落在界内，而他（她）的对手则态度同样激烈地坚持说球落在界外。而当问题是足球（或冰球）是否过了线因而算作进球，棒球是打到了界内还是界外，橄榄球接球手接到球时是在界内还是界外时，球员和球迷都会按照自己希望的结果大声说出自己看到的全部事实，这种情形对我们来说已是司空见惯。

对于比网球、足球、冰球、棒球和橄榄球更重要的事情也是如此。以选举为例，在 2020 年总统选举中值得一提的是，以佐治亚州为首的一些地方选举官员愿意根据选票统计的事实作出决定，而这个决定有悖于他们所属的党派和他们对总统人选的偏好，这一点令人钦佩。可惜，佐治亚州官员的做法是例外而非惯例。[2] 例如，1984 年，弗兰克·麦克洛斯基（Frank McCloskey）和理查德·麦金太尔（Richard McIntyre）在竞选印第安纳州第八国会选区众议院席位的选举中势均力敌，所有选举官员和众议院议员都按自己所属党派的偏好来投票。[3] 这种现象在历史上屡见不鲜。[4] 2020 年的大选在很多方面都异乎寻常。我们也不应忘记，数百万人相信前总统奥巴马出生在肯尼亚，而事实并非如此；有人相信前总统乔治·W. 布什（George W. Bush）提前知道"9·11"袭击事件，而他并不知道；还有人相信艾滋病的泛滥是一场政府与制药业合谋的产物，而事实并非如此。[5]

　　人们以自己的偏好，即他们认为这个世界应该是怎样的，而不是这个世界实际上是怎样的，来看待足球、网球、选举和事实世界的任何其他事物。大量这类现象被好几代心理学家记录下来，它们通常被称为"动机性推理"（motivated reasoning），有时也被贴上更好记的标签："我方偏见"（myside bias）。这个基本观点——我们可以理解为从"应然"中推导出"实然"的谬误——是由社会心理学家齐瓦·孔达（Ziva Kunda）在研究中首次提出的。[6] 一项广泛而深入的研究项目也随之展开。[7] 虽然大部分基础研究都是由实验心理学家完成的，但近来我们看到，政治学家、法学家和其他人也在根据他们自己特定领域的兴趣和目的调整（有时只是重命名）这一基本思想。[8] 但在所有应用领域中，这个基本思想都是，对证据的接收和评估在很大程度上受到证据应该显示什么的规范性偏好的影响。即使证据涉及的是确凿的事实，而且证据一清二楚（例如奥巴马在哪里出生），也概莫能外。

动机的机制

　　理解动机性推理是我们理解在这个世界上，证据何时重
要、何时不重要，如何重要、如何不重要的关键。动机性推理
的"动机"部分尽管令人失望，但简单明了，而"推理"部
分却混合着四种不同的现象，有必要将它们区分开。这四种
现象都与证据世界相关，我们可以将它们分别称作动机性制造
（motivated production）、动机性传播（motivated transmission）、
动机性检索（motivated retrieval）和动机性处理（motivated
processing）。

　　动机性制造是指证据最初产生的方式，即证据的制造。尽
229　管有神探夏洛克·福尔摩斯手持放大镜的形象，但我们使用的
大部分证据并不是坐等着被我们发现。恰恰相反，证据往往是
有动机的当事人制造或创造的，他们对看似基于证据的结果抱
着特定的偏好。这在法庭审判中最为明显，所有证据不是由控
方就是由辩方提供的。但这种现象在法庭之外也一样存在。娜
奥米·奥利斯克斯（Naomi Oreskes）和埃里克·康韦（Erik
Conway）用生动的笔触记录下一个例子，讲述烟草业如何创造
出——不是简单地发现或简单地呈现——大量声称能证明吸烟
安全的证据。[9]通过资助研究、资助和雇佣研究人员，烟草业能
够在证据库中存储（从而堆积）大量数据、研究和结论，以支
持他们所偏好的结果。奥利斯克斯和康韦还揭露了在创造用于
怀疑和否认气候变化的大量证据基础的过程中，化石燃料行业

所扮演的意料之中的角色。

造成证据库偏向一方的现象主要不是为了支持一个错误的结论而编造证据，也不是为了资助一些虚假的研究，以证明类似于颅相学的有效性或占星术的经验合理性。相反，动机性制造现象的前提是，对于许多有事实争议的结论来说，结论双方至少都有一些潜在的证据支持。对于达·芬奇亲手画了《救世主》这一结论，既有支持的证据，也有反对的证据；对于香烟的危害性和气候变化的危险性，至少也有一些证据不以为然。对后两个例子，更多的证据支持相反的结论——香烟危害很大，气候变化正走向灾难——但是，如果赞助、拨款和许多其他手段都以夸大少数派立场在某些问题上所占的证据比率为目的，那么支持相反结论的证据比率可能会被颠倒。如果有动机、有智谋、有资源的人能让少数派立场看起来比实际规模可观得多，那么原本实力悬殊的双方也能看起来旗鼓相当。

希拉·贾萨诺夫（Sheila Jasanoff）对诉讼过程的记录和理论分析就是这种现象的一个很好的例证。[10] 一场典型的诉讼，包括主张对有害产品的生产和销售承担责任的诉讼，涉及两方当事人。其中一方是原告或原告集体，另一方是被告。双方都有举证机会。然而，诉讼程序的本质是，无论证据的实际状况如何，也无论法官对证据的看法如何，双方都会获得大致相同的举证机会。法官不能因为认为原告的证据比被告强四倍，就允许原告提供的证人数量是被告的四倍。因此，诉讼结构可以使不均等的双方证据看起来比实际更均等。同样的情况也会发

生在国会听证会、报纸报道以及其他场合，这些场合的设计或
这些场合所处领域的规范要求并允许以偏离证据内在合理性的
比例提供和出示证据。

　　因此，在各种问题中，有动机的各方——尤其是既有财力、
社会声望和政治权力，又有动机的各方——可以通过（最广泛
意义上的）赞助那些支持他们想要结果的证据创造活动，来填
充现有的证据领域。这些做法使有动机的各方当事人参与了动
机性制造的过程，这一过程会影响所有寻找某些问题之证据的
人所能获得的证据范围的构成。

　　人们不仅创造证据，还必须把证据传播或传递给那些可能
使用它们的人。而传播——传播什么、不传播什么以及如何传
播——也会被持特定价值观和目标的人所影响。我们可以将此
称为动机性传播。这里，有动机的当事人不仅有常见的嫌疑人，
比如有广告代理的烟草公司、有公关公司的炼油厂、有网络大 V
宣传的生活方式倡导者、有自己的出版物和新闻稿的宣传组织，
而且还有看似客观公正的媒体本身。让我们再想一想马和斑马的
例子。"附近有马"没有新闻价值，但"附近有斑马"就不一样了。
出现斑马在统计学上不太可能，因此就成了新闻。无论是"人咬
狗"还是"血腥的故事上头条"，新闻行业里的一大堆陈腐谬论
都支持这样一个结论：我们所了解的事实以及支持这些事实的证
据，往往不仅是由利益相关方提供的，而且是由其他有自己动机
的人过滤和传播的。信息传播的中介人带着动机调节证据领域，
囤积的证据承载着所有带有各种形式利益的人的影响，进入

231

我们和任何有意参考和遵循这些证据的人的视野。

有动机的传播者常常怀有相反方向的动机，这些相反动机相互碰撞的效果可能是有益的。转基因产品的危害可能会吸引一些主流媒体和各种宣传团体，但转基因产品的生产商并不缺乏属于自己的资源和权力。受害者、其律师和激进分子会传递有关警察滥用暴力的证据，但警察也拥有自己的信息传播资源。至少对某些话题和争议，各种观点的碰撞或许有助于证据的接收者了解和评估证据实际的证明力。但情况并非总是如此。

关于证据，有一个无可争议的事实：证据的数量庞大。随着互联网和社交媒体的兴起，证据的数量会更大。这个观察似乎正确到无聊，但它揭示了动机性推理的一种重要表现形式。232 当我们面对铺天盖地的证据时——套用一个常见的比喻，就好像从消防水龙头里喝水一样——即使是相关的证据，我们也只能选择其中的一部分。时间、精力和心智空间的限制迫使我们必须有所选择，而动机性推理通过证据充分的研究提供给我们的明确启示是，我们不仅在感知方面常有偏差，在理解方面也同样常有偏差。我们常常选择那些强化我们现有信念和偏好的证据，而忽略或者至少看轻与我们的信念相悖的证据。[11]在上面提到的分类中，我们可以称其为动机性检索。

科学哲学家，尤其是那些持怀疑态度的哲学家，很早就认识到了一种相关的现象，并常常将其称为"负载理论的观察"（theory-laden observation）。[12]由于我们不可能轻易地观察到世界上的每一个事实，我们只能通过理论和解释来观察这个世界。

因此，有人认为，不仅是我们如何观察，就连我们观察到的内容，都是由我们的背景理论或预设决定的。此外，更为相关的是，从"负载理论的观察"到"负载价值的观察"（value-laden observation）只是一步之遥。[13] 关于观察是否一定会负载价值的问题，人们争论不休。[14] 但对于我们在这里的目的而言，一个更为温和的说法就足够了，那就是观察，尤其是在科学领域之外的观察，往往负载价值，即使这并不绝对。这种温和的说法告诫我们，证据的选择者和评估者的价值观和偏好通常会严重影响他们在所有可得证据中的选择。

有时，这种选择性表现为人们会选择那些能强化其先前信念的证据，而忽略那些质疑其信念的证据。这种确认偏差现象广为人知，也被深入研究过，它并不总是关于第一顺序偏好的问题。[15] 回顾第二章中的一例，医生最初将患者一系列的症状诊断为莱姆病，但可能随后发现与莱姆病不一致的其他症状或迹象。尽管我们希望医生愿意根据新的证据修改最初的诊断，但遗憾的是，人们通常并不这样做。人们通常会抵制挑战他们已有结论的新证据，与此同时，他们会欢迎和甚至主动寻找能够证实自己已有结论的新证据，尽管也有例外。因此，人们接收新证据的过程系统性地偏向支持原有结论的证据，同时背离反驳原有结论的证据。要是我们能说"证据显示……"就好办了，但结果往往是，证据所显示的具有片面性。这种片面性有两层含义：一层含义是我们用的证据并不是所有的证据，另一层含义是我们所认为的相关证据，与一个不那么片面的人挑选出来的证据相比，会偏向一方。

政治和意识形态极化研究是动机性检索的一个有力例证。例如，卡斯·桑斯坦（Cass Sunstein）记录并分析了向两极化的政党提供信息是如何加剧了两极分化。[16] 在分化的两极中，人们会挑选那些支持他们所在那一极的证据，因此提供额外的证据往往只会加剧而不是缓解两极分化，因为人们只会挑出支持他们已有信念的证据，而忽略其余的证据。[17] 关于试图用支持正确信念的证据抵制错误信念的研究给了这个现象另一个更令人沮丧的版本。这种抵制如果有效当然是好事，而且也完全有可能有效，但也有研究表明，那些反驳现有信念的证据反而凸显了与它们对立的证据，事实上常常产生与预期完全相反的效果。[18]

最后一个现象是动机性处理，它与传统意义上的动机性推理最为接近。即使面对所有相关证据，人们通常看待这些证据的方式也只会强化自己原本已有的信念。有时，他们会直接拒绝任何挑战已有信念的东西；有时，他们会曲解数据，好让他们无须否定已有信念或接受与他们偏好的结果不一致的结论，无论在一个不带偏见的旁观者看来，这些数据是多么不可能被曲解。

从动机性制造证据开始，到通过动机性传播对证据进行过滤，再根据检索者的动机和偏好有选择性地检索证据，最后根据这些偏好评估证据，这幅画面令人惊心。但是，我们不应该因噎废食。如果我们相信证据的重要性和力量，那我们就可以把这种信念作为潜在的矫正器，矫正导致我们用含动机的因而也失之偏颇的眼光看待证据的动机。但也有证据表明，动机性推理是普遍存在的现象。因此，如果我们相信证据的重要性和力量，我们就应该去识别动机性推理的证据。并且，当我们审视证据在实际决策中是如何被现实中的人们使用时，我们也不应该忘记我们对证据的重要性和力量的信念。

模糊但有用的区分

区分两种形式的动机性推理不无裨益，即使我们意识到两者之间的边界既模糊又松散。一种是当支持和反驳某个事实性命题的证据同时存在时，人们会进行动机性推理；另一种是当所有或者绝大部分证据指向一个方向时，人们会动机性拒绝证据。这两者是不同的。前一种情况是，当我们抱着或多或少的善意和开放心态，考查了支持和反对某个结论的证据后，发现即使经过适当的举证责任过滤后，这些证据依然不能让我们下定论。在这种情况下，虽然双方都存在一些证据，甚至双方证据势均力敌，但所谓"软性"动机性推理开始发挥作用，引导我们选择自己喜欢的选项。顾名思义，软性动机性推理只有在我们认为既有足够的证据支持，也有足够的证据反对某个结论时，才会起作用。除此之外，我们无法想象软性动机性推理会在其他的条件下起作用。

相比之下，当证据有力地或压倒性地支持某个命题，而人们却因为不喜欢这些证据指向的结论而加以拒绝时，"硬性"动机性推理就开始起作用了。在本书写作时的最近，关于2020年总统大选中普遍存在舞弊现象的说法就是一个最突出的例子；关于全球变暖不真实的说法紧随其后。在这些例子中，一个假想的中立旁观者会看到所有或几乎所有的证据都支持一方。但有些人为了自己偏好的结果，干脆否认这些证据。我们应该为硬性动机性推理的存在感到悲哀，社会应该通过教育和其他手段降低这种推理的频率及后果，并且应该加大力度。但归根结底，对于那些从一开始就认为证据并不重要的人来说，证据分析形同虚设。我们可以希望证据能够说服人们放弃这样的信念，比如帕克兰（Parkland）校园枪击案是政治左派策划的"假旗"行动，以及并没有飞机在2001年9月11日撞击五角大楼，这两个主张来自众议员玛乔丽·泰勒·格林（Marjorie Taylor Greene）。[19] 然而，再多的证据也不可能说服那些从一开始就对证据不感兴趣的人。

走近潘格罗斯博士

伏尔泰（Voltaire）在1759年创作的讽刺小说《老实人》（Candide）中，最令人难忘的人物是潘格罗斯（Pangloss）博士，历经近三个世纪，"潘格罗斯"以形容词的形式（Panglossian，意为过分乐观的)流传了下来。潘格罗斯博士是个永远的乐天派，因而我们现在用"潘格罗斯"指戴着玫瑰色的滤镜看待世界和未来。尤其是这个世界充满了互相冲突的事实、互相竞争的目标和互不相容的原则，做一个潘格罗斯意味着相信所有这些冲突都是虚幻的，那些看似互不相容的事实、目标和原则全部可以和谐共存。[20] 例如，有些人可能会认为言论自由和公共秩序不可兼得，迫使我们在特定情境下二者选其一。但潘格罗斯们可不这么认为。威胁公共秩序的并不真的是言论自由，或者说言论自由并不真的威胁公共秩序。无论哪种想法都可以消解冲突。

潘格罗斯博士与证据问题，尤其与我们在本章中讨论的动机性推理问题密切相关。如果证据似乎指向一个结论，但这个结论却与某人的价值观、愿望或偏好相冲突，那么潘格罗斯们就会劝说与证据相冲突的人调整自己的偏好以适应证据，或者调整证据来迎合自己的偏好。这两种策略都能消解冲突，但众所周知，人们很难改变自己的价值观和偏好。他们可以通过调整证据，或者至少调整他们对证据的看法来避免第一种策略，然后，对他们来说，冲突就消失了。[21]

心理学家记录了这一现象，并发现了人类对认知一致性（cognitive consistency）的渴望。[22] 当我们无法实现认知一致性时，就会产生认知失调（cognitive dissonance，这个标签已经深入人心）。[23] 尽管只对心理学略知一二的人常常为这个标签争论不休，但认知失调这种被仔细记录下来的现象，指的是人们倾向于避免向不相容的想法、原则、目标、需求甚至事实妥协。人们"需要看到一个结构规整、前后一致、秩序井然的世界",这不足为奇。[24] 这不仅涉及人们如何看待这个世界,也涉及人们如何看待自己的生活及生活中的许多事情。如果我想减肥,又喜欢吃冰激凌,我可以说服自己吃冰激凌并没有那么容易发胖,或者我并不真的那么胖。两种方法都可以消解不一致性,尽管这个结果是需要我修改对事实的看法才能得到的。

同样的道理,尽管动机性推理有很多原因也有很多后果,但至少在一定程度上也是类似避免认知失调的产物。只要推理在某方面得出事实性结论,那么得出与我们的事实性偏好相一致的事实性结论就是一种好的推理方式。可以说,动机性推理不符合对证据诚信与以证据为本的原则。但是,动机性推理存在本身就是对人类行为进行证据调查的产物,如果我们认为应该避免动机性推理(确实如此),那么我们就应该确保,我们不是在用动机性推理来淡化动机性推理的程度或后果。

尾 声

2021 年 2 月 6 日,在对当时的前总统唐纳德·特朗普的第二次弹劾审判前,夏威夷民主党参议员布赖恩·沙茨(Brian Schatz)说:"我不清楚是否有任何证据能改变任何人的想法。"[25] 弹劾审判从来都不重视证据,尤其是这次,作为决策者的参议员在 2021 年 1 月 6 日美国国会大厦遭受冲击时正在现场,亲身经历使他们更加轻视证据。在这样的背景下，参议员沙茨的评论似乎令人沮丧地不言自明。弹劾审判，至少在总统级别的弹劾审判，从来都不是出示证据并仔细考量证据的场合，这次也不例外。

238   然而，更为令人不安的是，沙茨的评论针对的可能不仅仅是弹劾，也不仅仅是美国参议院的活动。令人遗憾的是，沙茨所说的可能是人类行为和决策过程的典型特征，在这些过程中，我们往往在参考证据之前或者故意绕开对证据的参考而作决定，或者扭曲选择和评估证据的过程。有迹象表明，那些在政治上更老练的人更有可能在政治问题上做动机性推理和证据选择，而不是相反。这也许是因为他们更善于在与他们意见相左的论点或立场中寻找缺陷，却不太愿意在他们自己的立场、论点和证据中寻找及承认缺陷。[26]

从某种重要的方面来说，关于动机性推理的最后一章本可以成为本书任何一章的任何一个部分，作为阅读本书任何一章前的限制条件。本书每一章的前提都是：对某些人来说，在某些时候，在某些问题上，证据很重要。本书是为那些证据对他们来说很重要的人写的，也是为当证据对他们来说变得重要时写的。对于那些认为证据不重要的人来说，再多的证据，再多的证据分析，也无济于事。

注释

第一章　作为事实

1　尤其在第十三章，论述心理学家所谓的"动机性推理"。

2　我们这些对疫苗或自闭症知之甚少的人可以断言，接种疫苗不会导致自闭症，因为真正了解疫苗和自闭症的专家已经得出了这样的结论。我的证据就是专家结论，尽管他们的证据来自对照实验、数据分析、系统观察和其他科学研究方法。见 Frank DeStefano, Cristofer S. Price, and Eric S. Weintraub, "Increasing Exposure to Antibody-Stimulating Proteins and Polysaccharides in Vaccines Is Not Associated with Rise of Autism," *Journal of Pediatrics* 163 (2013): 561-567; Dennis K. Flaherty, "The Vaccine-Autism Connection: A Public Health Crisis Caused by Unethical Medical Practices and Fraudulent Science," *Annals of Pharmacotherapy* 45 (2011): 1302-1304。将专家结论作为证据是第九、十、十一章的重点，且疫苗接种与自闭症的例子会在第九章再次出现。

3　见 "FDA Cautions against Use of Hydroxychloroquine or Chloroquine for COVID-19 Outside of the Hospital Setting or a Clinical Trial Due to Risk of Heart Rhythm Problems," at www.fda.gov (July 1, 2020), 参考 Pharmacovigilance Memorandum of May 19, 2020, prepared by the Office of Surveillance and Epidemiology, Center for Drug Evaluation and Research, Food and Drug Administration, at www.accessdata.fda.gov; Recovery Collaborative Group, "Effect of Hydroxychloroquine in Hospitalized Patients with Covid-19," *New England Journal of Medicine* 383 (Nov. 2020): 2030-

2040; Adam Clark Estes, "Hydroxychloroquine Conspiracies Are Back, but Trump's the Patient Now," at www.vox.com (Oct. 7, 2020)。

242 4 Daniel P. Moynihan, "More than Social Security Was at Stake," *Washington Post*, Jan. 18, 1983, A17. 如今，这句话和这个想法与莫伊尼汉联系在一起，但据网站 Quote Investigator (www.quoteinvestigator.com) 报道，几乎相同的话最早由金融家伯纳德·巴鲁克（Bernard Baruch）在 20 世纪 40 年代和时任国防部长的詹姆斯·罗德尼·施莱辛格（James Schlesinger）在 20 世纪 70 年代说过。

5 David Hume, *A Treatise of Human Nature*, ed. L. A. Selby-Bigge, 2nd ed., revised by P. H. Nidditch (Oxford: Clarendon Press, 1975) (orig. pub. 1739), bk. 3, pt. 1, sec. 1, par. 27. 讽刺的是，休谟本人如今却被证据问题缠身。爱丁堡大学最近将以前的大卫·休谟大楼改名为乔治广场 40 号，原因是休谟在他的一些著作中发表过种族主义言论，尤其是在下文注脚中："Of National Characters," in David Hume, *Essays Moral, Political Literary*, ed. Eugene F. Miller (Indianapolis: Liberty Fund, 1987) (orig. pub. 1777), 197-215, at 207n10. 由于大楼改名，有关休谟而不仅仅是休谟作品中的证据问题，如今也备受关注。尽管是否为大楼改名或推倒雕像是规范性问题，但规范性问题的背后潜藏着大量初步的事实问题。对休谟来说，这些事实问题，即问题的答案需要证据，包括休谟写了或没写什么、休谟持有或不持有什么观点、休谟做了或没做什么、休谟的同时代人信仰或不信仰什么。只要我们接受某种版本的休谟对"是"与"应当"的区分，这些事实问题就必然是决定是否和如何赞美休谟，以及是否、如何和在多大程度上谴责休谟的先决条件。

6 更准确地说，皮肤发黄是黄疸的证据，而黄疸则是肝炎的证据。虽然相比大多数白人，许多非裔美国人的肤色变化可能更难发现，但两者都有同样的现象。

7 见 Adam Liptak, "Amy Coney Barrett, Trump's Supreme Court Pick, Signed Anti-Abortion Ad," *New York Times*, Oct. 1, 2020, A1. 提名者全都抵制将法官当前的政策或道德信仰与法官当前的司法决策相关联的想法，法官巴雷特在 2020 年 10 月的确认听证会上也是这样做的。许多（或许是大多数）法律专业人士通常也会抵制这种想法。然而，至少就最高法院的大法官而言，他们当前的道德和政策观点就是他们作为大法官投票倾向的有力证据，这一结论得到了实证主义政治学家数十年研究的支持。见 Saul Brenner and Harold J. Spaeth, *Stare Indecisis: The Alteration of Precedent on the Supreme Court, 1946-1992* (New York: Cambridge University Press, 1995); Jeffrey J. Segal and Harold J. Spaeth, *The Supreme Court and the Attitudinal Model Revisited* (New York: Cambridge University Press, 2002)。 尽管这些书中列举的态度模型在近些年来受到了质疑和改进，但是，"先前的法律态度是大法官在最高法院投票的主要（但非唯一）的决定因素"这一基本思想依然是关于最高法院决策的经验研究的"圣杯"。Nancy Scherer, "Testing the Court:

Decision Making under the Microscope," *Tulsa Law Review* 50 (2015): 659-668, at 661。

8 见 CNN Opinion, "Who Won the Debate," www.cnn.com, Oct. 23, 2020; Jennifer 243 Agiesta, CNN Poll, "Biden Wins Final Presidential Debate," www.cnn.com, Oct. 23, 2020。

9 令人钦佩且欣慰的是，并非所有人都如此。见 Dave Boucher, "Michigan Board Votes to Certify Election Results despite GOP Calls to Delay," *Detroit Free Press*, Nov. 23, 2020; Brad Raffensperger, "I Have Fought to Uphold the Integrity of Elections in Georgia. It Doesn't Matter if the Attacks Come from the Guy I Voted For," *USA Today*, Nov. 25, 2020。

10 1839 年 2 月 7 日，在美国参议院的演讲中，亨利·克莱说："阁下，我宁可为做正确的事而不做总统。"见 Robert Seager III, "Henry Clay and the Politics of Compromise and Non-Compromise," *Register of the Kentucky Historical Society* 85 (1987): 1-28。

11 Philippa Foot, "Moral Arguments," Mind 67 (1958): 502-513. 一个很有用的概述见 Pekka Väyrynen, "Thick Ethical Concepts," *Stanford Encyclopedia of Philosophy*, www.plato.stanford.edu (2016); Bernard Williams, *Ethics and the Limits of Philosophy* (Cambridge: Cambridge University Press, 1985), 141-144。

12 背景资料见 John Hooper, *Fatal Voyage: The Wrecking of the Costa Concordia* (Amazon/Kindle, 2015); Marco Imarisio and Fiorenza Sarzanini, *Concordia: The True Story* (Milan: Corriere Della Sera, 2012); Edward Jones, *Reckless Abandon: The Costa Concordia Disaster* (Amazon/Kindle, 2012); "Captain of Ship That Capsized off Italy in '12 Is Convicted," *New York Times*, Feb. 12, 2015, A4。

13 见 Gregory Korte, "'Crooks' Versus 'Socialists': Ads Frame Georgia Bitter Runoffs," Bloomberg News, Dec. 31, 2020, www.bloomberg.com。

14 见 Dan Berman, "Barrett Ducks Questions on Presidential Power and Systemic Racism in New Answers to Senate," *CNN Politics*, at www.cnn.com (Oct. 21, 2020)。

15 杰弗里·吉尔伯特 (Geoffrey Gilbert) 勋爵是最早将证据本身当作一个法律主题的人之一，在他去世 28 年后，他的论文《证据法》(*The Law of Evidence*) 于 1754 年在伦敦首次出版。关于英美法系世界中的证据法的起源，见 John H. Langbein, "Historical Foundations of the Law of Evidence: A View from the Ryder Sources," *Columbia Law Review* 96 (1996): 1168-1202。

16 这并不意味着起源于英国法律的英美法系法律制度比大陆法系法律制度能给我们更有价值的启示。这里是说，产生这种不同的原因是，大多数大陆法系司法管辖区一直采用类似于"自由证明"的方法，这种方法倾向于避免过多使用规则，而是以普通人在日常生活中评估证据的方式，逐案评估证据。见 Mirjan

R. Damaöka, *Evidence Law Adrift* (New Haven, CT: Yale University Press, 1997); Damaöka, "Free Proof and Its Detractors," *American Journal of Comparative Law* 43 (1995): 343-357; Frederick Schauer, "The Role of Rules in the Law of Evidence," in *Philosophical Foundations of the Law of Evidence*, ed. Christian Dahlman, Alex Stein, and Giovanni Tuzet (Oxford: Oxford University Press, forthcoming 2021)。支持"自由证明"观点的理由或许有很多, 杰里米·边沁(Jeremy Bentham)以他特有的尖刻对此做了大量的论述, 尽管边沁在一个英美法系国家生活和写作。Jeremy Bentham, *Rationale of Judicial Evidence*, in *The Works of Jeremy Bentham*, vol. 6, ed. John Bowring (Edinburgh: William Tait, 1843)。但是, 在基于规则的英美法系方法的对比下, 自由证明模式的非系统性方法为我们在如何思考证据方面增加的价值较少。

244   17 Oliver Wendell Holmes, "The Path of the Law," *Harvard Law Review* 10 (1897) 457-476, at 459, 在撰写此文时, 霍姆斯尚未在联邦最高法院任职, 而是马萨诸塞州最高法院的一名法官。

18 Letter from Oliver Wendell Holmes Jr. to Harold J. Laski (Jan. 5, 1921), in *The Holmes-Laski Letters*, vol. 1, ed. Mark De Wolfe Howe (Cambridge, MA: Harvard University Press, 1953), 300.

19 Steven Brint, *In an Age of Experts: The Changing Role of Professionals in Politics and Public Life* (Princeton, NJ: Princeton University Press, 1994).

第二章 斑马、马与推断的本质

1 事实上, 伍德沃德医生曾在 1948 年获得诺贝尔奖提名(但未获奖), 但提名理由是他为伤寒治疗所做的研究, 而不是"猜是马, 而不是斑马"这句格言。

2 Nassim Nicholas Taleb, *The Black Swan: The Impact of the Highly Improbable* (New York: Random House, 2007).

3 芭芭拉·斯佩尔曼提醒我"英雄所见略同"这句格言的问题在于它是错的。伟大的头脑之所以伟大, 正是因为他们既脱离了大众(the crowd), 或亚里士多德所谓的牧群(the herd), 也脱离了彼此。

4 见 Centers for Disease Control and Prevention, "Lyme Disease," at www.cdc.gov.

5 至于这些概率如何发挥作用, 则牵涉到关于"最佳解释推理"、贝叶斯更新和所谓或然论的旷日持久的争论, 本章稍后将讨论这些问题。

6 Ian Hacking, *An Introduction to Probability and Inductive Logic* (Cambridge: Cambridge University Press, 2001), 11.

7 见 D. J. Friedland et al., *Evidence-Based Medicine: A Framework for Clinical Practice* (New York: McGraw-Hill / Lange, 1998); David M. Eddy, "Evidence-Based Medicine: A Unified Approach," *Health Affairs* 24 (2005), 9-17; Evidence-Based Medicine Working Group, "Evidence-Based Medicine: A New Approach to Teaching the Practice of Medicine," *Journal of the American Medical Association* 268 (1992): 2420-2425。

8 此文将循证医学明确地称为一种"运动": Desmond J. Sheridan and Desmond G. Julian, "Achievements and Limitations of Evidence-Based Medicine," *Journal of the American College of Cardiology* 68 (2016): 204-213, at 205。

9 D. L. Sackett, W. M. Rosenberg, and J. A. Gray, et al., "Evidence Based Medicine: What It Is and What It Isn't," *British Medical Journal* 312 (1996): 71-72.

10 总结见 Matthew Herper and Helen Branswell, "Moderna Covid-19 Vaccine Is Strongly Effective, Early Look at Data Shows," www.statnews.com (Nov. 16, 2020)。辉瑞公司的一个类似设计的研究征集了 4.3 万名参与者，得到了 95% 的有效性，见 www.cnn.com (Nov. 18, 2020)。莫德纳和辉瑞实验的完整方案见 https://www.modernatx.com/sites /default/files/mRNA-1273-p301-Protocol.pdf, and https://pfe-pfizercom-d8-prod.s3 .amazonaws.com/2020-09/C4591001_clinical_protocol.pdf。显然，这在很大程度上取决于安慰剂组和治疗组"其他都相同"的配置。如果实验对象是人，那么没有两组是真正完全相同的就很容易理解。但实验小鼠也是如此，因为没有两组小鼠是完全相同的，尽管小鼠之间的差异对我们来说可能不那么明显。尽管如此，治疗组和对照组（安慰剂组）的规模越大，一组的各种特征就越有可能与以相同方式从同一群体中随机抽取的另一组的各种特征高度相似。

11 关于定性研究或个案研究如何能够（并且应该）与使用大型数据的定量研究拥有一样的理论依据与严谨性，见 Gary King, Robert O. Keohane, and Sidney Verba, *Designing Social Inquiry: Scientific Inference in Qualitative Research* (Princeton, NJ: Princeton University Press, 1994)。

12 "要让我们相信……"并不是对循证医学运动的动机的断言。它是对语言的断言，这种断言基于这样的观点，即人们只会在断言有一定意义时才会做出断言。而这个意义通常是可能存在断言的反面。正如哲学家约翰·塞尔（John Searle）所谓"没有可评论性就不会有评论"。John R. Searle, *Speech Acts: An Essay in the Philosophy of Language* (Cambridge: Cambridge University Press, 1969), 144。如果我准确地评论道，我的同事山姆今天是清醒的，那么我就已经提出了他有些日子不清醒的推断，就像马萨诸塞州收费公路上那些警告司机如果错过了出口就不要在高速公路上倒车的告示牌，表明马萨诸塞州有些司机真的会做这样吓人的事。"循证医学"也是如此，它的标签让人推断还有另一种医学，一种不以证据为基础的医学。

245

13 当实验是由与实验结果的经济利益无涉的研究人员设计和执行（或监督）时，情况尤其如此。为了最小化这个风险，莫德纳和辉瑞公司都不厌其烦地强调，他们的实验是与像美国国立卫生研究院（National Institutes for Health）下属的美国国家过敏与传染病研究所（National Institute of Allergy and Infectious Diseases）这样的卫生健康政府机构合作进行的。

14 关于"匿名者 Q"阴谋论，见 Kevin Roose, "What Is QAnon, the Viral Pro-Trump Conspiracy Theory?", *New York Times*, Oct. 19, 2020。

15 Donald J. Trump for President, Inc. v. Boockvar, Case 4:20-cv-02078-MWB (M.D. Pa., Nov. 21, 2020).

16 关于间接证据，见 Zechariah Chafee Jr., "La Critique du TÈmoignage" (book review), *Harvard Law Review* 42 (1929): 839-843, at 840 中描述的"间接证据有问题"这个"流行甚广的看法"，但作者并不认同。不过，法律明智地没有这样分类。一个有杀害受害人动机的被告在谋杀发生时出现在谋杀发生地附近，这可能比一个视力不佳的目击证人在大雾之夜从很远的地方进行的目击指认更有力，也比一个缺乏经验的警探提取的局部指纹更有力。证据有强有弱，但将目击证人的指认和物证置于一极，而将包括间接证据在内的其他一切证据置于另一极，这样的强弱尺度并不符合现实。早先有人认为，直接证据与间接证据的不同反映的是，一种证据本身就是审判中重要事实的证据，另一种证据则需要额外的推断步骤，而后者总是较弱。Arthur P. Will, *A Treatise on the Law of Circumstantial Evidence* (Philadelphia: T and J. W. Johnson, 1896)。根据这种观点，现场听到被告说"把钱交出来，否则我打死你"的人所提供的直接证据，与没有看到抢劫现场，但在抢劫行为据称发生后，看见被告提着一个包从银行跑出来的人所提供的间接证据，这两者是不同的。但从间接证据中推断出来的证据往往非常有力，就像上文的例子，这就是为什么法律没有仅仅因其间接性而"一刀切"地贬低间接证据。在数以千计的判决中，见 State v. Quinet 752 A.2d 490 (Conn. 2000); State v. Jenks, 574 N.E.2d 492 (Ohio, 1991); State v. Derouchie, 440 A.2d 146 (Vt. 1981)。

17 在《白额闪电》（*The Adventures of Silver Blaze*，1892 年）中，夏洛克·福尔摩斯通过狗没有叫推断出会导致狗叫的预期事件没有发生。在 2020 年 11 月 4 日，即总统大选后的第二天，特朗普总统及其盟友对选举舞弊的指控可谓空口无凭，而在随后几个月里，那些指控舞弊的人还是未能提供相关文件、统计、证词或间接证据，这就可以被理解为不存在舞弊证据了。随着时间一天天过去，那些能从证据中获利的人却始终没有提供证据，最初的没有舞弊证据渐渐成了舞弊不存在的证据。

18 Beth A. Bechky 撰写的一本关于犯罪实验室和法医学证据的珍贵书籍，书名为 *Blood, Powder, and Residue: How Crime Labs Translate Evidence into Proof*

(Princeton, NJ: Princeton University Press, 2021)。书名暗示单项证据到了某个程度就能证明某个结论。这种用法很常见，但有可能误导读者，使其认为证据只有到了足以排除合理怀疑而定罪时才有用。

19 我之所以说"通常"，是为了将关于我们可以先验地（即在没有证据的情况下）知道什么（如果有的话）的问题留给哲学家——或许还有神经学家——去思考。然而，即使是我们认为的直接感知——我们的所见、所嗅、所闻、所尝和所触——其本身也都基于证据，认识到这一点很重要。例如，我认为我吃的东西是咸的，是根据我舌头上的一种感觉，而我已经知道这种感觉是氯化钠接触到我的某些味蕾而产生的。

20 见 https://www.monticello.org/site/blog-and-community/monticello-affirms -thomas- 247 jefferson-fathered-children-sally-hemings#footnoteref1-m550xjt。另见 Annette Gordon-Reed, *Thomas Jefferson and Sally Hemings: An American Controversy* (Charlottesville: University of Virginia Press, 1997); Annette Gordon-Reed, *The Hemingses of Monticello: An American Family* (New York: W. W. Norton, 2008)。不同观点，见托马斯·杰斐逊遗产协会的主张：www.tjheritage.org, and Robert F. Turner, ed., *The Jefferson-Hemings Controversy: Report of the Scholars Commission* (Durham, NC: Carolina Academic Press, 2011)。尽管托马斯·杰斐逊基金会明智地明确依赖贝叶斯定理来支持他们从多项连续的证据中得出的结论，但是在对杰斐逊是海明斯六个孩子生父的可能性做统计分析之前，该基金会用 0.50 作为其先验概率，这个数字本身就是在统计分析之前对现有证据的一个粗略的定性估计，认识到这一点很重要。0.50 这个数字看似合理，但将一个精确的数字附加在一个臆测上，会造成这个臆测的准确性高于实际情况的错觉，尽管这个臆测也是建立在证据基础上的。还值得注意的是，在没有任何证据的情况下将先验概率设定为 0.50 是一个常见错误，尽管基金会并没有这样做。这种做法通常基于这样一个假设，即在没有证据的情况下，人们可以得出两个相反结论中的任何一个。但是，对先验概率的恰当评估要么来自证据，要么来自合理的假设，而一个名叫托马斯·杰斐逊的奴隶主使其家中名叫萨莉·海明斯的奴隶怀孕的概率为 50% 这样的假设几乎不可能是合理的。因此，真实的先验概率非常低。根据基金会的报告，DNA 证据和各种文献证据将后验概率提高到了 0.50。然后，这个后验概率被用作先验概率，为统计分析提供进一步证据。

21 那些"仅仅"证实了已知事实的证据通常仍然是证据，只要在得到支持性证据之前的可能性小于 100%。如果三名证人在 10 月 6 日上午 11 点在第一大道和榆树街交叉处看到一辆红色别克车，那么第四名证人在同一天同一时间看到一辆具有相同特征的汽车，使得之前极有可能得出的结论——该车当时就在该地——变得更加有可能。

22 见 Rudolf Carnap, *Logical Foundations of Probability*, 2nd ed. (Chicago: University of Chicago Press, 1962), 463; Mary Hesse, *The Structure of Scientific Evidence* (Berkeley: University of California Press, 1974), 134。

23 一个例子是 Peter Achinstein, "Concepts of Evidence," *Mind* 87 (1978): 22-45。

248 24 凡·米格伦的伪造已成为多部著作的主题，包括 Edward Dolnick, *The Forger's Spell: The True Story of Vermeer, Nazis, and the Greatest Art Hoax of the Twentieth Century* (New York: Harper Collins, 2008)。那些被凡·米格伦的伪作蒙骗的人包括著名的艺术专家、著名的博物馆和赫尔曼·戈林（Hermann Goering），他们无疑为赝品增添了魅力。

25 第二次世界大战结束后，凡·米格伦被指控与纳粹合作，因为他向对"获得"伟大艺术品无限渴望的赫尔曼·戈林出售了包括维米尔的画在内的几幅重要画作。凡·米格伦明智地选择了作为伪造者而不是叛国者受罚，他对伪造行为的供认使得他向纳粹出售部分荷兰文物的指控被撤销了。但是，凡·米格伦在 1947 年去世，距认罪不到一个月，因而并没有服因伪造罪被判的一年刑期。完整故事见 Dolnick, *The Forger's Spell*; Jonathan Janson, "Essential Vermeer 3.0," www.essentialvermeer.com (2020); Beneditta Ricca, "The Art of Forgery-Art Forgers Who Duped the World," *Artland*, April 17, 2020, https://magazine.artland.com/the-art-of-forgery-art-forgers-duped-world/。

　　值得注意的是，尽管供认通常是供认者所供认之事的有力证据，但依然只是这个结论的证据，在某些情况下也可能并不可靠。出于种种原因，人们有时会供认做了自己并没有做的事，即使这个供认会使他们受到刑罚。因此，供认是证据，但它并不是决定性的。Saul M. Kassin, "False Confessions: Causes, Consequences, and Implications for Reform," *Current Directions in Psychological Science* 17 (2008): 249-253; Saul Kassin and Katherine L. Kiechel, "The Social Psychology of False Confessions: Compliance, Internalization, and Confabulation," *Psychological Science* 7 (1996): 125-128; Richard A. Leo, "False Confessions: Causes, Consequences, and Implications," *Journal of the American Academy of Psychiatry and Law* 37 (2009): 332-343。

26 最近的一篇综述是 Nick Chater et al., "Probabilistic Biases Meet the Bayesian Brain," *Current Directions in Psychological Science* 29 (2020): 506-512。

27 关于"信念有程度之分"，见 Edward Elliott, "'Ramseyfying' Probabilistic Comparison," *Philosophy of Science* 87 (2020): 727-754。

28 关于概括在各种情况下的使用（和误用），见 Frederick Schauer, *Profiles, Probabilities, and Stereotypes* (Cambridge, MA: Harvard University Press, 2003)。关于概括的概念作为规则思想的核心，见 Schauer, *Playing by the Rules: A Philosophical*

Examination of Rule-Based Decision-Making in Law and in Life (Oxford: Clarendon Press, 1991)。与此相关的还有一般概括的概念，哲学家萨拉-简·莱斯利（Sarah-Jane Leslie）对此做过著名的理论阐述。见 Sarah-Jane Leslie, "Generics: Cognition and Acquisition," *Philosophical Review* 117 (2008): 1-47; Leslie, "Generics and the Structure of the Mind," *Philosophical Perspectives* 21 (2007): 375-403; Sarah-Jane Leslie and Adam Lerner, "Generic Generalizations," *Stanford Encyclopedia of Philosophy*, https://plato.stanford.edu/archives/win2016/entries/generics/ (2016)。"沃尔沃汽车可靠"是一般陈述，因为大多数沃尔沃汽车是可靠的，但用莱斯利的例子，"蜱虫导致莱姆病"也是一般概括，尽管只有约 1% 的蜱虫会导致莱姆病。而之所以会这样，部分原因取决于与一般概括相比较的类别，使得有意义的一般陈述的概念与文中讨论的递增相关性的概念非常接近。

29　一个适用于法律之外的易懂的分析是 George F. James, "Relevancy, Probability, and the Law," *California Law Review* 29 (1941): 688-705。

30　"The Examination (Audit) Process," FS-2006-10 (Jan. 2006), at www.irs.gov.

31　见 Karen Hube, "Game of Chance?", *Wall Street Journal*, Apr. 19, 1999。

32　Gilbert Harman, "The Inference to the Best Explanation," *Philosophical Review* 74 (1965): 88-95; Peter Lipton, *Inference to the Best Explanation*, 2nd ed. (London: Routledge, 2004).

33　无论是在法律体系中还是在一般情况下，对整体推理做出的最全面的讨论是 Amalia Amaya, *The Tapestry of Reason: An Inquiry into the Nature of Coherence and Its Role in Legal Argument* (Oxford: Hart, 2015)。正如 Amaya 明确指出的，最佳解释推理与实用主义哲学家查尔斯·桑德斯·皮尔士（Charles Sanders Peirce）在 19 世纪提出的溯因（abduction）思想密切相关，但并不完全相同。关于现代意义上的溯因（最佳解释推理）与皮尔士所理解的溯因之间的差异，见 Igor Douven, "Abduction," *Stanford Encyclopedia of Philosophy*, at www.plato.stanford.edu (2017)。关于广义的最佳解释推理，另见 Gloria Hon and Sam S. Rakover, eds., *Explanation: Theoretical Approaches and Applications* (Dordrecht: Springer, 2001); Peter Achinstein, "Inference to the Best Explanation: Or, Who Won the Mill-Whewell Debate?", *Studies in the History and Philosophy of Science* 23 (1992): 349-364; Philip Kitcher, "Explanatory Unification and the Causal Structure of the World," in *Scientific Explanation*, ed. Philip Kitcher and Wesley Salmon (Minneapolis: University of Minnesota Press, 1989), 410-505; Bas C. van Fraassen, *Laws and Symmetry* (Oxford: Oxford University Press, 1989)。

34　除了前面引述的文献外，见 Stathis Psillos, "Inference to the Best Explanation and Bayesianism," in *Induction and Deduction in the Sciences*, ed. Friedrich Stadler (vol.

249

11 of the Institute of the Vienna Circle Yearbook) (Dordrecht: Springer, 2004), 83-92; Samir Okasha, "Van Fraassen's Critique of Inference to the Best Explanation," *Studies in the History and Philosophy of Science* 31 (2000): 691-710。

35　见 Ronald J. Allen, "Factual Ambiguity and the Theory of Evidence," *Northwestern University Law Review* 88 (1994): 604-640; Ronald J. Allen and Michael S. Pardo, "Relative Plausibility and Its Critics," *International Journal of Evidence and Proof* 23 (2019): 5-59; Michael S. Pardo and Ronald J. Allen, "Judicial Proof and the Best Explanation," *Law and Philosophy* 27 (2008): 223-268; Nancy Pennington and Reid Hastie, "Explaining the Evidence: Tests of the Story Model for Juror Decision Making," *Journal of Personality and Social Psychology* 62 (1992): 189-206; Pennington and Hastie, "A Cognitive Theory of Juror Decision Making: The Story Model," *Cardozo Law Review* 13 (1991): 519-558; Pennington and Hastie, "Explanation-Based Decision Making: Effects of Memory Structure on Judgment," *Journal of Experimental Psychology: Learning, Memory, and Cognition* 14 (1988): 521-533。

250　36　Susan Haack, "Proving Causation: The Holism of Warrant and the Atomism of Daubert," *Journal of Health and Biomedical Law* 4 (2008): 253-289.

37　Lipton, *Inference to the Best Explanation*, at 1.

第三章　举证责任

1　与此相反的是 Richard H. Gaskins, *Burdens of Proof in Modern Discourse* (New Haven, CT: Yale University Press, 1992), 1-6, 108-114, 将无知等同于不确定性。

2　在一些哲学家看来，知道某事就是处于确定的状态，以至于说"确定地知道"是多余的，因为"知道"就是"确定地知道"。根据这种观点，只有在你无法想象事情不是这样的情况下，或者说只有在所有相反的可能性都能绝对被排除的情况下，你才知道某事。笛卡尔是这一观点的典型来源，一代又一代的哲学系学生所受的教育就是这种绝对主义的知识概念。见 John Hospers, *An Introduction to Philosophical Analysis*, rev. 2nd ed. (London: Routledge and Kegan Paul, 1967), 153; Matthias Steup and Ram Neta, "Epistemology," *Stanford Encyclopedia of Philosophy*, https://plato.stanford.edu/archves /fall2020/entries/epistemology/ (2020)。这一概念充斥在专业哲学领域，见 Alvin I. Goldman, *Knowledge in a Social World* (Oxford: Clarendon Press, 1999), 23, 戈德曼（Alvin I. Goldman）将其描述为"强"的知识，但在非哲学话语中，它并不占主导地位，我在本书中也没有用这个概念。相

反，本书和世界上大多数地方提到的知识都是戈德曼合理地称之为"弱"的知识，戈德曼在他的书中也使用了这一概念。我知道佛蒙特州一月份通常很冷，我的车是 2019 款的斯巴鲁翼豹，我的课在周一和周三上午 10:10，我出生于 1 月 15 日，卡马拉·哈里斯是现任美国副总统。对于某些哲学家来说，在某些哲学目的上，这些知识可能算不上知识，但值得注意的是，实验研究发现，哲学家的知识概念不仅有别于普通人，也有别于大多数其他学科中对知识的用法。Nat Hansen, J. D. Porter and Kathryn Francis, "A Corpus Study of 'Know' :On the Verification of Philosophers' Frequency Claims about Language," *Episteme* 18 (2021): 242-268; Christina Starmans and Ori Friedman, "Expert or Esoteric? Philosophers Attribute Knowledge Differently than All Other Academics," *Cognitive Science* 44 (2020)。另见 Michael S. Pardo, "Epistemology, Psychology, and Standards of Proof: An Essay on Risinger's 'Surprise' Theory," *Seton Hall Law Review* 48 (2018): 1039-1055; Pardo, "The Gettier Problem and Legal Proof," *Legal Theory* 16 (2010): 37-58。

3 为法律制度历来反感对"排除合理怀疑"用数字进行描述或操作的辩护在 United States v. Hall, 854 F.2d 1036, 1043 (7th Cir. 1988) (Richard A. Posner J.); Ronald J. Allen and Alex Stein, "Evidence, Probability, and the Burden of Proof," *Arizona Law Review* 55 (2013): 557-602; Laurence H. Tribe, "Trial by Mathematics: Precision and Ritual in the Legal Process," *Harvard Law Review* 84 (1971): 1329-1393。与此相反的论点，主张将不精确的概念转化为更精确的公式，无论是在法律制度中还是在其他方面，包括 Jennifer Rose Carr, "Imprecise Evidence without Imprecise Credences," *Philosophical Studies* 177 (2020): 2735-2758; Joe Fore, " 'A Court Would Probably Find . . . ' : Defining Probability Expressions in Predictive Legal Analysis," *Legal Communication and Rhetoric: JALWD* 16 (2019): 49-84; Frederick Mosteller and Cleo Youtz, "Quantifying Probabilistic Assessments," *Statistical Science* 5 (1990): 2-12; Peter Tillers and Jonathan Gottfried, "United States v. Copeland: A Collateral Attack on the Legal Maxim That Proof Beyond a Reasonable Doubt Is Unquantifiable," *Law, Probability and Risk* 5 (2006): 135-157; [Judge] Jon O. Newman, "Taking 'Beyond a Reasonable Doubt' Seriously," *Judicature* 103, no. 2 (2019)。And see *Judgment by the Numbers: Converting Qualitative to Quantitative Judgments in Law,* special issue of *Journal of Empirical Legal Studies* 8 (2011): 1-97。

4 在刑事案件中，对陪审团的指示是否应包含数字百分比，则另当别论，这涉及沟   251
   通心理学和陪审团审议心理学。这里按下不表。

5 见 Georgi Gardner, "In Defence of Reasonable Doubt," *Journal of Applied Philosophy* 34 (2017): 221-241; David Kaye, "Laws of Probability and the Law of the Land," *University of Chicago Law Review* 47 (1979): 34-56; C. M. A. McCauliff, "Burdens

of Proof: Degrees of Belief, Quanta of Evidence, or Constitutional Guarantees?",
Vanderbilt Law Review 35 (1982): 1293-1336; Anne W. Martin and David A. Schum,
"Quantifying Burdens of Proof: A Likelihood Ratio Approach," *Jurimetrics* 27 (1987):
383-401; [Judge] Jack B. Weinstein and Ian Dewsbury, "Comment on the Meaning of
'Proof Beyond a Reasonable Doubt'," *Law, Probability and Risk* 5 (2006): 167-173。
对"排除合理怀疑"标准某些含义的一个颇具影响力的评论是 Larry Laudan, *Truth,
Error, and Criminal Law: An Essay in Legal Epistemology* (Cambridge: Cambridge
University Press, 2006)。对以上评论的一个评论是 Raphael M. Goldman and Alvin I.
Goldman, "Review of Truth, Error, and Criminal Law: An Essay in Legal Epistemology,
by Larry Laudan," *Legal Theory* 15 (2009): 55-66。

6   并非全部。见 Rita James Simon and Linda Mahan, "Quantifying Burdens of Proof: A
View from the Bench, the Jury, and the Classroom," *Law and Society Review* 5 (1971):
319-330, 根据调查得出较低的估计值。

7   我们将在第四章中看到, 事情并非如此简单。为了向吉尔索赔, 杰克必须证明:(1)
吉尔疏忽了;(2)杰克受了伤;(3)吉尔的疏忽导致了杰克受伤。如果杰克必须
以优势证据证明其中每一项, 那么杰克的举证责任会比单纯的优势证据举证责任
更大, 因为只要杰克不能证明这三项中的任何一项, 他就会败诉。相反, 如果杰
克只需通过优势证据证明这三项的合取为真, 那么他对这三项中的任何一项的举
证责任都可以低于优势证据的举证责任。这是合取问题(conjunction problem),
证据法学者已经对此做了深入研究。见 Dale A. Nance, *The Burden of Proof:
Discriminatory Power, Weight of Evidence, and the Tenacity of Belief* (Cambridge:
Cambridge University Press, 2016), 75-77; David S. Schwartz and Elliott R. Sober, "The
Conjunction Problem and the Logic of Jury Findings," *William and Mary Law Review*
59 (2017): 619-692; Mark Spottswood, "Unraveling the Conjunction Paradox," *Law,
Probability and Risk* 15 (2016): 259-296; Bartosz W. Wojciechowski and Emmanuel
M. Pothos, "Is There a Conjunction Fallacy in Legal Probabilistic Decision Making?",
Frontiers in Psychology 9 (2018): 391-401。

8   这次审判引发了大量书籍出版, 其中大部分都很糟糕。较为可靠的两本书是
Darnell M. Hunt, *O.J. Simpson Facts and Fictions: News Ritual in the Construction of
Reality* (Cambridge: Cambridge University Press, 1999), and Jeffrey Toobin, *The Run
of His Life: The People v. O.J. Simpson* (New York: Random House, 1996)。

9   见 B. Drummond Ayres Jr., "Civil Jury Finds Simpson Liable in Pair of Killings," *New
York Times*, Feb. 5, 1997, A1; Richard Winton, "Kim Goldman's Crusade: Make O.J.
Simpson Pay and Never Forget," *Los Angeles Times*, June 12, 2019。

10   尽管民事陪审团被告知 O.J. 辛普森曾对妮科尔·布朗·辛普森说过威胁性的话,

252

而刑事陪审团没有被告知同样的信息，但几乎没有迹象表明，在刑事审判中采纳此类言论会改变审判结果。

11　关于苏格兰的判决选项及其效果，见 Rachel Ormston et al., Scottish Government, *Scottish Jury Research: Findings from a Large Scale Mock Jury Study*, at www.gov. scot (Oct. 9, 2019)。

12　在 Bostock v. Clayton County, Georgia, 140 S. Ct. 1731 (2019) 一案中，美国最高法院裁定，《民权法》第六章中禁止就业性别歧视的部分也禁止基于性取向的歧视，无论受害者的性别。想必第九章也一样。

13　关于背景法律和本文描述问题的说明，见 SurvJustice Inc. v. DeVos, 2019 WL5684522 (N.D. Cal., Nov. 1, 2019); Ilana Frier, "Campus Sexual Assault and Due Process," *Duke Journal of Constitutional Law and Public Policy Sidebar* 15 (2020): 117-143; William C. Kidder, "(En)Forcing a Foolish Consistency? A Critique and Comparative Analysis of the Trump Administration's Proposed Standard of Evidence Regulation for Campus Title IX Proceedings," *Journal of College and University Law* 45 (2020): 1-47; Sarah Swan, "Discriminatory Dualism in Process: Title IX, Reverse Title IX, and Campus Sexual Assault," *Oklahoma Law Review* 73 (2020): 69-99。

14　见 United States v. Comstock, 560 U.S. 126 (2010); Addington v. Texas, 441 U.S. 418 (1979)。

15　美国最高法院的用词是 "convincing clarity"，与 "clear and convincing" 语法结构略有不同，但意思相同。New York Times Co. v. Sullivan, 376 U.S. 254 (1964). 同样的举证责任也适用于原告试图证明被告不是不知实情，而是 "罔顾" 事实真相，后者要求在对出版物的真实性表现出明显的 "严重怀疑" 时不进行调查。St. Amant v. Thompson, 379 U.S. 64 (1968)。

16　William Blackstone, *Commentaries on the Laws of England* (London: 1769), as   253 published in facsimile by University of Chicago Press (1979), 352.

17　许多其他比率收录于 Daniel Pi, Francesco Parisi, and Barbara Luppi, "Quantifying Reasonable Doubt," *Rutgers University Law Review* 72 (2020): 455-508; Frederick Schauer and Richard Zeckhauser, "On the Degree of Confidence for Adverse Decisions," *Journal of Legal Studies* 25 (1996): 27-52, at 34n11; Alexander Volokh, "n Guilty Men," *University of Pennsylvania Law Review* 146 (1997): 173-212。

18　近年来，人们努力查明错误判罪并提供事后的无罪释放。见 Brandon L. Garrett, *Convicting the Innocent: Where Criminal Prosecutions Go Wrong* (Cambridge, MA: Harvard University Press, 2011)。但错误定罪并不一定产生于制度设计错误。改变程序以减少错误定罪的数量很可能会误放更多真正有罪的人，于是我们又回到了布莱克斯通的难题，即决定我们愿意容忍增加多少真正有罪的人被误放，以此达到减少多少无辜的人被误判的目标。对布莱克斯通而言，这一决定并不涉及任何对种族造成不成比例的影响的问题，而这一问题如今已经恰当地渗透到布莱克斯通计算的当代应用中。再者，接受一定量不可避免的错判并不排除当个别错案变得明显时给予赔偿或其他补救。见 Erik Encarnacion, "Why and How to Compensate Exonerees," *Michigan Law Review First Impressions* 114 (2016): 139-154。

19　Ramos v. Louisiana, 140 S. Ct. 1390 (2020).

20　见 Laudan, *Truth, Error, and the Criminal Law*。此外，Laudan 认为，我们不应该只计算误判。他坚持认为，正确的分析还应该包括正确地判有罪或无罪的收益，并且这些收益应该与误判的代价相抵。他的结论是，当我们以这种方式加深对正确和错误判决后果的理解时，我们对恰当的举证责任的评估最终会更有益于社会。此外，这种举证责任会恰当地随被控罪行的性质（包括严重程度）的不同而变化，而不像现行方法那样"一刀切"。

21　见 Sarah Brown, "6 Things to Know About the New Title IX Guidance," *Chronicle of Higher Education*, July 21, 2021; Alexis Gravely, "Thoughts from the Public on Title IX," *Inside Higher Ed*, June 8, 2021, www.insidehighered.com。然而，整个问题仍在不断变化中，这主要是因为参议院健康、教育、劳工及养老金委员会（Senate Committee on Health, Education , Labor, and Pensions）于 2021 年 8 月 3 日拒绝提名 Catherine Lhamon 担任教育部民权办公室助理部长，该办公室负责《民权法》第九章的执行。《民权法》第九章诉讼的举证责任问题成为 Lhamon 的听证会上的焦点，委员会按党派投票打成平局，截至本书撰写时，该问题仍悬而未决。

254　22　一个全面的历史和宪法分析是 Thomas B. Ripy, "Standard of Proof in Senate Impeachment Proceedings," *Congressional Research Service Report* 98-990 (Jan. 7 1999), available at https://crs.reports.congress.gov。近期但较少涉及举证标准的是 Jared P. Cole and Todd Garvey, "Impeachment and the Constitution" (Nov. 20, 2019), https://crs.reports.congress.gov。

23　比较被指控的国际桥牌选手特伦斯·里斯（Terence Reese）所写的书 *Story of an Accusation* (New York: Simon and Schuster, 1966)，与指控者阿兰·特拉斯科特（Alan Truscott）关于同一事件所写的书 *The Great Bridge Scandal: The Most Famous Cheating Case in the History of the Game* (New York: Exposition Press, 1969)。裁判机构采用了很高的举证标准，接近但不完全达到"排除合理怀疑"，并用苏格兰"证据不足"判决的风格得出指控没有得到"支持"的结论。

24　在美国职业橄榄球比赛中，推翻裁判当场判罚的标准是"明确无误的直观证据"，这看似相当于"排除合理怀疑"。

25　见 Andrew Ashworth and Lucia Zedner, *Preventive Justice* (Oxford: Oxford University

Press, 2014), 200-203。

26 关于预设的道德和政治自由权提高了对此类限制的举证责任的观点，见 Eric Winsberg, Jason Brennan, and Chris W. Surprenant, "How Government Leaders Violated Their Epistemic Duties during the SARS-CoV-2 Crisis," *Kennedy Institute of Ethics Journal* 30 (2020): 215-242。但要注意的是，Winsberg 等人所谓提高举证责任的一般行动自由权并不是美国现行法律学说所承认的权利。见 Carmichael v. Ige, 470 F.3d 1133 (D. Haw. 2020)。

27 见 Roger Przybylski, *Recidivism of Adult Sexual Offenders*, published by the Office of Sex Offender Sentencing, Monitoring, Apprehending, Registering, and Tracking, US Department of Justice, Office of Justice Programs (2015), available at www.smart.ojop. gov。

28 不在此全面探讨这些问题的原因之一是为了避免复述 Frederick Schauer, *Profiles, Probabilities, and Stereotypes* (Cambridge, MA: Harvard University Press, 2003) 一书中的内容。

29 除了 Ashworth and Zedner, *Preventive Justice*, 各种其他观点见 Andrew Ashworth, Lucia Zedner, and Patrick Tomlin, eds., *Prevention and the Limits of the Criminal Law* (Oxford: Oxford University Press, 2013), 另见 Sandra G. Mayson, "In Defense of Consequentialist Prevention," *Criminal Law and Philosophy* 15, no. 1 (April 2021)。

30 见 Jennifer Carlson, "Gun Studies and the Politics of Evidence," *Annual Review of Law and Social Science* 16 (2020): 183-202。

31 联邦最高法院在证据层面上对暴力交互式电子游戏进行了辩论。Brown v. Entertainment Merchants Ass'n, 564 U.S. 786 (2011)。由于对此类游戏的限制牵涉到宪法第一修正案中的言论自由条款，最高法院预设，合理化这样的限制需要的举证责任会高于合理化一个更典型的（不存在宪法问题的）对个人自由的限制。与举证责任的决策理论相一致的另一个说法是，宪法第一修正案规定，与缺乏应有的限制相比，设置不合理的限制是更严重的错误。第一修正案还规定，涉及第一修正案（或其他宪法权利）的不合理限制比其他不合理限制的错误更严重。

32 当我们试图对过去某一特定行为进行归责时，通常都会使用因果决定论，无论该归责行为发生在法律制度内外。根据这种观点，事件 C 是后果（效应）E 的原因，当且仅当如果没有 C，E 就不会发生，并且只要有 C，总能产生 E。但在我们制定关于未来行为的政策时，比如制定关于香烟、枪支或阿片类药物的政策时，这种因果决定论就毫无用处，而因果概率论几乎是普遍认知。见 Frederick Schauer and Barbara A. Spellman, "Probabilistic Causation and the Law," *Journal of Institutional and Theoretical Economics* 176 (2020): 4-17。关于概率因果论的哲学文献包括 Patrick Suppes, *A Probabilistic Theory of Causality* (Amsterdam:

255

North Holland, 1970); Nancy Cartwright, "Causal Laws and Effective Strategies," *Noûs* 13 (1979): 419-437; Ellery Eels, "Probabilistic Causal Interaction," *Philosophy of Science* 53 (1986): 52-64; I. J. Good, "A Causal Calculus I-II," *British Journal for the Philosophy of Science* 11 (1961): 305-318; David Papineau, "Probabilities and Causes," *Journal of Philosophy* 82 (1985): 57-74; Wesley Salmon, "Probabilistic Causality," *Pacific Philosophical Quarterly* 31 (1980): 50-74; Deborah Rosen, "In Defence of a Probabilistic Theory of Causality," *Philosophy of Science* 45 (1978): 604-613。一个全面而易懂的统计分析是 A. Philip Dawid, "Statistical Risk," *Synthese* 194 (2017): 3445-3474。

33 在环境方面，该原则认为："当存在会造成严重或不可逆损害的威胁时，缺乏充分的、科学的确定性不该是推迟采取经济有效的措施的理由。" Principle 15 of the UN Rio Declaration on Environment and Development, available at http://www. un.org/documents/ga/conf151/aconf15126-1annex1.htm。见 Jane Holder and Maria Lee, *Environmental Protection, Law and Policy*, 2nd ed. (Cambridge: Cambridge University Press, 2008), 15-34; Marco Martuzzi and Joel A. Tickner, *The Precautionary Principle: Protecting Public Health, the Environment and the Future of Our Children* (Copenhagen: World Health Organization, 2004); Elizabeth Fisher, "Precaution, Precaution Everywhere: Developing a 'Common Understanding' of the Precautionary Principle in the European Community," *Maastricht Journal of European and Comparative Law* 9 (2002): 7-28。Skeptical analyses include Cass R. Sunstein, *Laws of Fear: Beyond the Precautionary Principle* (Cambridge: Cambridge University Press, 2005); Aaron Wildavsky, *But Is It True? A Citizen's Guide to Environmental Health and Safety Issues* (Cambridge, MA: Harvard University Press, 1997)。

256 34 一个被广泛引用的关于这些争议的概述，见 Daniel Steel, "The Precautionary Principle and the Dilemma Objection," *Ethics, Policy and Environment* 16 (2013): 321-340。

35 见 Klaus Messerschmidt, "COVID-19 Legislation in the Light of the Precautionary Principle," *Theory and Practice of Legislation* 8 (2020): 267-292。

36 在 50 多起全部被驳回的诉讼中包括 Texas v. Pennsylvania, No. 155, Orig. (Sup. Ct., Dec. 11, 2020); Trump for President, Inc. v. Secretary of Commonwealth of Pennsylvania, 2020 WL 7012522 (3d Cir., Nov. 27, 2020); Trump v. Wisconsin Elections Commission, 2020 WL 7318940 (E.D. Wis., Dec. 12, 2020); Bowyer v. Ducey, 2020 WL 7238261 (D. Ariz., Dec. 9, 2020); King v. Whitmer, 2020 WL 7134198 (E.D. Mich., Dec. 7, 2020); Wood v. Raffensperger, 2020 WL 6817153 (N.D. Ga. Nov. 20, 2020)。

37 "证明"以某种方式比证据强，也许强到足以为一项法律判决提供正当性，这个常见观点的一个例子是一本 1956 年出版的操作指南，Marshall Houts, *From Evidence to Proof: A Searching Analysis of Methods to Establish Fact* (Springfield, IL: Charles Thomas, 1956)。更多近期的例子，见 Beth A. Bechky, *Blood, Power, and Residue: How Crime Labs Translate Evidence into Proof* (Princeton, NJ: Princeton University Press, 2021)。

38 见 Naomi Oreskes and Erik M. Conway, *Merchants of Doubt: How a Handful of Scientists Obscured the Truth on Issues from Tobacco Smoke to Climate Change* (New York: Bloomsbury USA, 2010)。

39 Diane Caruana, "Latest Study Finds No Conclusive Evidence that Vaping Leads to Smoking," Apr. 21, 2020, www.vapingpost.com.

40 见 M. R. Avery et al., "Mechanisms of Influence: Alcohol Industry Submissions to the Inquiry into Fetal Alcohol Disorders," *Drug and Alcohol Review* 35 (2016): 665-672; International Alliance for Responsible Drinking, "No Conclusive Evidence of Link between Occasional, Light, or Moderate Drinking and Fetal Alcohol Spectrum Disorders," www.iard.org。

41 "No Definitive Proof of Effect of Video Games on Work Time," at www.nintendoenthusiast.com.

42 Brown v. Entertainment Merchants Ass'n, 564 U.S. 786 (2011)。世界上大多数国家的人都会认为，对言论自由的顾虑与暴力电子游戏相关这个观点很怪异。但与世界其他国家相比，甚至与其他自由民主的工业化国家相比，美国在保护言论自由问题上是一个异类。见 Frederick Schauer, "The Exceptional First Amendment," in *American Exceptionalism and Human Rights*, ed. Michael Ignatieff (Princeton, NJ: Princeton University Press, 2005), 29-56. 对此类游戏的监管必须满足因涉及宪法第一修正案而被抬高的举证责任，这一观点甚至在对证据持不同意见的大法官中也得到了认同。关于暴力电子游戏的普遍影响，对比 American Psychological Association, "APA Task Force on Violent Media: Technical Report on the Review of the Violent Video Game Literature," https://www.apa.org/pi/families/review-video-games.pdf (2015), 与 Christopher F. Ferguson, Allen Copenhaver, and Patrick Markey, "Reexamining the Findings of the American Psychological Association's 2015 Task Force on Violent Media: A Meta-Analysis," *Perspectives on Psychological Science* 15 (2020): 1423-1443。

43 需要澄清的是，这里并没有声称对统计显著性的衡量能——对应到对举证责任的衡量。见 Michelle M. Burtis, Jonah B. Gelbach, and Bruce H. Kobayashi, "Error Costs, Legal Standards of Proof, and Statistical Significance," *Supreme Court Economic*

Review 25 (2017): 1-58; Michael S. Pardo, "A Comment on Statistical Significance and Standards of Proof," *Supreme Court Economic Review* 25 (2017): 59-63。

44 见 Valentin Amrhein, Sander Greenland, and Blake McShane, "Scientists Rise Up against Statistical Significance," www.nature.com (March 20, 2019), 报道了 Blakey B. McShane, David Gal, Andrew Gelman, Christian Robert, and Jennifer L. Tackett, "Abandon Statistical Significance," *American Statistician* 73 (2019): 235-245。

第四章　如何用统计学说出真相

1 Darrell Huff, *How to Lie with Statistics* (New York: W. W. Norton, 1954).

2 增加这些假设是为了避免所谓"参照类别问题"的最坏形式。如果对某一特定车型年款的斯巴鲁汽车的可靠性评估是基于各种不同车型的平均值，其中一些车型特别可靠，而另一些车型则不可靠，那么使用所有车型的平均值来推断特别不可靠的车型，或者即便是推断不明车型，都是不合理的。但是，如果所有的斯巴鲁汽车在相关方面都具有相似性，那么从这一类别到这一类别中的一员的参照类别问题就会大大消除。见 Edward K. Cheng, "A Practical Solution to the Reference Class Problem," *Columbia Law Review* 109 (2009): 2081-2105; Alan Hájek, "The Reference Class Problem Is Your Problem Too," *Synthese* 156 (2007): 563-585; Christian Wallman and Jon Williamson, "Four Approaches to the Reference Class Problem," in *Making It Formally Explicit: Probability, Causality and Indeterminism,* ed. Gábor Hofer-Szabó and Leszek Wronski (Cham, Switzerland: Springer, 2017), 61-81。

3 目前，我们讨论的是个体属性——纯色或者条纹——而不是因果、关系或行为。当我们谈论因果关系时，情况就变得复杂了：90%的肺癌病例是由吸烟引起的，这一事实是吸烟引起了这例肺癌病例（对此病例我们一无所知）的证据吗？而当产生汇总数据的类别下的子类别并不完全相同时，问题就更复杂了。这就是生态推断问题（ecological inference problem），统计学家和其他学者长期以来一直在争论，是否可以从群体层面的关系和行为数据中推断出个体层面的因果关系或其他个体层面的关系或行为模式。一个重要的概述和解决方案在 Gary King, *A Solution to the Ecological Inference Problem: Reconstructing Individual Behavior from Aggregate Data* (Princeton, NJ: Princeton University Press, 1997)。另见 Gary King, Ori Rosen, and Martin A. Tanners, eds., *Ecological Inference: New Methodological Strategies* (Cambridge: Cambridge University Press, 2010); Nancy Cleave, Philip J. Brown, and Clive D. Payne, "Evaluation of Methods for Ecological Inference," *Journal of the Royal Statistical Society* 158 (1995): 55-72; Lutz Erbring, "Individual Writ

Large: An Epilogue on the 'Ecological Fallacy'," *Political Analysis* 1 (1989): 235-269; D. James Greiner, "Causal Inference in Civil Rights Litigation," *Harvard Law Review* 122 (2008): 533-598; Jon Wakefield, "Ecological Inference in the Social Sciences," *Statistical Methodology* 7 (2010): 307-322. 撇开生态推论问题不谈，在法律制度中使用汇总（统计）数据作为具体因果关系的证据既很常见，也站得住脚。见 Susan Haack, "Risky Business: Statistical Proof of Specific Causation," in *Evidence Matters: Science, Proof, and Truth in the Law* (Cambridge: Cambridge University Press, 2014), 264-293。

4   正如反对在审判中使用量化统计证据的劳伦斯·特赖布 (Laurence Tribe) 所说：   258
    "所有事实证据本质上都是'统计性的'，所有法律证明本质上都是'概率性的'，在认识论意义上，如果没有一定步骤的归纳推理，就不可能从经验数据中得出结论，哪怕只是推断出人们通常能感知到的事情。" Laurence H. Tribe, "Trial by Mathematics: Precision and Ritual in the Legal Process," *Harvard Law Review* 84 (1971): 1329-1393, at 1330。与特赖布的观点相一致的是，说证据是概率性的，并不说明这些概率是否可以或应该简化为数字或用数字来表示。

5   People v. Collins, 438 P.2d 33 (Cal. 1968).

6   Smith v. Rapid Transit, 58 N.E.2d 754 (Mass. 1945); Tribe, "Trial by Mathematics," at 1340-1341, 1346-1350.

7   见 Emily Berman, "Individualized Suspicion in the Age of Big Data," *Iowa Law Review* 105 (2020): 463-506, at 475-476; Edward K. Cheng, "Reconceptualizing the Burden of Proof," *Yale Law Journal* 122 (2013): 1254-1279; David Enoch, Levi Spectre, and Talia Fisher, "Statistical Evidence, Sensitivity, and the Legal Value of Knowledge," *Philosophy and Public Affairs* 40 (2012): 197-224; Michael S. Pardo, "The Paradoxes of Legal Proof: A Critical Guide," *Boston University Law Review* 99 (2019): 233-290。一个很好的文献概述是 Enrique Guerra-Pujol, "Visualizing Probabilistic Proof," *Washington University Jurisprudence Review* 7 (2014): 39-75。与"史密斯诉快速公交系统"（*Smith v. Rapid Transit*）一案大意相同，但案情更复杂的是 Day v. Boston & Me. R.R., 52 A. 771 (Me. 1902)，该案以一种难以理解的方式将概率性证据与"真实的"证据区分了开来。

8   L. Jonathan Cohen, *The Probable and the Provable* (Oxford: Clarendon Press, 1977), 73-76.

9   除上述参考文献外，另见 Martin Smith, "When Does Evidence Suffice for Conviction?", *Mind* 127 (2018): 1193-1218; Gary L. Wells, "Naked Statistical Evidence of Liability: Is Subjective Probability Enough?", *Journal of Personality and Social Psychology* 62 (1992): 739-752。

259 10 Charles R. Nesson, "Reasonable Doubt and Permissive Inferences: The Value of Complexity," *Harvard Law Review* 92 (1979): 1187-1225, at 1192-1196.

11 除已引用的参考文献外，另见 Michael Blome-Tillman, "Statistical Evidence, Normalcy, and the Gatecrasher Paradox," *Mind* 129 (2020): 563-577; Marcello Di Bello, "Trial by Statistics: Is a High Probability of Guilt Enough to Convict?", *Mind* 128 (2019): 1045-1084; David Enoch and Talia Fisher, "Sense and 'Sensitivity': Epistemic and Instrumental Approaches to Statistical Evidence," *Stanford Law Review* 67 (2015): 557-611; Georgi Gardiner, "Legal Burdens of Proof and Statistical Evidence," in *Routledge Handbook of Applied Epistemology*, ed. David Coady and James Chase (London: Routledge, 2018), 179-195; David Kaye, "The Paradox of the Gatecrasher and Other Stories," *Arizona State Law Journal* 1979 (1979): 101-143; Sarah Moss, "A Knowledge Account of Legal Proof," in *Oxford Studies in Epistemology*, vol. 7 (Oxford: Oxford University Press, 2021); Mike Redmayne, "Exploring the Proof Paradoxes," *Legal Theory* 14 (2008): 281-309。

12 这个例子是 David Enoch 和 Levi Spectre 向我建议的。

13 值得再次指出的是，所谓的悖论并不取决于用不用实际数字。就像在真实的"史密斯诉快速公交系统"一案中，如果证据只是该线路上绝大多数的公共车都是由某家公司运营的，那么对某些人来说，这仍然会造成问题，就像对法院来说这造成了问题一样，因为直觉告诉我们，问题是由缺乏与个体相关的证据造成的，而不是由以数字形式呈现的统计数据造成的。

14 在假想的蓝色公交车事件所依据的案例中，没有任何其他证据证明是快速公交系统的公交车，可能就是它不是快速公交系统的公交车的证据。大多数公交车都有很明显的所有者标识，无法提供公交车所有者的证据会使人怀疑——这种怀疑就是证据——这事实上不是快速公交系统的公交车。见 James Brook, "The Use of Statistical Evidence of Identification in Civil Litigation: Well-Worn Hypotheticals, Real Cases, and Controversy," *St. Louis University Law Journal* 29 (1985): 293-352, at 301-303。

15 对要求与个体相关的证据最严谨的辩护之一是 Judith Jarvis Thomson, "Liability and Individualized Evidence," in *Rights, Restitution, and Risk: Essays in Moral Theory*, ed. William Parent (Cambridge, MA: Harvard University Press, 1986), 225-250。

16 这个概括不仅明显真实，而且也是流行文化的基调，以 Michelle Wolf 的"丈夫干的"讽刺节目和 Michelle Campbell 的小说 *It's Always the Husband* (New York: St. Martin's Press, 2017) 为例。

17 见 Michael J. Saks and Robert F. Kidd, "Human Information Processing and

Adjudication: Trial by Heuristics," *Law and Society Review* 15 (1981): 123-160。

18　最著名的参考文献是 Daniel Kahneman, *Thinking, Fast and Slow* (New York: Farrar, Strauss and Giroux 2011)。See also Maya Bar-Hillel, "The Base-Rate Fallacy in Probability Judgments," *Acta Psychologica* 44 (1980): 211-233。

19　见 Alex Broadbent, "Epidemiological Evidence in Proof of Specific Causation," *Legal Theory* 17 (2011): 237-278; Melissa Moore Thompson, "Causal Inference in Epidemiology: Implications for Toxic Tort Litigation," *North Carolina Law Review* 71 (1992): 247-291。

20　假想的蓝色公交车所依据的案例是真实的，但有些人抱怨那些统计证据文献中假想的例子没有价值，因为它们在现实生活中不可能发生。Ronald J. Allen, "Naturalized Epistemology and the Law of Evidence," *Quaestio Facti* 2 (2021): 253-284。但这种担心是错误的。一个对照科学实验通过变动单一属性来确定该属性是否会对结果产生影响，从而获得知识，而在实验室外，分析性隔离在较为定性的情境下也在做同样的事。Barbara A. Spellman, "In Defense of Weird Hypotheticals," *Quaestio Facti* 2 (2021): 325-337。证据文献中假想的例子旨在隔离统计概率因子，以及允许（或不允许）使用一个类别的特征来支持对该类别中个体成员的推断。分析性隔离有助于仔细研究这个因子对结果产生多大影响（如果有影响的话），即使在所谓的现实世界中，如果没有其他证据，这个因子（这里指在统计概率上）几乎不会单独出现。因此，我们利用这些假想的例子来了解真实的世界，就像流行病学实验利用实验室实验来确定致病或治疗因子一样，这些因子在实验室之外也可能永远不会单独出现。

21　这种适用于各种证据规则的"要求更好证据"的观点是 Dale Nance, "The Best Evidence Principle," *Iowa Law Review* 73 (1988): 227-298 的主题。

22　关于基率谬误的文献包括 Aron K. Barbey and Steven A. Sloman, "Base-Rate Respect: From Ecological Rationality to Dual Processes," *Behavioral and Brain Sciences* 30 (2007): 241-254; Bar-Hillel, "The Base-Rate Fallacy"; Eugene Borgida and Richard Nisbett, "The Differential Impact of Abstract versus Concrete Information on Decisions," *Journal of Applied Social Psychology* 7 (1977): 258-271; Baruch Fischhoff and Maya Bar-Hillel, "Diagnosticity and the Base-Rate Effect," *Memory and Cognition* 12 (1984): 402-410; Keith J. Holyoak and Barbara A. Spellman, "Thinking," *Annual Review of Psychology* 44 (1993): 265-315; Daniel Kahneman and Amos Tversky, "Subjective Probability: A Judgment of Representativeness," *Cognitive Psychology* 3 (1972): 430-454。

23　文中的说法略显夸张。如果亨利确实对这四位指控者实施了这些行为，那么这四项指控在统计上就不是真正独立的，因为共同原因的存在否定了其独立性。然而，当我们还不知道这个共同原因的时候，对于我们的目的来说，指控者之间互不认识、也不知道他人的指控这一事实足以证明其独立性。

24 对有条件的汇总原则（qualified aggregating principle）的充分辩护，见 Alon Harel and Ariel Porat, "Aggregating Probabilities across Cases: Criminal Responsibility for Unspecified Offenses," *Minnesota Law Review* 94 (2009): 261-308; Ariel Porat and Eric A. Posner, "Aggregation and Law," *Yale Law Journal* 122 (2012): 2-68。一个更充分的辩护是 Frederick Schauer and Richard Zeckhauser, "On the Degree of Confidence for Adverse Decisions," *Journal of Legal Studies* 25 (1996): 27-52。关于单个行为可能违反多项禁令的相关难题，见 Larry Alexander, "The Aggregation / Culpability Puzzle," San Diego Legal Studies Paper 2-474, https://ssrn.com/abstract=3720171 (Dec. 18, 2020)。

25 这个问题不同于 1915 年英国臭名昭著的"浴缸新娘"案。在该案中，乔治·约瑟夫·史密斯（George Joseph Smith）因在浴缸中溺死妻子而被起诉，有证据表明，史密斯之前的两位妻子也是在非常类似的情况下死亡的。R. v. Smith, 11 Cr. App. 229, 84 L.J.K.B. 2153 (1915)。证据被采纳的理论是，同一个男人的三任妻子以如此相似的方式死亡是极不可能的，因此，史密斯很可能犯下了所有这三起谋杀案，而不仅仅是其中未指明的一起。在这一点上，史密斯案中的问题与宾夕法尼亚州对比尔·科斯比的定罪中的问题相似，科斯比的定罪随后因其他原因被推翻。Commonwealth v. Cosby, 252 A.3d 1092 (Pa. 2021)。科斯比案中至少有一项主张与史密斯案中的控方主张相似，即科斯比对多名女性下药后实施性侵犯的方法如此特别，因此必然是由同一人——科斯比——实施了所有罪行。宾夕法尼亚州最高法院推翻了对科斯比的定罪，理由是他在一起民事案件中作证时检察官曾许诺不会因其证词而对其刑事起诉，而州政府并没有履行这一承诺，因此法庭从未处理科斯比其他罪行的证据问题。

26 Kevin Clermont 认为这样的可能性"令人震惊"。Kevin M. Clermont, "Aggregation of Probabilities and Illogic," *Georgia Law Review* 47 (2012): 165-180。

27 本节是对 Frederick Schauer, *Profiles, Probabilities, and Stereotypes* (Cambridge, MA: Harvard University Press, 2003) 一书主题的高度浓缩版本。经过近 20 年的进一步思考，我得出了一些不同的结论和论证，以及更多恰当的表达方式。但我仍然认为其主要观点是正确的，并在这里做了总结。

28 Department of Commerce v. New York, 139 S. Ct. 2551 (2019).

29 Utah v. Evans, 536 U.S. 452 (2002); Department of Commerce v. United States House of Representatives, 525 U.S. 316 (1999).

第五章　证词，不仅在法庭上

1　R. F. Atkinson, *Knowledge and Explanation in History: An Introduction to the Philosophy of History* (Ithaca, NY: Cornell University Press, 1978), 42.

2　关于证词基于语言的性质，以及语言如何将证词与观察、感知和经验知识区分开来，见 Elizabeth Fricker, "The Epistemology of Testimony," *Proceedings of the Aristotelian Society*, suppl. 61 (1987): 57-83。

3　在哲学史上，哲学家在最近才认为证词具有独特的哲学意义。在此之前，它一直 262 被认为是一种在哲学上无甚趣味的方式，仅仅用来传递那些真正具有哲学趣味的知识，好在这种忽视已经得到了纠正。在相关的重要纠正中，有 C. A. J. Coady, *Testimony: A Philosophical Study* (Oxford: Oxford University Press, 1992); Jennifer Lackey, *Learning from Words: Testimony as a Source of Knowledge* (Oxford: Oxford University Press, 2008); Jennifer Lackey and Ernest Sosa, eds., *The Epistemology of Testimony* (Oxford: Oxford University Press, 2006); Richard Moran, *The Exchange of Words* (Oxford: Oxford University Press, 2018); Steven Shapin, *A Social History of Truth* (Chicago: University of Chicago Press, 1994); Jonathan Adler, "Epistemological Problems of Testimony," *Stanford Encyclopedia of Philosophy*, https://plato.stanford.edu/entries/testimony-episprob/; Robert Audi, "The Place of Testimony in the Fabric of Knowledge and Justification," *American Philosophical Quarterly* 34 (1997): 405-422; Elizabeth Fricker, " 'Believing the Speaker' versus Believing on Evidence: A Critique of Moran," *European Journal of Philosophy* 27 (2019): 267-276; Fricker, "The Epistemology of Testimony," *Proceedings of the Aristotelian Society*, suppl. 61 (1987): 57-83; Peter Lipton, "The Epistemology of Testimony," *Studies in the History and Philosophy of Science* 29 (1998): 1-31; Angus Ross, "Why Do We Believe What We Are Told?", *Ratio* 28 (1986): 69-88。

4　见 Jay A. Soled, "Exploring and (Re)Defining the Boundaries of the Cohan Rule," *Temple Law Review* 79 (2006): 939-970。

5　Cohan v. Commissioner of Internal Revenue, 39 F.2d 540 (2d Cir. 1930).

6　在成为上诉法官之前，汉德法官曾担任过 15 年的联邦初审法官。我们可以推测，这 15 年聆听作为法庭证据主要形式的口头证词的经历，使汉德法官对口头证词作为证据的方式特别敏感。

7　26 U.S.C. ß274 (2018).

8　比科汉规则和 1962 年税法修改更近期的，见 La Forge v. Commissioner of Internal Revenue, 434 F.2d 370 (2d Cir. 1970); Baker v. Commissioner of Internal Revenue, T.C. Memo. 2014-122 (2014); *Mertens Law of Federal Income Taxation* ß25F:12 (Dec. 2020 update)。

9　有时，信任他人证词是基于个人的承诺，而这种承诺与真相和对证词真实性的依赖关系并不大。见 Philip J. Nickel, "Trust and Testimony," *Pacific Philosophical Quarterly* 93 (2012): 301-316. 我信任我的损友，并因此相信他的话，只是因为他是我的朋友，而不是因为他说的话为其真实性提供了很好的证据。但在这里，我们所讨论的是认知上的信任——仅仅因为我们假定某人证词背后蕴含着知识，就相信他所说的话是真的。认知上的信任有别于我们所认为的社会信任或道德信任。

10　文中的限定暗指言语行为理论，该理论认为，许多言语并不断言任何事情，因此这些言语并不是需要证据的陈述，也不是其他陈述的证据。用现代言语行为理论的创始人 J. L. 奥斯汀所举的一个例子，在婚礼上说"我愿意"就是在施行这样一个行为，证据的概念对该行为不适用。一旦两人在适当的特定情形下都说了"我愿意"，他们就凭着这句话结为夫妻，而这句话并无真假之分。仅仅说出这句话就缔结了婚姻。J. L. Austin, *How to Do Things with Words*, ed. J. O. Urmson and Marina Sbisà, 2nd ed. (Cambridge, MA: Harvard University Press, 1975).

11　见 Nicholas Fandos, "Herrera Beutler Says McCarthy Told Her Trump Sided with Capitol Mob," *New York Times*, Feb. 13, 2021。

12　Maggie Haberman, "First Lady Stayed in N.Y.C. to Get New Deal, Book Says," *New York Times*, June 14, 2020, A29.

13　由于宪法第六修正案要求被告有机会与对他不利的证人进行"对质"，因此传闻规则在刑事案件中保留了相当的重要性。于是，那些原本根据传闻规则某些例外可以被采纳的庭外陈述，因为第六修正案的应用而被排除。Crawford v. Washington, 541 U.S. 36 (2004) 开启了对质条款在这一方面的现代复兴，并引发了大量诉讼和众多最高法院的裁决。

14　《联邦证据法》第 803 条中的 23 种无条件例外情况，第 804 条中的 6 种例外情况 [这些情况要求做出原始声明的人（陈述人）无法出庭]，以及第 801 条中的 2 种例外情况（这两种情况尽管在传统上和历史上被视为传闻，但现在根本不被视为传闻了），这三者相加得到了 31 这个数字。

15　见 Frederick Schauer, "On the Supposed Jury-Dependence of Evidence Law," *University of Pennsylvania Law Review* 155 (2006): 165-202。

16　如果这是在真实的庭审中的真实提问，或者即使是在庭审之外被引发的问题，我们也完全有理由怀疑文章中关于梅拉尼娅·特朗普不会说法语的信息。首先，我们没有理由相信该书作者或《纽约时报》记者支持特朗普一家。因此，他们的不支持可能会影响他们对他人言论的解读。其次，摄影师可能是法国人，因此可能会对自认为会法语的非法语母语者的能力表现出法式傲慢。此外，有些证据可能还与《纽约时报》的报道和乔丹书中的观点相悖。即使摄影师所相信的传闻证据是否定她会说法语这一命题的证据，其他证据也可能支持这一命题。例如，一个来自斯洛文尼亚的人，其国家的语言在国外并不被广泛使用，而她又像特朗普夫人早年那样因其职业而活跃在国际舞台上，那么她或许格外有可能掌握一些主要的欧洲语言。尽管这种统计上的可能性并不能对某个斯洛文尼亚人的语言能力问题做出定论，但它仍然是得出这一结论的一项证据。

17 传统的例子是有人说"我是拿破仑"。Commonwealth v. Whitman, 901 N.E.2d 1206   264
    (Mass. 2009); Edward W. Hinton, "States of Mind and the Hearsay Rule," *University
    of Chicago Law Review* 1 (1934): 394-423, at 397。

18 Austin, *How to Do Things with Words*, 5.

19 James Surowiecki, *The Wisdom of Crowds: Why the Many Are Smarter than the Few
    and How Collective Wisdom Shapes Business, Economics, Societies and Nations* (New
    York: Anchor Books, 2004).

20 反对"群体智慧"假设的研究包括 Irving L. Janis, *Victims of Groupthink: A
    Psychological Study of Foreign-Policy Decisions and Fiascoes*, 2nd ed. (Boston:
    Wasdsworth, 1982); Norbert Kerr, Robert MacCoun, and Geoffrey P. Kramer, "Bias
    in Judgment: Comparing Individuals and Groups," *Psychological Review* 103 (1996):
    687-719; Jan Lorenz, Heiko Rauhut, Frank Schweitzer, and Dirk Helbing, "How Social
    Influence Can Undermine the Wisdom of Crowds Effect," *Proceedings of the National
    Academy of Sciences* 108 (2011): 9020-9025; Garold Stasser and William Titus,
    "Pooling of Unshared Information in Group Decision Making: Biased Information
    Sampling during Discussion," *Journal of Personality and Social Psychology* 48 (1985):
    1467-1478。

21 相关研究概述，见 Thomas W. Malone and Michael S. Bernstein, *Handbook of
    Collective Intelligence* (Cambridge, MA: Harvard University Press, 2015); Anita
    Williams Woolley, Ishani Aggarwal, and Thomas W. Malone, "Collective Intelligence
    and Group Performance," *Current Directions in Psychological Science* 24 (2015): 420-
    424。

22 在包含引语的众多报道中，见 Anne Gearan and Josh Dawsey, "Trump Issued a
    Call to Arms. Then He Urged His Followers to 'Remember This Day Forever',"
    Washington Post, Jan. 6, 2021。

23 John Milton, *Areopagitica: A Speech for the Liberty of Unlicensed Printing, to the
    Parliament of England* (1644), in John Milton, Prose Writings, Everyman's Library
    (New York: Dutton, 1958).

24 John Stuart Mill, *On Liberty*, ed. David Spitz (New York: W. W. Norton, 1975) (orig.
    pub. 1859), chap. 2; Abrams v. United States, 250 U.S. 616, 630 (1919) (Holmes,

J., dissenting)。关于背景解释，见 Thomas Healy, *The Great Dissent: How Oliver Wendell Holmes Changed His Mind-and Changed the History of Free Speech in America* (New York: Henry Holt, 2013)。

25 Anthony Lewis, *Freedom for the Thought We Hate: A Biography of the First Amendment* (New York: Basic Book, 2007), 引用自 Timothy Garton Ash, *Free Speech: Ten Principles for a Connected World* (New Haven, CT: Yale University Press, 2016), 76。

26 见 Christine Smallwood, "Astrology in the Age of Uncertainty," *New Yorker*, Oct. 28, 2019。

27 真正的阴谋当然存在。但是"阴谋论"这个短语通常用来描述一种错误信念，这种信念认为某些阴谋解释了大量的行为，这种统一的解释满足了信仰者的某些心理需求，因为信仰者不喜欢的大部分行为都是某种邪恶势力总体计划的一部分。见 Karen M. Douglas, Robbie M. Sutton, and Aleksandra Cichocka, "The Psychology of Conspiracy Theories," *Current Directions in Psychological Science* 26 (2017): 538-542。人们为什么会有这样的信念不在本书的讨论范围之内，但与本书相关的是，阴谋论是各种心理机制和社会机制在有证据证明其虚假性的情况下仍能使人们接受虚假信息的一种方式。

28 关于我自己对这个问题的看法，即某个命题为真在决定该命题是否会被接受时的解释力，见 Frederick Schauer, "Free Speech, the Search for Truth, and the Problem of Collective Knowledge," *SMU Law Review* 70 (2017): 231-252。

29 如果旅鼠前赴后继地集体自杀是真的，那么这就很好地支持了这里提出的可疑观点。可惜，事实并非如此，这再次证明了"众所周知"的事实往往是不正确的。见 N. C. Stenseth and R. A. Ims, eds., *The Biology of Lemmings* (London: Academic Press, 1993)。

30 见 Federal Rule of Evidence 608(a); Michelson v. United States, 335 U.S. 469 (1948); Julia Simon-Kerr, "Credibility by Proxy," *George Washington Law Review* 85 (2017): 152-225, at 177-183。

第六章　证词的检验

1 关于宣誓的全面的比较研究和历史研究，见 Helen Silving, "The Oath: I," *Yale Law Journal* 68 (1959): 1329-1390; and Silving, "The Oath: II," *Yale Law Journal* 68 (1959): 1552-1577。另见 Nadine Farid, "Oath and Affirmation in the Court: Thoughts on the Power of a Sworn Promise," *New England Law Review* 40 (2006): 555-561;

Ian Gallacher, "'Swear Not at All': Time to Abandon the Testimonial Oath," *New England Law Review* 52 (2018): 247-299。

2　关于伪证罪的刑事诉讼难度及因此造成的罕见性，在众多文献中，见 Barbara A. Babcock, "Taking the Stand," *William and Mary Law Review* 35 (1993): 1-19, at 9; I. Bennett Capers, "Crime, Legitimacy, and Testilying," *Indiana Law Journal* 83 (2008): 835-880; Roberto Suro and Bill Miller, "Perjury: A Tough Case to Make," *Washington Post*, Sept. 24, 1998。

3　见 Eugene Kiely, "Roger Stone's Crimes," at www.factcheck.org (Feb. 20, 2020)。

4　Daniels Fund Ethics Initiative, "Martha Stewart's Insider Trading Scandal," at www. danielsethics.mgt.unm.edu (2011); Gerald Walpin, "Clinton's Future: Can He Polish His Image and Keep His License to Practice Law?", *Hofstra Law Review* 28 (1999): 473-491.

5　关于夸大小概率负面事件的可能性，见 Amos Tversky and Daniel Kahneman, "Judgment under Uncertainty: Heuristics and Biases," *Science* 185 (1974): 1124-1131; Tversky and Kahneman, "Advances in Prospect Theory: Cumulative Representation of Uncertainty," *Journal of Risk and Uncertainty* 5 (1992): 297-323。另见 Kahneman, Paul Slovic, and Amos Tversky, eds., *Judgment under Uncertainty: Heuristics and Biases* (Cambridge: Cambridge University Press, 1982); Petko Kusev, Paul van Schaik, Pater Ayton, and John Dent, "Exaggerated Risk: Prospect Theory and Probability Weighting in Risky Choice," *Journal of Experimental Psychology: Learning, Memory, and Cognition* 35 (2009): 1487- 1505; W. J. Wouter Botzen, Howard Kunreuther, and Erwann Michel-Kerjan, "Divergence between Individual Perceptions and Objective Indicators of Tail Risks: Evidence from Floodplain Residents in New York City," *Judgment and Decision Making* 10 (2015): 365-385。

6　见 Michael J. Saks and Barbara A. Spellman, *The Psychological Foundations of Evidence Law* (New York: NYU Press, 2016), 118-119。　　266

7　关于类似的分类，见 Stephen Mark Rosenbaum, Stephan Billinger, and Nils Stieglitz, "Let's Be Honest: A Review of Experimental Evidence of Honesty and Truth-Telling," *Journal of Economic Psychology* 45 (2014): 181-196。

8　见 Nina Mazar, On Amir, and Dan Ariely, "The Dishonesty of Honest People: A Theory of Self-Concept Maintenance," *Journal of Marketing Research* 45 (2008): 633-644。但是，比较 Bruno Verschuere et al., "Registered Replication Report on Mazar, Amir, and Ariely (2008)," *Advances in Methods and Practices in Psychological Science* 1 (2018): 299-317。更广泛的讨论，见 Dan Ariely, *The Honest Truth about Dishonesty: How We Lie to Everyone-Especially Ourselves* (New York: Harper Collins, 2012)。

9   United States v. Turner, 558 F.2d 46, 50 (2d Cir. 1977); Mazar et al., "Dishonesty of Honest People."

10   2020 年 1 月 7 日凌晨，宾夕法尼亚州民主党众议员康纳·兰姆（Conor Lamb）声称，一些共和党同事在指控（或同意他人指控）2020 年总统选举中存在大量舞弊证据中"说谎"，这使得那些共和党同事怒不可遏。显然，那些共和党同事的愤怒是基于兰姆违反了不指责同事撒谎的国会规范，而这一规范可以理解为基于另一个类似于宣誓的更基本的规范，即禁止在众议院故意说谎。因此，兰姆被指控指责他人违反了等同于誓言的规范，事态一发不可收拾。见 Timothy Bella and Lasteshia Beachum (Washington Post), "'Sit Down!' 'No, You Sit Down!' Democrat's Speech Nearly Triggers Fistfight on House Floor," *Seattle Times*, Jan. 7, 2021。

11   文中引用的誓言被美国西点军校（US Military Academy at West Point）沿用至今。1736 年，威廉与玛丽学院（College of William and Mary）成为第一个使用学院荣誉守则的学院，但该守则与除军事院校外的如今大多数其他守则一样，并不包含举报违规者的义务，无论是暗示还是明确规定。

12   此评论改编自安东尼·弗卢（Antony Flew），在评论被广泛使用于苏格拉底对话和美国法学院的"苏格拉底教学法"时，他指出："试图遵循苏格拉底教学法的老师都会意识到，柏拉图既能撰写问题也能撰写答案这一事实的重要性。"Antony Flew, *A Dictionary of Philosophy* (New York: St. Martin's Press, 1979), 306。

13   John Henry Wigmore, *Evidence in Trials at Common Law*, rev. J. H. Chadbourn (Boston: Little, Brown, 1974), ß1367, at 32.

14   就连威格莫尔也在几句话之后补充说，"高明的"交叉询问者可以"让真相看起来像是虚假的"。

15   问题（至少）有两面。其一，一个包含多个问题的提问，通常带着几个假设和断言，这使得发言人能够选择回答哪些问题，接受哪些假设，质疑哪些假设，以便于回避一些问题。其二，新闻发布会上的提问者吝惜自己的提问机会，很少接着别人的问题继续追问。交叉询问是后续追问的艺术，使得发言人难以回避问题。但是，在新闻发布会上，当发言人执意回避的问题是其他人提的，而如果提问者不愿意在其他提问者先前提的问题的基础上继续追问，也不愿给台上的发言人施压，那么交叉询问的长处就被大大削弱了。

16   一部至今仍有价值的经典著作是 Francis Lewis Welllman, *The Art of Cross-Examination*, 4th ed. (New York: Touchstone/Simon and Schuster, 1997) (orig. pub. 1903)。

17   见 Tom Lininger, "Bearing the Cross," *Fordham Law Review* 74 (2005): 1353-1423。

18   见 Barbara A. Spellman and Elizabeth R. Tenney, "Credible Testimony in and out of

267

Court," *Psychonomic Bulletin and Review* 17 (2010): 168-173。

19　人们通常认为，英国大学的招聘委员会就是这样对待美国人写的推荐信的。

20　关于校准在一般法律中，见 Frederick Schauer and Barbara A. Spellman, "Calibrating Legal Judgments," *Journal of Legal Analysis* 9 (2017): 125-151。那些审查行政机构决定的法院，或者审查下级法院决定的上诉法院，可以从对下级决策者的决定以这种方式进行的校准中受益，因此，在法律中更多地运用校准这种做法似乎是有用的。这种校准很少被放到明面上，上诉法官也不会明显地更仔细审查他们知道会犯错或抱有某种偏见的初审法官的判决。但在实际操作中，这种校准比大多数复审法院或其他机构愿意承认的更普遍。

21　见 Alfred Avins, "The Right to Be a Witness and the Fourteenth Amendment," *Missouri Law Review* 31 (1966): 471-504; Bennett Capers, "Evidence without Rules," *Notre Dame Law Review* 94 (2019): 867-908; Gabriel J. Chin, "'Chinaman's Chance' in Court: Asian Pacific Americans and Racial Rules of Evidence," *U.C. Irvine Law Review* 3 (2013): 965-990; Sheri Lynn Johnson, "The Color of Truth: Race and the Assessment of Credibility," *Michigan Journal of Race and Law* 1 (1996): 261-346。

22　Jasmine B. Gonzalez Rose, "Toward a Critical Race Theory of Evidence," *Minnesota Law Review* 101 (2017): 2243-2308.

23　Miranda Fricker, *Epistemic Injustice: Power and the Ethics of Knowledge* (Oxford: Oxford University Press, 2007). For elaboration of Fricker's ideas, see Rae Langton, Review [of Fricker], *Hypatia* 25 (2010): 459-464; Federico Luzzi, "Testimonial Injustice without Credibility Deficit (or Excess)," *Thought* 5 (2016): 203-211; Wade Munroe, "Testimonial Injustice and Prescriptive Credibility Deficits," *Canadian Journal of Philosophy* 46 (2016): 924-947.

24　提高或增强可信度也是如此。在美国，英国口音很少会损害一个人的可信度，　268
而在英国，正如亨利·希金斯（Henry Higgins）教授在《窈窕淑女》（*My Fair Lady*）中提醒我们的那样，地域口音或阶级口音会极大地影响一个人的可信度及其他方方面面。

25　见 E. Paige Lloyd, Kurt Hugenberg, Allen R. McConnell, Jonathan W. Kuntsman, and Jason C. Deska, "Black and White Lies: Race-Based Biases in Deception Judgments," *Psychological Science* 28 (2017): 1125-1136。

26　见下文报告中所描述的 Catharine A. MacKinnon, "Reflections on Sex Equality under Law," *Yale Law Journal* 100 (1991): 1281-1328, at 1306n115。

27　John Henry Wigmore, *The Principles of Judicial Proof*, 2nd ed. (Boston: Little, Brown,1931), chap. 19, at 334, "updating" Wigmore's *The Principles of Judicial Proof, as Given by Logic, Psychology and General Experience and Illustrated in Judicial*

Trials (Boston: Little, Brown, 1913), and as quoted and discussed in William Twining, *Theories of Evidence: Bentham and Wigmore* (London: Weidenfeld and Nicolson, 1985), at 138-139.

28　California Jury Instructions, Crim. No. 10.22 (3rd ed., 1970), as quoted and finally rejected in People v. Rincon-Pineda, 538 P.2d 247, 252 (Ca. 1975).

29　Casenote, *Fordham Urban Law Journal* 4 (1976): 419-430. 威格莫尔对强奸受害者的可信度也有看法，他赞同地引用了卡尔·门林格（Karl Menninger）博士的话，即妇女和年轻女孩的"心理情结"和"可能普遍存在的被强奸的幻想"导致她们"编造被男性性侵的虚假指控"。Wigmore, *Principles of Judicial Proof*, as quoted in Richard O. Lempert et al., *A Modern Approach to Evidence: Text, Problems, Transcripts and Cases*, 5th ed. (St. Paul, MN: West Academic, 2014), at 480。

30　Fricker, *Epistemic Injustice*; Ian James Kidd, José Medina, and Gaile Pohlhaus Jr., eds., *Routledge Handbook of Epistemic Injustice* (London: Routledge, 2017); Morten Fibieger Byskov, "What Makes Epistemic Injustice an 'Injustice'?", *Journal of Social Philosophy* 50 (2020): 1-18; David Coady, "Two Concept of Epistemic Injustice," *Episteme* 7 (2020): 101-113.

31　因此，一些在统计上并不虚假的概括仍有可能因道德或政治原因而被拒绝使用。Frederick Schauer, *Profiles, Probabilities, and Stereotypes* (Cambridge, MA: Harvard University Press, 2003)。

32　见 Selene Cansino et al., "The Rate of Source Memory Decline across the Adult Life Span," *Developmental Psychology* 49 (2013): 973-985; Trey Hedden and John D. E. Gabrieli, "Insights into the Aging Mind: A View from Cognitive Neuroscience," *Nature Reviews Neuroscience* 5 (2004): 87-96; Scott A. Small, "Age-Related Memory Decline: Current Concepts and Future Directions," *Archives of Neurology* 58 (2001): 360-364。

33　《联邦证据法》第 608 条允许证人就其对另一名证人诚实性提供看法和对另一名证人诚实的名声作证。《联邦证据法》第 609 条允许使用证人的前科作为证据来攻击该证人的可信度，即"弹劾"该证人。这种校准形式的经验基础即便委婉地说也不是很站得住脚，但它仍然是大多数英美法系法律制度由来已久的一个特征。见 Andrea R. Spirn, "The Place for Prior Conviction Evidence in Civil Actions," *Columbia Law Review* 86 (1986): 1267-1282; Roger C. Park, "Impeachment with Evidence of Prior Convictions," *Southwestern University Law Review* 36 (2008): 793-817。

第七章　谎言和说谎者

1　该规则的现行版本是《联邦证据法》第 803（2）条。关于该规则（以及相关的"当场感觉印象"例外）的历史和评论，包括现行版本和过去版本，见 Steven Baicker-McKee, "The Excited Utterance Paradox," *Seattle University Law Review* 41 (2017): 111-178; Aviva Orenstein, "'My God!'：A Feminist Critique of the Excited Utterance Exception to the Hearsay Rule," *California Law Review* 85 (1997): 159-223; Jon Waltz, "The Present Sense Impression Exception to the Rule against Hearsay: Origins and Attributes," *Iowa Law Review* 66 (1981): 869-898。

2　见 Michael J. Saks and Barbara A. Spellman, *The Psychological Foundations of Evidence Law* (New York: NYU Press, 2016), 192-196。

3　一本现已成为经典的书 Sissela Bok, *Lying: Moral Choice in Public and Private Life* (New York: Vintage Books, 1978)。近期的研究，见 Brooke Harrington, ed., *Deception: From Ancient Empires to Internet Dating* (Stanford, CA: Stanford University Press, 2009); Seana Valentine Shiffrin, *Speech Matters: On Lying, Morality, and the Law* (Princeton, NJ: Princeton University Press, 2014); Cass R. Sunstein, *Liars: Falsehoods and Free Speech in an Age of Deception* (New York: Oxford University Press, 2021); Christine Korsgaard, "The Right to Lie: Kant on Dealing with Evil," *Philosophy and Public Affairs* 15 (1986): 325-349。

4　George Fisher, "The Jury's Rise as a Lie Detector," *Yale Law Journal* 107 (1997): 575-711, at 624-625.

5　Kenneth S. Abraham, "The Common Law Prohibition on Party Testimony and the Development of Tort Liability," *Virginia Law Review* 95 (2009): 489-515; John H. Langbein, "Historical Foundations of the Law of Evidence: A View from the Ryder Sources," *Columbia Law Review* 96 (1996): 1168-1202, at 1184-1186.

6　在希弗林看来（*Speech Matters*, 12），谎言是："A 故意向 B 断言命题 P，使得
　　　1. A 不相信 P，并且
　　　2. A 知道自己不相信 P，并且
　　　3. A 故意以某种方式或在某种语境中陈述 P，以此客观地表现出一种意图，这种意图使得 B 相信 P 准确表述了 A 的信念。"

7　唐纳德·特朗普将总统撒谎推到了新的高度，甚至在卸任后仍是如此，但值得记住的是，民主党参议员鲍勃·克里（Bob Kerrey）曾指出，时任总统比尔·克林顿才是一个"异常出色的骗子"。而这个评论还是在 Jennifer Flowers, Paula Jones, Monica Lewinsky 等人的大部分细节被公开之前。见 Stephen Chapman, "Bill Clinton and the Boy Who Cried Wolf," *Chicago Tribune*, Jan. 25, 1998。

270　8　见 Caroline Kitchener and Matt Thompson, "A Journalist's Guide to Presidential Lying," *Columbia Journalism Review*, June 6, 2018; James Fallows, "How to Deal with the Lies of Donald Trump: Guidelines for the Media," *The Atlantic*, Nov. 28, 2016; Matthew Ingram, "When Should Journalists Use the 'L' Word?", *Fortune*, Jan. 26, 2017; Pete Vernon, "Lie? Falsehood? What to Call the President's Words," *Columbia Journalism Review*, May 29, 2018; Gary Weiss, "Calling Trump a Liar Sets a Thorny Precedent," *Columbia Journalism Review*, Nov. 1, 2016。

9　关于谎称获得美军荣誉勋章，United States v. Alvarez, 567 U.S. 709 (2012) 裁定这样的陈述是受第一修正案保护的。

10　是的，真有这样的产品。见 Terry Dunkle, "Slim Slippers: A Precautionary Tale," at www.quackwatch.com (2002)。但它们并没有减肥效果。减肥耳环和减肥肥皂也没用，尽管后者声称能洗掉脂肪。见 Federal Trade Commission, Deception in Weight Loss Advertising Workshop, at www.ftc.gov/bcp/workshops/weightloss/transcripts/transscript-full.pdf (2002)。

11　见 Cameron McWhirter and Lindsay Wise, "Trump Pressured Georgia Secretary of State to 'Find' Votes," *Wall Street Journal*, Jan. 4, 2021。

12　52 U.S.C. ß 20511 (2018). 见 Eric Lipton, "Trump Call to Georgia Official Might Violate State and Federal Law," *New York Times*, Jan. 3, 2021。

13　见 Frederick Schauer and Richard Zeckhauser, "Paltering," in Harrington, *Deception*, 38-54。

14　有关神奇女侠完整而精彩的历史，见 Jill Lepore, *The Secret History of Wonder Woman* (New York: Knopf, 2014)。

15　293 F. 1013 (D.C. Cir. 1923).

16　见 David Faigman et al., *Modern Scientific Evidence: The Law and Science of Expert Testimony* (St. Paul, MN: Thomson West, 2020), ßß 1:2-1:6。

17　见 Ken Alder, *The Lie Detectors: The History of an American Obsession* (New York: Free Press, 2007); Kerry Segrave, *Lie Detectors: A Social History* (Jefferson, NC: McFarland, 2003); Allison Marsh, "A Brief History of the Lie Detector," *IEEE Spectrum,* August 2019; Philip Reichert and Louis F. Bishop Jr., "Sir James MacKenzie and His Polygraph: The Contributions of Louis Faugeres Bishop, Sr.," *American Journal of Cardiology* 24 (1969): 401-403; Paul V. Trovillo, "A History of Lie Detection," *Journal of Criminal Law and Criminology* 29 (1939): 848-881, and 30 (1939): 104-119。

18　见 Don Grubin and Lars Mardin, "Lie Detection and the Polygraph: A Historical Review," *Journal of Forensic Psychiatry and Psychology* 16 (2005): 357-369; Martina

Vicianova, "Historical Techniques of Lie-Detection," *European Journal of Psychology* 11 (2015): 522-534。

19 见 Samatha Mann, Aldert Vrij, and Ray Bull, "Detecting True Lies: Police Officers' Ability to Detect Suspects' Lies," *Journal of Applied Psychology* 89 (2004): 137-149; Miron Zuckerman, Richard Koestner, and Robert Drover, "Beliefs about Cues Associated with Deception," *Journal of Nonverbal Behavior* 6 (1981): 105-114。

20 见 Bella M. DePaulo et al., "Cues to Deception," *Psychological Bulletin* 129 (2003): 74-118. See also DePaulo, *The Psychology of Lying and Detecting Lies* (Summerland, CA: Bella DePaulo, 2018); DePaulo, *The How and Whys of Lies* (Summerland, CA: Bella DePaulo, 2010); Charles F. Bond Jr. and Bella DePaulo, *Is Anyone Really Good at Detecting Lies? Professional Papers* (Summerland, CA: Bella DePaulo, 2011)。 271

21 见 Gary D. Bond, "Deception Detection Expertise," *Law and Human Behavior* 32 (2008): 339-351; Peter J. DePaulo and Bella M. DePaulo, "Can Deception by Salespersons and Customers Be Detected through Nonverbal Behavioral Cues?", *Journal of Applied Social Psychology* 19 (1989): 1552-1577。使用多个线索似乎略有帮助，但即便如此，人类观察者测谎的准确性也远不如人们通常以为的那么高。Maria Hartwig and Charles F. Bond Jr., "Lie Detection from Multiple Cues: A Meta-Analysis," *Applied Cognitive Psychology* 28 (2014): 661-676。

22 见 Karl Ask, Sofia Calderon, and Erik Mac Giolla, "Human Lie-Detection Performance: Does Random Assignment versus Self-Selection of Liars and Truth-Tellers Matter?", *Journal of Applied Research in Memory and Cognition* 9 (2020): 128-136; Tim Brennen and Svein Magnusssen, "Research on Non-Verbal Signs of Lies and Deceit: A Blind Alley," *Frontiers in Psychology* 11 (2020); Maria Hartwig and Charles F. Bond Jr., "Why Do Lie-Catchers Fail? A Lens Model Meta-Analysis of Human Lie Judgments," *Psychological Bulletin* 137 (2011): 643-659。

23 例如，见 United States v. Sanchez, 118 F.3d 192, 197 (4th Cir. 1997); United States v. Nelson, 217 Fed. App'x 291 (4th Cir. 2006); State v. Jones, 753 N.W.2d 677, 690 (Minn. 2008); State v. Domicz, 907 A.2d 395 (N.J. 2006)。情况正在发生变化，尽管变化缓慢。新墨西哥州现在通常允许在法庭上使用测谎结果 [New Mexico Rule of Evidence 11-707; State v. Dorsey, 539 P.2d 204 (N.M. 1975)]，一些州和联邦法院已经取消了过去一刀切地排除测谎证据的做法，转而采用一种更灵活的方法，这种方法考虑到检查人员的熟练程度、所使用的特定设备或方法的可靠性、证据的用途，以及其他因素。见 United States v. Benavidez-Benavidez, 217 F.3d 720 (9th Cir. 2000); State v. Porter, 698 A.2d 739, 769 (Conn. 1997); Commonwealth v. Duguay, 720 N.E.2d 458 (Mass. 1999)。另见 United States v. Semrau, 693 F.3d 510

(6th Cir. 2012)，反对被告试图使用 fMRI 作为证据来证明缺乏犯罪意图。

24 United States v. Scheffer, 523 U.S. 303, 313 (1998), quoting United States v. Barnard, 490 F.2d 907, 912 (9th Cir. 1974); Fisher, "The Jury's Rise as a Lie Detector." 对该案的裁决是，被告没有用测谎证据为自己辩护的宪法权利，但该裁决并未提及并不源于宪法的证据法是否采纳此类证据。

25 见 National Research Council, *The Polygraph and Lie-Detection* (Washington, DC: US Government Printing Office, 2003); Madeleine Baran and Jennifer Vogel, "Inconclusive: The Truth about Lie Detector Tests," *APM Reports*, Sep. 20, 2016, at www.apmreports.org; M. Raheel Bhutta, Melissa J. Hong, Yun-Hee Kim, and Keum-Shik Hing, "Single-Trial Lie Detection Using a Combined fNIRS-Polygraph System," *Frontiers in Psychology* (2015); John C. Kircher, Steven W. Horowitz, and David C. Raskin, "Meta-Analysis of Mock Crime Studies of the Control Question Polygraph Technique," *Law and Human Behavior* 12 (1988): 79-90; Ionnis Pavlidis, Norman Eberhardt, and James A. Levine, "Seeing Through the Face of Deception," *Nature* 415 (2002): 35; Runxin Yu et al., "Using Polygraph to Detect Passengers Carrying Illegal Items," *Frontiers in Psychology* (2019)。

26 关于这些技术的描述及参考文献，见 Frederick Schauer, "Lie-Detection, Neuroscience, and the Law of Evidence," in *Philosophical Foundations of Law and Neuroscience*, ed. Dennis Patterson and Michael S. Pardo (Oxford: Oxford University Press, 2016), 85-104。

27 Sebastian Bedoya-Echeverry et al., "Detection of Lies by Facial Thermal Imagery Analysis," *Revista Facultad de Inginiera* 26 (2017), http:/dx.doi.org/10.19053/01211129. v.26.v44.2017.5771; Maria Serena Panasiti et al., "Thermal Signatures of Voluntary Deception in Ecological Conditions," *Nature Science Reports* 6 (2016), art. 35174 (Oct. 13, 2016).

28 Xiao Pan Ding, Xiaoqing Gao, Genyue Fu, and Kang Lee, "Neural Correlates of Spontaneous Deception: A Functional Near Infrared Spectroscopy (fNIRD) Study," *Neuropsychologia* 51 (2013): 704-712; Febghua Tian, Vikrant Sharma, Frank Andrew Kozel, and Hanli Liu, "Functional Near Infrared Spectroscopy to Investigate Hemodynamic Responses in the Prefrontal Cortex," *Brain Research* 1303 (2009): 120-130.

29 Marzieh Daneshi Kohan, Ali Motie Nasrabadi, and Mohammad Bagher Shamsollahi, "Interview Based Connectivity Analysis of EEG in Order to Detect Deception," *Medical Hypotheses* 136 (2020), art. 109517; J. Peter Rosenfeld, "P300 in Detecting Concealed Information and Deception: A Review," *Psychophysiology* 57 (March 11,

272

2019), art. E13362.

30　在众多文献中，见 Qian Cui et al., "Detection of Deception Based on fMRI Activation Patterns Underlying the Production of a Deceptive Response and Receiving Feedback about the Success of the Deception after a Mock Murder Crime," *Social Cognitive and Affective Neuroscience* 9 (2014): 1472-1480; Daniel D. Langleben et al., "Polygraphy and Functional Magnetic Resonance Imaging in Lie Detection," *Journal of Clinical Psychiatry* 77 (2016): 1372-1380。一个持平的评论和概述是 Martha J. Farah,. J. Benjamin Hutchinson, Elizabeth A. Phelps, and Anthony D. Wagner, "Function MRI-Based Lie Detection: Scientific and Social Challenges," *Nature Reviews Neuroscience* 15 (2014): 312-319。

31　关于对这些技术的怀疑态度的概述，以及我自己对这些怀疑态度的怀疑，见 Schauer, "Lie-Detection, Neuroscience"; Frederick Schauer, "Neuroscience, Lie-Detection, and the Law: A Contrarian View," *Trends in Cognitive Science* 14 (2010): 101-103; Schauer, "Can Bad Science Be Good Evidence? Neuroscience, Lie-Detection, and Beyond," *Cornell Law Review* 95 (2010): 1191-1220。

32　事实上，在被告试图提出合理怀疑时使用测谎仪是在弗赖伊案的审理初期被提议的用途(但被驳回)，也是最高法院在 Scheffer 案的裁决中提议的用途(但被驳回)。

33　Deena Skolnick Weisberg et al., "The Seductive Allure of Neuroscience Explanations," *Journal of Cognitive Neuroscience* 20 (2008): 470-477; Martha J. Farah and Cayce J. Hook, "The Seductive Allure of 'Seductive Allure'," *Perspectives on Psychological Science* 8 (2013): 88-90; Cayce Hook and Martha J. Farah, "Look Again: Effects of Brain Images and Mind-Brain Dualism on Lay Evaluations of Research," *Journal of Cognitive Neuroscience* 25 (2013): 1397-1405。随后的研究表明，神经科学信息可能具有非理性的影响力，但这种影响力并不是由这些信息的视觉和看似照片的呈现方式造成的。Diego Fernandez-Duque, Jessica Evans, Colton Christian, and Sara D. Hughes, "Superfluous Neuroscience Information Makes Explanations of Psychological Phenomena More Appealing," *Journal of Cognitive Neuroscience* 27 (2015): 926-944。

34　29 U.S.C. ßß 2001 et seq. (2018).

35　Katie Galioto, "Justin Fairfax Releases Polygraph Test as He Fights Back against Accusers," *Politico*, Apr. 3, 2019.

36　John Walsh, "Here Is the Polygraph Test Christine Blasey Ford Took Following Her Sexual Assault Accusation against Brett Kavanaugh," *Business Insider*, Sept. 26, 2018.

37　www.converus.com.

38　www.discernscience.com. For description and critique of these and other recent developments, see Jake Bittle, "Lie Detectors Have Always Been Suspect. AI Has

273

Made the Problem Worse," *APM Reports*, Sept. 20, 2016.

第八章　我们能相信自己的眼睛和耳朵吗？

1　这里的问题不在于任何一种感官的感觉本身是否可靠，而在于将感觉作为被感知事物的证据是否可靠。如果有人报告说他们闻到了臭鸡蛋的味道，问题不在于他们闻到的味道是否与他们报告的一样，而在于这种感觉是确实由臭鸡蛋引起的，还是由天然气泄漏引起的，后者的可能性很大。

2　见 Thomas D. Albright, "Why Eyewitnesses Fail," *Proceedings of the National Academy of Sciences* 114 (2017): 7758-7764; Neil Brewer and Gary L. Wells, "Eyewitness Identification," *Current Directions in Psychological Science* 20 (2011): 24-27; Steven E. Clark, "Costs and Benefits of Eyewitness Identification Reform," *Perspectives on Psychological Science* 7 (2012): 238-259; Steven E. Clark and Ryan D. Godfrey, "Eyewitness Identification and Innocence Risk," *Psychonomic Bulletin and Review* 16 (2009): 22-42; Gary L. Wells, Amina Memon, and Steven D. Penrod, "Eyewitness Evidence: Improving Its Probative Value," *Psychological Science in the Public Interest* 7 (2006): 45-75; Gary L. Wells et al., "Policy and Procedure Recommendations for the Collection and Preservation of Eyewitness Identification Evidence," *Law and Human Behavior* 44 (2020): 3-36; John Wixted and Gary L. Wells, "The Relationship between Eyewitness Confidence and Eyewitness Accuracy: A New Synthesis," *Psychological Science in the Public Interest* 18 (2017): 10-65。

3　法律通常称之为"事实无罪"（factual innocence）。许多错误定罪的错误，在于被告的程序性权利被剥夺了，例如，聘请胜任的律师的权利、排除非法获取的证据的权利、对质对方证人的权利以及陪审团被正确指导的权利。在这些权利受到侵犯的情况下的定罪在法律上是错误的，应予以推翻，尽管往往为时已晚。不过，以这些理由推翻定罪并不能说明被告是否真的实施了导致定罪的行为。相比之下，其他推翻定罪——狭义上的无罪释放——则是基于证人翻供、后续发现的证据、他人对被告被指控所犯罪行的供认，以及定罪后能证明被告根本没有犯罪的各种其他理由。这里主要关注的是后一种免罪依据——事实无罪。

4　尤其见 C. J. Brainerd and V. F. Reyna, *The Science of False Memory* (New York: Oxford University Press, 2005); Elizabeth F. Loftus, *Eyewitness Testimony* (Cambridge, MA: Harvard University Press, 1979); Loftus, "Planting Misinformation in the Human Mind: A 30-Year Investigation of the Malleability of Memory," *Learning and Memory* 12 (2005): 361-366; Daniel L. Schachter, *The Seven Sins of Memory: How the Mind*

Forgets and Remembers (Boston: Houghton Mifflin, 2001)。

5 关于对这种操纵手段有价值的哲学分析，见 Jennifer Lackey, "Eyewitness Testimony and Epistemic Agency," *Noûs* (June 11, 2021)。

6 State v. Henderson, 27 A.3d 872 (N.J. 2011); Elizabeth F. Loftus, "Eyewitness Science and the Legal System," *Annual Review of Law and Social Science* 14 (2018): 1-10.

7 "亲眼所见"是一个常见的表述，但我们不太清楚的是一个人怎么能用别人的眼睛真切地看到某事。大概这一表述是为了将亲身观察与传闻，即某人听到的他人的报告区分开来。

8 大量研究中的一部分包括 Brainerd and Reyna, *Science of False Memory*; Daniel L. Schachter, *Seven Sins of Memory*; Michael C. Anderson and Barbara A. Spellman, "On the Status of Inhibitory Mechanisms in Cognition: Memory Retrieval as a Model Case," *Psychological Review* 102 (1995): 68-100; David A. Gallo, "False Memories and Fantastic Beliefs: 15 Years of the DRM Illusion," *Memory and Cognition* 38 (2010): 833-848; Simona Ghetti, "Memory for Nonoccurrences: The Role of Metacognition," *Journal of Memory and Language* 48 (2003): 722-739; Henry L. Roediger III, "Memory Illusions," *Memory and Language* 35 (1996): 76-100; Daniel L. Schachter and Scott D. Slotnick, "The Cognitive Neuroscience of Memory Distortion," *Neuron* 44 (2004): 149-160。

9 Clark 的 "Costs and Benefits" 一文以非传统、有争议但明智的方式强调了目击者指认改革（eyewitness identification reform）的成本（即误判无罪释放数量的增加）与收益。另见 Larry Laudan 的著作，他曾多次关注刑法的手段——尤其是他认为的排除合理怀疑的举证责任——如何产生误判无罪的错误，其数量可能比普遍假设的要多。Larry Laudan, *Truth, Error, and the Criminal Law: An Essay in Legal Epistemology* (Cambridge: Cambridge University Press, 2006); Laudan, "The Rules of Trial, Political Morality, and the Costs of Error," *Oxford Studies in the Philosophy of Law* 1 (2011): 195-227; Laudan, "Is Reasonable Doubt Reasonable?", *Legal Theory* 9 (2003): 295-331。关于对 Laudan 的经验性主张的质疑，见 Diego del Vecchi, "Laudan's Error: Reasonable Doubt and Acquittals of Guilty People," *International Journal of Evidence and Proof* 24 (2020): 211-232。

10 大量女性主义视角下的哲学文献被归为"立场认识论"（standpoint epistemology）。 275
一个有价值的综述是 Elizabeth Anderson, "Feminist Epistemology and the Philosophy of Science," *Stanford Encyclopedia of Philosophy*, https://plato.stanford.edu/archives/spr2020/entries/feminist-epistemology/ (2020)。但我们必须区分三种主张，其中有一种我赞同，两种我反对。我赞同的主张属于知识的不正义的范畴，即我们长期以来忽视或贬低边缘化群体的陈述，包括女性、少数族裔，以及那些性取向或性

身份不太传统的人。如果我们忽视他们的陈述就会犯认知和证据上的错误，并延续了普遍的不公正。但另外两种主张更具争议性。一种主张是，受害者的视角是更好的证据，因为它来自受害者。但这取决于具体问题。显然，一个因为种族或性别而在求职时被拒的人的感受是其他人无法感同身受的。但如果问题是关于发生了什么，而不是感觉如何，那么相比犯罪者所知道的事情，受害者所知道的并不一定是更好的证据。最有争议的一种主张是整个事件从头到尾都是视角问题，多种视角的并存证明事实真相并不存在。我对这种主张的明确反对贯穿本书，但解释其原因需要另一本书。

11 Susan Sontag, *On Photography* (New York: Dell, 1973).

12 我感谢 Bob Allison, Kevin Cullen, Larry DiCara 和 Shaun O'Connell，他们分享了他们的记忆，并纠正了我的记忆。选举本身是一本至今依然很重要的书的主题：Murray B Levin, *The Alienated Voter: Politics in Boston* (New York: Holt, Rinehart and Winston, 1960)。

13 Kendall Walton, "Transparent Pictures: On the Nature of Photographic Realism," *Critical Inquiry* 11 (1984): 246-277。另见 Michael Morris, *Real Likenesses: Representation in Paintings, Photographs, and Novels* (Oxford: Oxford University Press, 2020) 中的讨论。

14 Bhadra Sharma and Sameer Yasir, "Nepal Seeks to Ban 2 Climbers It Says Faked Everest Summit," *New York Times*, Feb. 1, 2021, A8.

15 文中的例子被选中，是因为戈雅的《战争的灾难》(*Disasters of War*) 和马奈的《处决马西米连诺皇帝》(*Execution of Emperor Maximilian*) 是 19 世纪乃至有史以来最受推崇的两幅关于战争的非摄影视觉作品。

276 16 Simon Brann Thorpe, *Toy Soldiers* (London: Dewi Lewis, 2015)。诚然，索普所表达观点既关于战争也关于摄影。

17 在成千上万的例子中，见 Kleveland v. United States, 345 F.2d 134 (2d. Cir. 1965); Moore v. Leaseway Transport Corp., 402 N.E.2d 1160 (N.Y. 1980)。

18 United States v. Lubich, 2013 WL186675 (Ct. Mil. App. Armed Forces, May 3, 2013); Fisher v. State, 643 S.W.2d 571 (Ark. 1982).

19 所谓的 "一天生活" (Day in the Life) 视频通常用于描述受伤者在引发诉讼的事故发生之前的生活，见 Dempster v. Lamorak Insurance Co., 2020 WL5665172 (E.D. La., Sep. 23, 2020); Families Advocate. LLC v. Sanford Clinic North, 2019 WL10943310 (D.N. Dak., June 12, 2019)。

20 实际上，在达盖尔之前，还有他的同胞约瑟夫·尼塞福尔·涅普斯 (Joseph Nicéphore Niépce) 和英国人托马斯·韦奇伍德 (Thomas Wedgwood)，但达盖尔的名字最为世人所熟知。见 Beaumont Newhall, *The History of Photography* (New

York: Museum of Modern Art; Boston: Little, Brown, 1982), 13-26。

第九章 关于专家和专业知识

1　按照惯例，我将这一转变追溯到 1987 年提名罗伯特·博克（Robert Bork）法官之后的所有提名。

2　见 John Schwartz and Hiroko Tabuchi, "By Calling Climate Change 'Controversial,' Barrett Created Controversy," *New York Times*, Oct. 15, 2020 (updated Oct. 22, 2020), at https://www.nytimes.com/2020/10/15/climate/amy-coney-barrett-climate-change. htm。

3　见 Susan Haack, "Federal Philosophy of Science: A Deconstruction-and a Reconstruction," *NYU Journal of Law and Liberty* 5 (2010): 394-435; Haack, *Evidence Matters: Science, Proof, and Truth in the Law* (Cambridge: Cambridge University Press, 2014), 122-155。

4　对非专家评估专业知识问题的一个详尽审视是 Scott Brewer, "Expert Testimony and Intellectual Due Process," *Yale Law Journal* 107 (1998): 1535-1681, esp. 1616-1647。在哲学文献中，见 Alvin I. Goldman, "Experts: Which Ones Should You Trust?", *Philosophy and Phenomenological Research* 63 (2001): 85-110; John Hardwig, "Epistemic Dependence," *Journal of Philosophy 82* (1985): 335-349 。Hardwig 的这篇颇具影响力的文章认为，根据他人的知识或他人的专业知识作决定，就是在没有证据的情况下作出决定，对此，我（和戈德曼）都不认同。只有从这样一个假设出发，即除了亲身感知之外，其他都不是证据，我们才能拒绝将他人的证词（包括专家的证词）作为证据，而本书大量篇幅都在反对这一假设。

5　在上诉法官是否使用专业知识的背景下，关于这个问题，见 Frederick Schauer, "The Dilemma of Ignorance: PGA Tour, Inc. v. Casey Martin," *Supreme Court Review 2001* (2002): 267-297。

6　该例是真实的，这是对达里尔·贝姆（Daryl Bem）案例的缩写，达里尔·贝姆是康奈尔大学一位资深社会心理学家，人们通常认为他关于超感官知觉（ESP）的研究引发了对该领域方法论的关注和争论，并将此称为"复现危机"（replication crisis）。相关概述，见 Daniel Engber, "Daryl Bem Proves ESP Is Real," *Slate*, June 7, 2017。关于更详尽的说明和解释，见 Barbara A. Spellman, "A Short (Personal) Future History of Revolution 2.0," *Perspectives on Psychological Science* 10 (2015): 886-899。

7　见 Roger Cooter, *The Cultural Meaning of Popular Science: Phrenology and the*

Organization of Consent in Nineteenth-Century Britain (Cambridge: Cambridge University Press, 1984); John van Wyhe, *Phrenology and the Origins of Victorian Scientific Naturalism* (Burlington, VT: Ashgate, 2004); Minna Scherlinder Morse, "Facing a Bumpy History," *Smithsonian*, Oct. 1997; Pierre Schlag, "Law and Phrenology," *Harvard Law Review* 110 (1997): 877-921。

8　以严谨的方法论揭穿"颅相学"的主要观点，见 Parker Jones, F. Alfaro-Almagro, and S. Jbabdi, "An Empirical 21st Century Evaluation of Phrenology," *Cortex* 106 (2018): 26-35。

9　令人震惊的是，大约 30% 的美国人相信占星术。见 Sabrina Stierwalt, "Is Astrology Real? Here's What Science Says," *Scientific American*, June 25, 2020。

10　关于占星术缺乏科学依据，见 Alexander Boxer, *A Scheme of Heaven: The History of Astrology and the Search for Our Destiny* (New York: W. W. Norton, 2020); Richard A. Crowe, "Astrology and the Scientific Method," *Psychological Reports* 67 (1990): 163-191; I. W. Kelly, "Astrology and Science: A Critical Examination," *Psychological Reports* 44 (1979): 1231-1240; Jayant V. Narlikar, Sudhakar Kunte, Navendra Dabholkar, and Prakash Ghatpande, "A Statistical Test of Astrology," *Current Science* 96 (2009): 641-643; Bernie I. Silverman, "Studies of Astrology," *Journal of Psychology* 77 (1971): 141-149; G. A. Tyson, "An Empirical Test of the Astrological Theory of Personality," *Personality and Individual Differences* 5 (1984): 247-250. 所谓的"相对年龄效应"提供了一个看似古怪的反例。在青少年体育运动中，开始参加运动的年龄或被分配的运动队会随孩子出生月份而变化。比如，12 月出生的孩子一般会被安排在年龄较小的队中，而 1 月出生的孩子一般会被安排在年龄较大的队中。由于事实证明，几岁开始运动以及开始运动时的水平可以预测未来的运动成就，所以出生月份可以预测运动成就。而在每个月的大多数日子里，星相显然也与出生月份相吻合。因此，结论是星相可以预测运动成就。Vittoria Addona and Philip A. Yates, "A Closer Look at the Relative Age Effect in the National Hockey League," *Journal of Quantitative Analysis of Sports* 6 (2010): 1017; William Hurley, Dan Lior, and Steven Tracze, "A Proposal to Reduce the Age Discrimination in Canadian Minor Hockey," *Canadian Public Policy* 27 (2001): 65-75。关于教育成就中的相对年龄效应，见 Joshua Angrist and Alan Krueger, "Does Compulsory School Attendance Affect Schooling and Earning?", *Quarterly Journal of Economics* 106 (1991): 979-1014。

11　见 Federal Rules of Evidence 703, 704, 705; Christopher B. Mueller and Laird C. Kirkpatrick, *Evidence*, 4th ed. (New York: Aspen, 2009), ßß 7.8-7.13。

278　12　对专家证据必须达到更高的可靠性标准才能在民事或刑事审判中被采纳为证

据的观点持怀疑态度，见 Frederick Schauer and Barbara A. Spellman, "Is Expert Evidence Really Different?", *Notre Dame Law Review* 88 (2013): 1-26。正如文中所论证的，怀疑者的依据有两个。其一，传统观点以担心陪审员，甚至是法官，因为对专家青睐有加而过于重视他们的证词为前提。但对陪审团评估专家证据的研究表明，这一传统的假设可能并不成立。其二，第一个假设的推论是，相对薄弱的专家证据可能仍具有一定的证据价值，这与本书一以贯之的主题相一致。如果对专家证据被赋予过多证据价值的担忧并没有得到相关研究的支持，那么当专家证据的证据（证明）价值并不低于通常被采纳的其他各种形式的非决定性证据时，似乎没有什么理由舍弃专家证据。

13 Frye v. United States, 293 F. 1013 (D.C. Cir. 1923). .

14 见 Editors of Lingua Franca, The Sokal Hoax: *The Sham That Shook the Academy* (Lincoln: University of Nebraska Press, 2000)。

15 Daubert v. Merrell Dow Pharmaceuticals, Inc., 509 U.S. 579 (1993)。*Daubert*, along with Kumho Tire Co. v. Carmichael, 526 U.S. 137 (1999), and General Electric Co. v. Joiner, 522 U.S. 136 (1997), 仍代表（联邦最高法院）对该问题的最后意见。

16 见 Shannon Hall, "Exxon Knew about Climate Change Almost 40 Years Ago," *Scientific American*, Oct. 26, 2015; Maxine Joselow, "GM, Ford Knew about Climate Change 50 Years Ago," *E and E News*, Oct. 26, 2020, at www.eenews.net。关于更宽泛的对气候变化的政治和动机的否认，在成百上千的文献中，见 Riley E. Dunlap, "Climate Change Skepticism and Denial: An Introduction," *American Behavioral Scientist* 57 (2013): 691-698; Ferenc JankÛ et al., "Sources of Doubt: Actors, Forums, and Language of Climate Change Skepticism," *Scientometrics* 124 (2020): 2251-2277; Raul P. Lejano, "Ideology and the Narrative of Climate Skepticism," *Bulletin of the American Meteorological Society* 100 (2019): ES415-ES421; Charles W. Schmidt, "A Closer Look at Climate Change Skepticism," *Environmental Health Perspectives* 118 (2010): A536-A540。

17 有用的起点包括 Hervé Le Treut et al., "Historical Origins of Climate Change Science," in *Climate Change 2007: The Physical Science Basis: Contribution of Working Group 1 to the Fourth Assessment Report of the Intergovernmental Panel on Climate Change*, ed. S. Solomon et al. (Cambridge: Cambridge University Press, 2007); IPCC 2013, *Climate Change 2013: The Physical Science Basis: Contribution of Working Group 1 to the Fifth Assessment Report of the Intergovernmental Panel on Climate Change* (Cambridge: Cambridge University Press, 2013)。政府间气候变化专门委员会（IPCC）的过程与报告并非没有质疑与争议。见 Eli Kintisch, "IPCC / Climate-gate Criticism Roundup," *Science*, Feb. 15, 2010。

18　关于反对转基因产品的本质，见 On the nature of GMO opposition, see Edward B. Royzman, Corey Cusimano, Stephen Metas, and Robert F. Leeman, "Is Opposition to Genetically Modified Food 'Morally Absolutist'? A Consequence-Based Perspective," *Perspectives on Psychological Science* 15 (2020): 250-272。

279　19　见 Nassim Nicholas Taleb, "The Precautionary Principle (with Application to the Genetic Modification of Organisms)," *ArXive* (2014)。

20　在美国，2016 年国家科学院报告是保证转基因产品安全的主要来源之一。National Academies of Science, *Genetically Engineered Crops: Experience and Prospects* (Washington, DC: National Academies Press, 2016)。同样，美国科学促进会和其他知名科学团体也报告了类似的结论，见 Jane E. Brody, "Are G.M.O. Foods Safe?", *New York Times*, Apr. 2, 2018, D5; Niras Chokshi, "Stop Bashing G.M.O. Foods, More than 100 Nobel Laureates Say," *New York Times*, June 30, 2016; Mark Lynas, "GMO Safety Debate Is Over," May 23, 2016, at www.allianceforscience. cornell.edu; William Saletan, "Unhealthy Fixation," *Slate*, July 15, 2015。但文中的"在美国"这个修饰语很重要，因为美国以外的国家，尤其是西欧，抱有截然不同的观点，他们对转基因产品安全性的怀疑远高于美国。见 Angelika Hilbeck et al., "No Scientific Consensus on GMO Safety," *Environmental Sciences Europe* 27 (2015), art. 4。

21　当专家意见确实存在分歧时，关于非专家如何评价作为证据的专家意见这一难题，见 Ben Almassi, "Conflicting Expert Testimony and the Search for Gravitational Waves," *Philosophy of Science* 76 (2009): 570-584; David Christensen, "The Epistemology of Disagreement: The Good News," *Philosophical Review* 116 (2007): 187-217; Gideon Rosen. "Nominalism, Naturalism, Epistemic Relativism," *Philosophical Perspectives* 15 (2001): 69-91。

22　在这个问题上，他的思想发生了令人钦佩的变化，见 Gary Comstock, "Ethics and Genetically Modified Foods," in *The Philosophy of Food*, ed. David M. Kaplan (Berkeley: University of California Press, 2012), 122-139。

23　见 Jelani Cobb, "African-American Resistance to the Covid-19 Vaccine Reflects a Broader Problem," *New Yorker*, Dec. 19, 2020; Amelia M. Jamison, Sandra Crouse Quinn, and Vicki S. Fellmuth, "'You Don't Trust a Government Vaccine': Narratives of Institutional Trust and Influenza Vaccination among African-American and White Adults," *Social Science and Medicine* 222 (2019): 87-94; Peng-jun Lu et al., "Racial and Ethnic Disparities in Vaccination Average among Adult Populations in the U.S.," *Vaccine* 33 (supp.) (2015): D83-D91。

24　见 Jonathan M. Berman, *Anti-Vaxxers: How to Challenge a Misinformed Movement*

(Cambridge, MA: MIT Press, 2020); Anna Kirkland, *Vaccine Court: The Law and Politics of Public Inquiry* (New York: NYU Press, 2016); Gregory A. Poland and Robert M. Jacobson, "The Age-Old Struggle against the Antivaccinationists," *New England Journal of Medicine* 364 (2011): 97-99; Robert M. Wolfe and Lisa K. Sharp, "Anti-Vaccinationists Past and Present," *British Medical Journal* 325 (2002): 430-432。

25 尤其见联邦的医学研究所（Institute of Medicine）就当时已有的所有研究进行的广泛研究。Institute of Medicine, *Immunization Safety Review: Vaccines and Autism* (Washington, DC: National Academies Press, 2004)。

26 Nathan Ballantyne, "Epistemic Trespassing," *Mind* 128 (2019): 367-395, revised as   280 chapter 8 in Ballantyne, *Knowing Our Limits* (New York: Oxford University Press, 2019), 195-219.

27 见 Atomic Heritage Foundation, "Leo Szilard's Fight to Stop the Bomb," at www.atomicheritage.org。

28 Wilson D. Miscamble, *The Most Controversial Decision: Truman, the Atomic Bomb, and the Defeat of Japan* (Cambridge: Cambridge University Press, 2005); Richard Rhodes, *The Making of the Atomic Bomb* (New York: Simon and Schuster, 1986).

第十章 犯罪科学

1 Daubert v. Merrell Dow Pharmaceuticals, Inc., 509 U.S. 579 (1993), followed, importantly, by General Electric Co. v. Joiner, 522 U.S. 136 (1997), and Kumho Tire Co. v. Carmichael, 526 U.S. 137 (1999). 联邦最高法院对专家证据的裁定是对《联邦证据法》的解释，而不是根据美国宪法。因此，它们对州法院没有约束力，尽管大多数（但不是所有）州都遵循联邦最高法院的指导。见 Paul C. Giannelli, "Daubert in the States," *Criminal Law Bulletin* 34 (1998): 154-166。虽然联邦最高法院对科学证据和其他专家证据必须由初审法官确定可靠后才能被采纳为证据这一点的坚持适用于所有案件，但联邦最高法院的裁决是在涉及侵权责任的民事案件中做出的，而不是涉及法医鉴定的刑事案件。

2 见 Brandon L. Garrett and Peter J. Neufeld, "Invalid Forensic Science Testimony and Wrongful Convictions," *Virginia Law Review* 95 (2009): 1-97; Jon B. Gould, Julia Carrano, Richard A. Leo, and Katie Hail-Jares, "Predicting Erroneous Convictions," *Iowa Law Review* 99 (2014): 471-517。

3 美国地区法官 Louis Pollak 是一位早期的怀疑者，尽管他后来对自己的怀疑也持怀疑态度。United States v. Llera Plaza, 179 F. Supp. 2d 1192 (E.D. Pa. 2001), vacated

at 188 F. Supp. 2d 549 (2002)。更全面的论述，见 American Association for the Advancement of Science, *Forensic Science Assessment: A Quality and Gap Analysis of Latent Fingerprint Examination* (Washington, DC: AAAS, 2017); Erica Beecher-Monas, *Evaluating Scientific Evidence: An Interdisciplinary Framework for Intellectual Due Process* (New York: Cambridge University Press, 2007), 104-109; Brandon L. Garrett and Gregory Mitchell, "How Jurors Evaluate Fingerprint Evidence: The Relative Importance of Match Language, Method Information and Error Acknowledgment," *Journal of Empirical Legal Studies* 10 (2013): 484- 511; Garrett and Mitchell, "The Proficiency of Experts," *University of Pennsylvania Law Review* 166 (2018): 901-960; Jonathan J. Koehler, "Fingerprint Error Rates and Proficiency Tests: What They Are and Why They Matter," *Hastings Law Journal* 59 (2008): 1077-1100; Gregory Mitchell and Brandon L. Garrett, "The Impact of Proficiency Testing Information and Error Aversions on the Weight Given to Fingerprint Evidence," *Behavioral Science and Law* 37 (2019):195-210; Jennifer L. Mnookin, "Fingerprints: Not a Gold Standard," *Issues in Science and Technology* 20 (2003): 47-54; Jason M. Tangen, Matthew B. Thompson, and Duncan J. McCarthy, "Identifying Fingerprint Expertise," *Psychological Science* 22 (2011): 995-997。

281 4 National Research Council, *Strengthening Forensic Science in the United States: A Path Forward* (Washington, DC: National Academies Press, 2009)。最近一份关注点稍窄的报告在很大程度上（但并非完全）证实了 2009 年报告中的许多怀疑。President's Council of Advisors on Science and Technology (PCAST), *Forensic Science in Criminal Courts: Ensuring Scientific Validity of Feature-Comparison Methods*, available at https://obamawhitehouse.archives.gov/sites/default/files/microsites/ostp/PCAST/pcast_forensic_science_report_final_pdf (2016)。关于法医学界如何对 2009 年美国国家研究委员会报告做出反应和调整的大量披露，见 Beth A. Bechky, *Blood, Powder, and Residue: How Crime Labs Translate Evidence into Proof* (Princeton, NJ: Princeton University Press, 2021)。

5 Itiel E. Dror and Nicholas Scurich, "(Mis)use of Scientific Measurements in Forensic Science," *Forensic Science International: Synergy* 2 (2020): 330-338; 在弹道学专家证词的背景下，见 United States v. Glynn, 578 F. Supp. 2d 567 (S.D.N.Y. 2008); United States v. Montiero, 407 F. Supp. 2d 351 (D. Mass. 2006)。关于一个对此没那么怀疑的法官的观点，见 United States v. Casey, 928 F. Supp. 2d 397 (D. Puerto Rico, 2013)。最近，同样对此没那么怀疑的法官的观点，见 United States v. Johnson, 2019 WL1130258 (S.D.N.Y., Mar. 11, 2019)。

6 United States v. Cantoni, 2019 WL1259630 (E.D.N.Y., Mar. 19, 2019).

7 见 Nancy Ritter, "The Science behind Firearm and Tool Mark Examination," *National Institute of Justice Journal* 274 (Dec. 2014); John Song et al., "Estimating Error Rates for Firearm Identification in Forensic Science," *Forensic Science International 284* (2018): 15-32。

8 United States v. Glynn. Other judges have been more willing to allow qualified experts to use less qualified language. United States v. Johnson.

9 见著名的 United States v. Spock, 416 F.2d 165 (1st Cir. 1969)。Benjamin Spock 作为育儿书作者闻名，他是越战时期反战运动的积极分子，曾号召符合征兵条件的男子采取各种行动（包括销毁兵役卡）反抗兵役登记局的规定。尽管 Spock 博士更希望以《义务兵役法案》（Selective Service Act）违宪、越战违宪或宪法第一修正案规定的言论自由权为由，推翻对他的定罪——劝告和教唆他人违反《义务兵役法案》，但事实上，上诉法院推翻了陪审团的裁决，因为法官要求陪审团回答一系列针对其罪行具体要素的问题——用标准术语来说就是特殊问题，而不是让他们简单地裁决被告有罪或无罪。

10 见 United States v. Harris, 2020 WL 6488714 (D.D.C., Nov. 4, 2020)。在 United States v. Tibbs, 2019 WL 4359486 (D.C. Super. Ct., Sept. 5, 2019) 一案中，法官还讨论了真正的同行评议和那种在专业弹道学期刊上发表之前的评审之间的区别。对于后者，审稿人知道文章是谁写的，而作者也知道审稿人是谁，这两个事实都让人怀疑通过发表文章来给一种方法正名的合理性。此外，通常只有受雇于检方并与检方一条战线的专业弹道痕迹检验员群体才能查阅这些文章，而那些最有可能发现这些方法的缺陷的人却无法对结果进行审查。

11 尽管证据的可采性和证明力的区别是一个技术性的法律问题，但它适用于在各种情境下对证据的所有用途。在法庭之外，与证据的可采性相对应的是在第一时间决定是否将某些事实作为证据。从理论上讲，这一决定与将所有证据放在一起考虑时单项证据的权重问题无关。   282

12 Roy N. King and Derek J. Koehler, "Illusory Correlations in Graphological Inference," *Journal of Experimental Psychology: Applied* 6 (2000): 336-348; Carla Dazzi and Luigi Pedrabissi, "An Empirical Study of Handwriting Analysis," *Psychological Reports* 105 (2009): 1255-1268; Anne Trubek, "Sorry, Graphology Isn't Real Science," *JSTOR Daily*, May 17, 2017, at www.daily.jstor.org。注意"笔迹学"一词的混用，该词既可以指从一个人的笔迹中描述他的性格甚至预测他的未来（这没有任何经验依据），也可以指用笔迹来识别书写者，这种方法至少有一些经验依据，尽管有多少经验依据以及我们如何知道有多少经验依据正是问题所在。

13 关于联邦调查局对这些方法的描述，见 Diana Harrison, Ted M. Burkes, and Danielle Seiger, "Handwriting Examination: Meeting the Challenges of Science and

the Law," *Forensic Science Communications* 11, no. 4 (2009), available at www. archives.fbi.gov. 关于最近对这些方法的一个全面描述（但谨慎引用，作者是靠使用这些方法谋生的），见 Ron Morris, *Forensic Handwriting Identification*, 2nd ed. (Cambridge, MA: Academic Press, 2021)。

14　Almeciga v. Center for Investigative Reporting, Inc., 185 F. Supp. 3d 401 (S.D.N.Y. 2016) (Rakoff, J.); Samuel R. Gross, "Detection of Deception: The Case of Handwriting Expertise," *Virginia Law Review* 87 (2001): 1847-1855; Michael Risinger, Mark P. Denbeaux, and Michael J. Saks, "Exorcism of Ignorance as a Proxy for Rational Knowledge: The Lessons of Handwriting Identification Expertise," *University of Pennsylvania Law Review* 137 (1989): 731-792.

15　见 Michael D. Risinger, "Cases Involving the Reliability of Handwriting Identification Evidence since the Decision in Daubert," *Tulsa Law Review* 43 (2013): 477-596。

16　见 Kristy Martire, Bethany Gowns, and Danielle Navarro, "What Do the Experts Know? Calibration, Precision, and the Wisdom of Crowds among Forensic Handwriting Experts," *Psychonomic Bulletin and Review* 25 (2018): 2346-2355。另见 National Institute of Standards and Technology, Working Group on Human Factors in Handwriting Examination, *Forensic Handwriting Examination and Human Factors* (Washington, DC: US Department of Commerce, 2020)。

17　Compare Almeciga with United States v. Pitts, 2018 WL1116550 (E.D.N.Y.. Feb. 26, 2018).

18　880 F. Supp. 1027 (S.D.N.Y. 1995).

19　与 Starzecpyel 的观点一致，但更进一步的主张是，问题不应该是某种方法科学与否，而是某种方法（无论是否科学）在经验上是否合理，见 Susan Haack, "An Epistemologist in the Bramble Bush: At the Supreme Court with Mr. Joiner," *Journal of Health Politics, Policy and Law* 20 (2001): 217-248。

20　Kumho Tire Co. v. Carmichael。该案涉及一起产品责任侵权案的原告证人，该证人自称是轮胎故障分析专家。该证人作证说，即便老旧且几乎被磨光了的轮胎，由于保养不善和充气不当而爆胎，也是由生产缺陷造成的。由于证人对轮胎用视觉和触觉检查的方法从未经过任何测试，联邦最高法院似乎将其视为最初促使法院介入专家证词领域的垃圾科学或垃圾专业知识。

21　如果"排除合理怀疑"的举证标准中已经包含了对避免错判有罪的重要性的正确认识，那么对检方使用的原本相关且可采的证据进一步提高要求是否属于一种"重复计算"？Larry Laudan 认为是的，见 *Truth, Error and the Criminal Law: An Essay in Legal Epistemology* (Cambridge: Cambridge University Press, 2006)。

22　见 John T. Rago, "A Fine Line between Chaos and Creation: Lessons on Innocence

Reform from the Pennsylvania Eight," *Widener Law Review* 12 (2006): 359-441。

23 一个耸人听闻、纯粹从弹道学角度描述的个案是 Colin Evans, *Slaughter on a Snowy Morn: A Tale of Murder, Corruption and the Death Penalty Case that Revolutionised the American Courtroom* (London: Icon Books, 2010)。

24 仅对这个作用的一个内容详尽、论据充分的建议，见 Christopher Slobogin, *Proving the Unprovable: The Role of Law, Science, and Speculation in Adjudicating Culpability and Dangerousness* (New York: Oxford University Press, 2007), 131-144。

25 例子见 United States v. Bell, 833 F.2d 272 (11th Cir. 1987); United States v. Lieberman, 637 F.2d 95 (2d Cir. 1980); United States v. Rich, 580 F.2d 929 (9th Cir. 1978)。

26 例子见 Brandon L. Garrett, *Autopsy of a Crime Lab: Exposing the Flaws in Forensics* (Berkeley: University of California Press, 2021)。

27 对 DNA 证据的有用指导包括 National Research Council, *The Evaluation of Forensic DNA Evidence* (Washington, DC: National Academies Press, 1996); David H. Kaye and George Sensabaugh, "Reference Guide on DNA Identification Evidence," in National Research Council / Federal Judicial Center, *Reference Manual of Scientific Evidence* (Washington, DC: National Academies Press, 2011), 129-210; William C. Thompson, "Forensic DNA Evidence: The Myth of Infallibility," in *Genetic Explanations: Sense and Nonsense*, ed. Sheldon Krimsky and Jeremy Gruber (Cambridge, MA: Harvard University Press, 2013), 227-255。

28 见 David Faigman et al., *Modern Scientific Evidence*, 7th ed. (St. Paul, MN: Thomson / West, 2020), vol. 4, ß 30:19。关于理想状态下的统计概率与含实验室误差的统计概率之间的相互关系，比较 Margaret A. Berger, "Laboratory Error Seen through the Lens of Science and Policy," *U.C. Davis Law Review* 30 (1997): 1081-1111, with Jonathan J. Koehler, "Why DNA Likelihood Ratios Should Account for Error (Even When a National Research Council Report Says They Should Not)," *Jurimetrics* 37 (1997): 425-437。

29 Ex parte Perry v. State; 586 So.2d 242 (Ala. 1991); United States v. Beasley, 102 F.3d 1440 (8th Cir. 1996); People v. Venegas, 954 P.2d 525 (Cal. 1998).   284

30 以这种方式呈现 DNA 统计数据，并省略"无其他证据"这一关键限定条件，正是"辩护律师谬论"（defense attorney's fallacy）的一个例子，其错误程度与检察官谬论相当，检察官常犯的错误是拿被告以外任何人随机匹配的概率极小来证明被告的有罪排除了合理怀疑。William C. Thompson and Edward L. Schumann, "Interpretation of Statistical Evidence in Criminal Trials: The Prosecutor's Fallacy and the Defense Attorney's Fallacy," *Law and Hunan Behavior* 11 (1987): 167-187。DNA 革命引发了大量关于陪审员（以及法官）能否理解相关统计数据的文献。见 D.

H. Kaye and Jonathan J. Koehler, "Can Jurors Understand Probabilistic Evidence?", *Journal of the Royal Statistical Society*, Series A 154 (1991): 75-81; Jonathan J. Koehler, "The Psychology of Numbers in the Courtroom: How to Make DNA Statistics Seem Impressive or Insufficient," *Southern California Law Review* 74 (2001): 1275-1306; Jason Schklar and Shari Seidman Diamond, "Juror Reactions to DNA Evidence: Errors and Expectancies," *Law and Human Behavior* 23 (1999): 159-184。

31 从贝叶斯的角度对 DNA 检测的证据力进行的更为详细（和复杂）的分析，见 Ian Ayres and Barry Nalebuff, "The Rule of Probabilities: A Practical Approach for Applying Bayes' Rule to the Analysis of DNA Evidence," *Stanford Law Review* 67 (2015): 1447-1503。另见 David J. Balding, *Weight-of-Evidence for Forensic DNA Profiles* (Chichester, UK: John Wiley, 2005); Bess Stiffelman, "No Longer the Gold Standard: Probabilistic Genotyping Is Changing the Nature of DNA Evidence in Criminal Trials," *Berkeley Journal of Criminal Law* 24 (2019): 110-146。

32 Greg Handikian, Emily West, and Olga Akselrod, "The Genetics of Innocence: Analysis of 194 U.S. DNA Exonerations," *Annual Review of Genomics and Human Genetics* 12 (2011): 97-120; Gerald LaPorte, "Wrongful Convictions and DNA Exonerations: Understanding the Role of Forensic Science," *National Institute of Justice Journal* 279 (Apr. 2018): 1-16。

第十一章　不断扩张的专业知识领域

1 见 https://www.iapcollege.com/program/lifestyle-expert-certificate-course-online/。

2 哲学家卡尔·波普尔公然拒绝将弗洛伊德（或任何形式的）精神分析视为科学。Karl R. Popper, *Conjectures and Refutations: The Growth of Scientific Knowledge*, 4th ed. (London: Routledge and Kegan Paul, 1972), 33-65; Popper, *Realism and the Aim of Science*, ed. W. W. Bartley III (Totowa, NJ: Rowman and Littlefield, 1983), 159-193。Even after Daubert v. Merrell Dow Pharmaceuticals, Inc., 509 U.S. 579 (1993), 然而，法院承认了弗洛伊德心理学是合法的专业知识。United States v. Rouse, 100 F.3d 560 (8th Cir. 1996); Clark v. Edison, 881 F. Supp. 2d 192 (D. Mass. 2012)。

3 在 2021 年上映的电影《米纳里》（*Minari*）中，小鸡性别鉴定出人意料地出现在很多情节中。但文中的这句话写于该电影上映之前。

4 见 R. D. Martin, *The Specialist Chick Sexer* (Box Hill, Victoria, Australia: Bernal, 1994); Irving Biederman and Margaret M. Shiffrar, "Sexing Day-Old Chicks: A Case Study and Expert Systems Analysis of a Difficult Perceptual-Learning Task," *Journal of*

Experimental Psychology: Learning, Memory and Cognition 13 (1987): 640- 645; James McWilliams, "The Lucrative Art of Chicken Sexing," *Pacific Standard*, Sept. 8, 2018, at https://psmag.com/magazine/the-lucrative-art-of-chicken-sexing。

5　Taylor Dafoe, "A Deep-Pocketed Art Collector Just Dropped More than $92 Million at Sotheby's on This Pristine Botticelli Portrait," *Artnet*, Jan. 28, 2021.

6　这些描述是主要拍卖行对其所拍卖作品的典型描述，按照真实性、历史重要性以及通常的价值从高到低排列。"最值钱"的描述不会包含这些限定词中的任何一个，因此，如果一幅画只被描述为"波提切利的"，就表示拍卖行自己认为（想必已由专家认证）所拍卖作品确系波提切利真迹。

7　更多笑料，见 John Mariani, "The Uselessness of Winespeak," *Forbes*, July 2, 2019。

8　Denis Dutton 将此称为"名义上的"真实，以此区别更短暂的"表现力"的真实，后者是指对作品是否真正表达了艺术家或作品所属流派所注重的内容的判断。Denis Dutton, "Authenticity in Art," in *The Oxford Handbook of Aesthetics,* ed. Jerrold Levinson (New York: Oxford University Press, 2003), 258-274。

9　除第二章中的参考文献外，还可参阅 John Godley, *Van Meegeren: Master Forger* (New York: Scribner's, 1967); Frederik H. Kreuger, *Han van Meegeren Revisited: His Art and the List of His Works* (Delft: Quantes, 2013)。2004 年 7 月 7 日，苏富比拍卖行以略高于 3000 万美元的价格售出了维米尔的《坐在维金纳琴旁的年轻女子》(*A Young Woman Seated at the Virginal*)，这幅作品花了十年时间才鉴定出让苏富比(想必也让买家)满意的结果。2020 年 11 月 2 日，凡·米格伦的一幅油画在荷兰海牙拍卖会上以 1046 美元的价格售出，2020 年 12 月 9 日，凡·米格伦的一幅粉笔画在同一地点以 641 美元的价格售出。以上实例足以作为证明 (www.artprice.com)。

10　见 Ronald Spencer, ed., *The Expert versus the Object: Judging Fakes and False Attributions in the Visual Arts* (New York: Oxford University Press, 2004)。同样有用的是 Michael Findlay, *The Value of Art: Money, Power, Beauty* (New York: Prestel, 2014), at 42-43。

11　Daubert.

12　"艺术界不太相信签名。一位研究杰克逊·波洛克（Jackson Pollock）的专家 286 曾经解释过原因。'学会波洛克的签名需要多久，'他问道，'而学会像波洛克那样画画需要多久？'"Edward Dolnick, *The Forger's Spell: A True Story of Vermeer, Nazis, and the Greatest Arty Hoax of the Twentieth Century* (New York: HarperCollins, 2008), 151. 好巧不巧，导致诺德勒（Knoedler）艺术画廊倒闭的赝品之一正是一幅据称是波洛克的作品，而签名却被拼错为"Pollok"。Patricia Cohen, "Note to Forgers: Don't Forget the Spell Check," *New York Times*, July 11, 2014.

13 关于这些方法的一个通俗易懂的讨论，见 Jehane Ragai, T*he Scientist and the Forger: Insights into the Scientific Detection of Forgery in Paintings* (London: Imperial College Press, 2015)。至于伪造者可能会如何试图破解这些方法，一个业内人士的见解是 Eric Hebborn, *The Art Forger's Handbook* (Woodstock, NY: Overlook Press, 2004)。

14 见 Lluís Peñuelas I Reixach, "The Authentication of Artworks," in *The Authorship, Authentication and Falsification of Artworks* (Barcelona: Poligrafa, 2011), 124-153。这种主观性应区别于品位的主观性。莫奈作为画家比纪尧姆更好在很大程度上是一种主观判断，因为没有真正的事实；而一幅画是否出自莫奈之手可能是另一种意义上的主观判断，由于证据不明确，解释和判断变得至关重要。

15 事实上，许多艺术品鉴定专家的共同特点或者说缺点是，他们认为用自己的"眼睛"产生的证据优于科学证据，即使这两种形式的证据直接相矛盾。Dolnick, *The Forger's Spell*，以及各种论述见 Spencer, *The Expert versus the Object*。

16 见 Cedric Neumann and Hal Stern, "Forensic Examination of Fingerprints: Past, Present, and Future," *Chance* 29 (2016): 9-16。现代方法已不再局限于计算相似点。

17 此外，鉴定者的个人动机可能导致他们的个人举证责任标准有高有低。一次过去的错误鉴定可能会让一位鉴定者提高举证责任，以避免再次犯错，但同样的鉴定错误也可能会让另一位鉴定人降低举证责任，以图洗脱污点，亚伯拉罕·布列迪亚斯就是因此对一幅最著名的维米尔的赝品做了错误鉴定。Dolnick, *The Forger's Spell*。

18 社会学意义上的专家群体本身的集体判断，以及专家意见的使用者群体的集体判断。

19 Susan Mulcahy, "Why Were So Many Stettheimer Art Works Up for Sale? Not All Were Real," *New York Times*, Feb. 7, 2021, C1.

20 这就假定，至少对博物馆来说，展示一两件赝品对其声誉的致命影响要小于拍卖行或中间商经手同样数量或百分比的赝品。不会有人因为卢浮宫拿下了两三幅被发现是赝品的画作就不再去了。当然，博物馆展出已知为赝品的作品数量达到一定程度也会使其失去客源。

21 这是凡·米格伦画的。维米尔没有画过这样的画，然而凡·米格伦成功地说服了很多专家和博物馆这是维米尔的画。Dolnick, *The Forger's Spell*。

22 1964 年肯尼迪总统遇刺案调查委员会（Commission on the Assassination of President Kennedy），即沃伦委员会（Warren Commission）认为不是。而半个多世纪以来的阴谋论认为是的，其中一些被描述和揭露在 Sean Munger, "Oswald Acted Alone: Faith vs. Fact in the Assassination of John F. Kennedy," at www. SeanMunger.com (Nov. 22, 2020)。

23 诺福克郡的陪审团认定他们有罪，州长 Alvan Fuller 拒绝减免他们的死刑。而当代许多杰出的评论家，包括当时的教授、后来的最高法院大法官费利克斯·弗兰克福特 (Felix Frankfurter)，都认为他们没有罪。见 Paul Avrich, *Sacco and Vanzetti: The Anarchist Background* (Princeton, NJ: Princeton University Press, 1980); Moshik Temkin, *The Sacco-Vanzetti Affair: America on Trial* (New Haven, CT: Yale University Press, 2009)。

24　这是一个活跃的，偶尔甚至引起激烈争论的话题。关于各种立场以及为各种答案所收集的证据的概述，见"When Was New Zealand First Settled?", in *Te Ara: The Encyclopedia of New Zealand*, at www .teara.govt.nz。

25　有关争论的叙述，见 Adam Serwer, "The Fight over the 1619 Project Is Not about the Facts," *The Atlantic*, Dec. 23, 2019。虽然文章的标题说争论与事实无关，但正如文章所明确指出的，批评者声称争论涉及"可核实的事实问题"。因此这里存在着两个争论，一个争论关于事实，另一个争论是这个争论是否与事实有关。

26　在有关泰坦尼克号的几十本甚至上百本书中，最经典的当属 Walter Lord, *A Night to Remember* (New York: Henry Holt, 2005) (orig. pub. 1955)。最近的综合性论述，见 Of the more recent comprehensive contributions, see *Charles Pellegrino, Farewell, Titanic: Her Final Legacy* (Hoboken, NJ: John Wiley, 2012)。至于如果医生不那么自以为是，加菲尔德总统是否还有救，答案是"有可能"。见 Candice Millard, *Destiny of the Republic: A Tale of Madness, Medicine and the Murder of a President* (New York: Anchor Books, 2012)。

27　它们几乎可以肯定不是木头做的。见"The Trouble with False Teeth," at www. mountvernon.org，这给用河马牙作为假牙材料的假设提供了有力支持。

28　很可能是。见 G. W. Bernard, *Anne Boleyn: Fatal Attractions* (New Haven, CT: Yale University Press, 2010)。

29　见 Carolyn E. Holmes, *The Black and White Rainbow: Reconciliation, Opposition, and Nation-Building in Democratic South Africa* (Ann Arbor: University of Michigan Press, 2020)。

30　见 P. H. Nowell-Smith, *What Actually Happened* (Lawrence: University of Kansas Press, 1971); 例如，R. F. Atkinson, *Knowledge and Explanation in History: An Introduction to the Philosophy of History* (Ithaca, NY: Cornell University Press, 1978), 39-68。

31　综述见 Loren Haskins and Kirk Jeffrey, *Understanding Quantitative History* (Cambridge, MA: MIT Press, 1990); Konrad H. Jarausch and Kenneth A. Hardy, *Quantitative Methods for Historians: A Guide to Research, Data, and Statistics* (Chapel Hill: University of North Carolina Press, 1991)。几个期刊，尤其是 *Cliodynamics: The Journal of Quantitative History and Cultural Evolution* 和 *Historical Methods: A Journal of Quantitative and Interdisciplinary History*, 以文中所述为重点。

288

32 法律程序中有罪或承担责任的判决，与足球、篮球或冰球中裁判判定犯规之间有一个有趣的反差。在这些运动和许多其他运动中，裁判会对看到的情况立刻判定犯规或其他违规，这当然是在引入能证明犯规的视频回放技术之前。尽管这种判定本身涉及证据，但通常是亲身经历和当场观察到的证据，这种证据形式在法律诉讼中无法获得，历史学家也极少能获得。

33 见 Gilbert J. Garraghan, *A Guide to Historical Method* (New York: Fordham University Press, 1946); Martha Howell and Walter Prevenier, *From Reliable Sources: An Introduction to Historical Methods* (Ithaca, NY: Cornell University Press, 2001); R. J. Shafer, *A Guide to Historical Method*, 3rd ed. (Homewood, IL: Dorsey Press, 1977); Torstén Thuren, *Källkritik* (Stockholm: Almqvist & Wiksellm 1997)。

34 见 Margaret Sullivan, "How Do You Use an Anonymous Source? The Mysteries of Journalism Everyone Should Know," *Washington Post*, Dec. 10, 2017。正如 Sullivan 文章的标题所示，使用匿名消息来源作为证据历来不被鼓励，但对这一原则的最佳描述，即使是对主流媒体而言，可能也是"并不被严格遵守，并且越来越形同虚设"。

35 见 Charles L. Barzun, "Rules of Weight," *Notre Dame Law Review* 83 (2008): 1957-2018; John H. Wigmore, "Required Numbers of Witnesses: A Brief History of the Numerical System in England," *Harvard Law Review* 15 (1901): 83-108。

第十二章　过去与现在的相关性

1 Arlette Saenz, "Neera Tanden to Keep Reaching Out to Senator Next Week as Confirmation Is in Jeopardy," www.cnn.com (Feb. 20, 2021)。该提名随后被撤回。

2 "White House Calls Cohen Liar Ahead of Testimony," *U.S. New and World Report*, Feb. 26, 2019.

3 Alan Blinder, "Was That Ralph Northam in Blackface? An Inquiry Ends without Answers," *New York Times*, May 22, 2019。尽管我们不能确定诺瑟姆是否在那张一个学生扮演黑人、另一个穿着三 K 党服装的照片中，但诺瑟姆确实承认他在医学院就读期间曾扮演黑人。

289 4 E. J. Dionne Jr., "Biden Admits Plagiarism in School but Says It Was Not 'Malevolent'," *New York Times*, September 18, 1987.

5 Constance L. Hays, "Martha Stewart's Sentence: The Overview; 5 Months in Jail, and Stewart Vows, 'I'll Be Back'," *New York Times*, July 17, 2004.

6 Pritha Sarkar, "Tennis: Injury Cheats Should Be Shamed on Court, Says Veteran

Physio," www.reuters.com, July 8, 2017.

7　Karen Crouse, "Patrick Reed's Club Hit the Sand: Now There's a Dust-Up," *New York Times*, December 12, 2019.

8　事实上，2021 年 1 月 30 日在圣地亚哥举行的农夫保险公开赛（Farmers Insurance Open）上就出现了一个问题，体育记者 Crouse 在 "Patrick Reed's Club" 中提到的 Patrick Reed，在一个雨天对 "陷入地面" 的高尔夫球要求补救是否正当。尽管被叫到现场的裁判判定 Reed 没有犯规，Reed 还是愤愤不平，因为他的竞争对手 Rory McElroy 在同一天也遇到了同样的问题，受到的审查却较少。但考虑到 Reed 比 McElroy 过去犯规问题更多，前者比后者受到的审查更严格也就不足为奇了。见 Bob Harig, "Even in a Win, Patrick Reed Can't Escape His Own History," at www. espn.com (Jan. 31, 2021)。

9　Rick Reilly, *Commander in Cheat: How Golf Explains Trump* (New York: Hachette, 2019). 高尔夫作弊似乎通行于两党。见 Don van Natta Jr., "Presidential Mulligans: Taking Second Chances, Par for Clinton's Course," *New York Times*, Aug. 29, 1999; Brian Viner, "Slick Willy and Tricky Dicky Prove That Golf's Ethics Can Land Us All in the Rough," *The Independent*, May 20, 2006。

10　N. R. Kleinfeld, "Motorman's Colleagues Say He Drank at Work," *New York Times*, August 30, 1991.

11　《联邦证据法》第 404 条 (b)。评论见 Christopher Mueller, Laird Kirkpatrick, and Liesa Richter, *Evidence*, 6th ed. (New York: Wolters Kluwer, 2018), ß 4.15 at pp. 200-207; Glen Weissenberger, "Making Sense of Extrinsic Act Evidence: Federal Rule of Evidence 404(b)," *Iowa Law Review* 70 (1985): 579-614。基本原则远早于《联邦证据法》。见 Fleming James Jr. and John J. Dickinson, "Accident Proneness and Accident Law," *Harvard Law Review* 63 (1950): 769-795。

12　最近的两部以 "偿还了对社会的债务" 为主题的电影是 *Boy A* (2007) 和 *Debt to Society* (2015)。

13　优秀的律师都知道，绕过上述规则的方法有很多。然而，尽管该规则有许多例外情况，也有许多规避的方法，但其基本原则仍然是，一个人过去的行为不能用来表明他有实施此类行为的倾向，因而也就不能用来表明他在所讨论的特定场合实施此类行为的可能性更大。

14　见 Michelson v. United States, 335 U.S. 469 (1948); United States v. Rubio-Estrada, 857 F.2d 845 (1st Cir. 1988); John H. Wigmore, *Evidence at Trials at Common Law*, rev. Peter Tillers (New York: Wolters Kluwer, 1983), ß 58.2; Paul S. Milich, "The Degrading Character Rule in American Criminal Trials," *Georgia Law Review* 47 (2013): 775-800。

290   15   Spencer v. Texas, 385 U.S. 554, 575 (1967) (opinion of Warren, C.J.).

16   见 United States v. Green, 617 F.3d 233 (3d Cir. 2011)。关于美国法律的一个很好的
综述在 Richard O. Lempert et al., *A Modern Approach to Evidence*, 5th ed. (St. Paul,
MN: West Academic, 2014), 347-357。另见 Thomas J. Reed, "The Development of
the Propensity Rule in Federal Criminal Cases, 1840-1975," *University of Cincinnati
Law Review* 51 (1982): 299-325。具有争议的《联邦证据法》第 413—415 条中有
一个重要的例外，该例外在指控性犯罪的案件中恰恰允许将在其他地方禁止使
用的倾向性作为证据，该例外主要基于一个更具争议的假设，即相较于其他犯
罪行为，性侵犯更多是不可控倾向的产物。见 Katherine Baker, "Once a Rapist?
Motivational Evidence and Relevancy in Rape Law," *Harvard Law Review* 110 (1997):
563-624; Christina E. Wells and Erin Elliott Motley, "Reinforcing the Myth of the
Crazed Rapist: A Feminist Critique of Recent Rape Legislation," *Boston University
Law Review* 81 (2001): 127-198。

17   这类争论和立场常常被称为"个人—情境"争论，综述见 David C. Funder,
"Personality," *Annual Review of Psychology* 52 (2001): 197-221。

18   尤其见 Gordon W. Allport, *The Person in Psychology: Selected Essays* (Boston: Beacon
Press, 1968); Allport, *Personality and Psychological Interpretation* (Oxford: Henry
Holt, 1937)。更近期的回应许多质疑的论文，见 Willia Fleeson and Eranda
Jayawickreme, "Whole Trait Theory," *Journal of Research on Personality* 56 (2015):
82-92。

19   Stanley Milgram, *Obedience to Authority: An Experimental View* (New York: Harper
and Row, 1974); Milgram, "Some Conditions of Obedience and Disobedience to
Authority," *Human Relations* 18 (1965): 57-76; Milgram, "Behavioral Study of
Obedience," *Journal of Abnormal and Social Psychology* 67 (1963): 371-378。关于由
实验引起的争议，见 Thomas Blass, *The Man Who Shocked the World: The Life and
Legacy of Stanley Milgram* (New York: Basic Books, 2004); Arthur G. Miller, *The
Obedience Experiments: A Case Study of Controversy in Social Science* (New York:
Praeger, 1986)。

20   关于"情境决定论者"对"性情决定论者"的反应，见 Walter Mischel, "Toward
an Integrative Science of the Person," *Annual Review of Psychology* 55 (2004): 1-22;
Mischel, *Personality and Assessment* (Hoboken, NJ: Wiley, 1968)。对情境决定论
的不同程度的支持，另见 Lee Ross and Richard E. Nisbett, *The Personality and the
Situation: Perspectives of Social Psychology* (New York: McGraw-Hill, 1991); John M.
Darley and C. Daniel Batson, "From Jerusalem to Jericho: A Story of Dispositional and
Situational Variables," *Journal of Personality and Social Psychology* 27 (1973): 100-

108; Douglas T. Kenrick and David C. Funder, "Profiting from Controversy: Lessons from the Person-Situation Debate," *American Psychologist 43* (1988): 23-24。

21 见 Rodolfo Mendoza-Denton et al., "Person x Situation Interactionism in Self-Coding (I am . . . when . . .): Implications and Affect Regulation and Social Information Processing," *Journal of Personality and Social Psychology* 80 (2001): 533-544。

22 关于证据问题各种立场的一个很好的综述是 Susan M. Davies, "Evidence of Character to Prove Conduct: A Reassessment of Relevancy," *Criminal Law Bulletin* 27 (1991): 504-537。

23 Commonwealth v. Adjutant, 800 N.E.2d 346 (Mass. 2003).

24 Commonwealth v. Pring-Wilson, 863 N.E.2d 936 (Mass. 2007)。规则第 404(a)(2)(B) 条明确规定，允许刑事案件中的被告"提供所谓受害人相关特征的证据"。

25 根据《联邦证据法》第 401 条，"如果某项证据有某种倾向，使某一[重要]事实的可能性高于或低于没有该证据时的可能性"，则该证据具有相关性。

26 Maggie Severns, "Burr's Alleged Conflicts Extend beyond His Coronavirus-Related Stock Trades," *Politico*, May 15, 2020, www.politico.com.

27 我只说"很有可能"，是因为取决于指控的确切性质和其他证据，一个人先前的行为也可以被采纳为知情证据，即使不能表明这个人的倾向性。

28 这个例子具有争议，在比利时、加拿大、新西兰、挪威、德国大多数州和美国一些城市，支持对斗牛犬实行某些限制的人被指责为"犬种主义"(breedism)、"犬类种族主义"(canine racism)，甚至更糟。但统计数字（证据）支持这样的结论，即随机挑选的斗牛犬——严格来说是美国斯塔福德郡梗犬（America Staffordshire Terrier）——比随机挑选的任意品种的狗更可能具有危险的攻击性。见 Frederick Schauer, *Profiles, Probabilities, and Stereotypes* (Cambridge, MA: Harvard University Press, 2003)。

第十三章　看到我们想看到的

1 问题并不在于《救世主》是不是达·芬奇画作的赝品，伪造这个话题在第二章中被提到过，也在第十一章中有过更深入的讨论。问题在于这幅画是否不是达·芬奇所画，而是他的追随者、学生、信徒或同时代人所画。关于此争议，见 Margaret Dalivalle, Martin Kemp, and Robert B. Simon, *Leonardo's Salvator Mundi and the Collecting of Leonardo in the Stuart Courts* (Oxford: Oxford University Press, 2019); Ben Lewis, *The Last Leonardo: The Secret Lives of the World's Most Expensive Painting* (New York: Random House/Ballantine Books, 2019); Dalya Alberge,

"Leonardo Scholar Challenges Attribution of $450m Painting," *The Guardian*, Aug. 6, 2018; Brook Mason, "What It Takes for a Leonardo da Vinci Painting to Be Deemed Universally Authentic," *Architectural Digest*, May 22, 2019; Matthew Shaer, "The Invention of the 'Salvator Mundi' or, How to Turn a $1,000 Art-Auction Pickup into a $450 Million Masterpiece," at www.vulture.com (Apr. 14, 2019); Kevin Shau, "On Leonardo da Vinci's Salvator Mundi-Is it Authentic?", at Art-Direct (Apr. 15, 2019), www.medium.com。

2　Brad Raffensperger, "I Have Fought to Uphold the Integrity of Elections in Georgia. It Doesn't Matter if the Attacks Come from the Guy I Voted for or Not," *USA Today*, Nov. 25, 2020.

3　Roberta Herzberg, "McCloskey versus McIntyre: Implications of Contested Elections in a Federal Democracy," *Publius* 16 (1986) : 93-109.

4　Jeffery A.Jenkins, "Partisanship and Contested Election Cases in the Senate, 1789-2002," *Studies in American Political Development* 19 (2005) : 53-74.

5　讨论及参考文献，见 Frederick Schauer, "Facts and the First Amendment," *UCLA Law Review* 57 (2010): 897-919。

6　Ziva Kunda, "The Case for Motivated Reasoning," *Psychological Bulletin* 108 (1990): 440-498; Kunda, "Motivation and Inference: Self-Serving Generation and Evaluation of Evidence," *Journal of Personality and Social Psychology* 53 (1987): 636-647. 另见 Peter H. Ditto, David A. Pizarro, and David Tannenbaum, "Motivated Moral Reasoning," *Psychology of Learning and Motivation* 50 (2009): 307-338; Ziva Kunda, *Social Cognition: Making Sense of People* (Cambridge, MA: MIT Press, 1999); William M. P. Klein and Ziva Kunda, "Motivated Person Perception: Constructing Justifications for Desired Beliefs," *Journal of Experimental Social Psychology* 28 (1992): 145-168; Matthew J. Hornsey, "Why Facts Are Not Enough: Understanding and Managing the Motivated Rejection of Science," *Current Directions in Psychological Science* 23 (2020): 583-591; Stephan Lewondowsky and Klaus Oberauer, "Motivated Rejection of Science," *Current Directions in Psychological Science* 25 (2016): 217-222; Daniel C. Molden and E. Tory Higgins, "Motivated Thinking," in *The Oxford Handbook of Thinking and Reasoning*, ed. Keith Holyoak and Robert Morrison (Oxford: Oxford University Press, 2012), 390-409。

7　关于我方偏见，见 Keith E. Stanovich and Richard F. West, "Natural Myside Bias Is Independent of Cognitive Ability," *Thinking and Reasoning* 13 (2007): 225-247; Keith E. Stanovich and Richard F. West, "On the Failure to Predict Myside Bias and One-Side Bias," *Thinking and Reasoning* 14 (2008): 129-167; Keith E. Stanovich, Richard

F. West, and E. Toplak, "Myside Bias, Rational Thinking, and Intelligence," *Current Directions in Psychological Science* 22 (2013): 259-264。另 见 Vladimira Cavojová, Jakub Srol, and Magdalena Adamus, "My Point Is Valid, Yours Is Not: Myside Bias in Reasoning about Abortion," *Journal of Cognitive Psychology* 30 (2018): 656-669。

8 见 Martin Baekgaard et al., "The Role of Evidence in Politics: Motivated Reasoning and Persuasion among Politicians," *British Journal of Political Science* 49 (2017): 1117-1140; Oliver James and Gregg G. Van Ryzin, "Motivated Reasoning about Public Performance: An Experimental Study of How Citizens Judge the Affordable Care Act," *Journal of Public Administration Research and Theory* 27 (2017): 197-209; Dan M. Kahan, "Ideology, Motivated Reasoning, and Cognitive Reflection," *Judgment and Decision Making* 8 (2013): 407-424; Kahan, "Foreword: Neutral Principles, Motivated Cognition, and Some Problems for Constitutional Law," *Harvard Law Review* 126 (2011): 1-77。

9 Naomi Oreskes and Erik M. Conway, *Merchants of Doubt: How a Handful of Scientists Obscured the Truth on Issues from Tobacco Smoke to Global Warming* (New York: Bloomsbury Press, 2010). 293

10 Sheila Jasanoff, *Science at the Bar: Law, Science, and Technology in America* (Cambridge, MA: Harvard University Press, 1995).

11 见 Stephen J. Ceci and Wendy M. Williams, "The Psychology of Fact-Checking," *Scientific American*, Oct. 25, 2020; Chares G. Lord, Lee Ross, and Mark R. Lepper, "Biased Assimilation and Attitude Polarization: The Effects of Prior Theories on Subsequently Considered Evidence," *Journal of Personality and Social Psychology* 37 (1979): 2098-2109。

12 见 Norwood Russell Hanson, *Patterns of Discovery: An Inquiry into the Conceptual Foundations of Science* (Cambridge: Cambridge University Press, 1958)。尤其在涉及科学和科学家时，这一观点并非没有争议。见 Jerry Fodor, "Observation Reconsidered," *Philosophy of Science* 51 (1984): 23-43。

13 见 Zina B. Ward, "On Value-Laden Science," *Studies in the History and Philosophy of Science*, https://doi.org/10.1016/j.shpsa.2020.09.06 (Oct. 21, 2020)。

14 Julian Reiss and Jan Sprenger, "Scientific Objectivity," in *Stanford Encyclopedia of Philosophy*, https://plato.stanford.edu/archives/win2020/entries/scientific-objectivity/ (2020); Isaac Levi, "Must the Scientist Make Value Judgments?", *Journal of Philosophy* 57 (1960): 345-357.

15 Raymond S. Nickerson, "Confirmation Bias: A Ubiquitous Phenomenon in Many Guises," *Review of General Psychology* 2 (1998): 175-220 是一个很好的综述。另

见 Jane Beattie and Jonathan Baron, "Confirmation and Matching Biases in Hypothesis Testing," *Quarterly Journal of Experimental Psychology*, Section A 40 (1988): 269-297; P. C. Wason, "On the Failure to Eliminate Hypotheses in a Conceptual Task," *Quarterly Journal of Experimental Psychology* 12 (1960): 129-140。

16 Cass R. Sunstein, "The Law of Group Polarization," Journal of Political Philosophy 10 (2002): 175-195。另见 Caitlin Drummind and Baruch Fischhoff, "Individuals with Greater Science Literacy and Education Have More Polarized Beliefs on Controversial Science Topics," *Proceedings of the National Academy of Science, USA*, 114 (2017): 9587-9592; David Schkade, Cass R. Sunstein, and Reid Hastie, "When Deliberation Produces Extremism," *Critical Review* 22 (2010): 227-252。

17 法官喜欢引用体育解说员维恩·斯库利（Vin Scully）的评论："人们使用统计数据就像醉汉使用路灯柱：用来支撑，而不是照明。" In re Wachovia Corp. "Pick a Payment" Mortgage Marketing and Sales Practices Litigation, 2013 WL 5424963 (N.D. Cal. Sept. 25, 2013)。令人遗憾的是，人们对证据的使用大多也是如此。

18 见 Man-pui Sally Chan, Christopher R. Jones, Kathleen Hall Jamieson, and Dolores Albarracin, "Debunking: A Meta-Analysis of the Psychological Efficacy of Messages Countering Misinformation," *Psychological Science* 28 (2017): 1531-1546, 发现对错误信息的详尽驳斥与试图驳倒的错误信息的持续存在呈正相关。另见 Thomas T. Hills, "The Dark Side of Information Proliferation," *Perspectives on Psychological Science* 14 (2019): 323-330; David N. Rapp, "The Consequences of Reading Inaccurate Information," *Current Directions in Psychological Science* 25 (2016): 281-295。

19 Lauren Giella, "Fact Check: Did Marjorie Taylor Greene Perpetuate Parkland Shooting Conspiracy Theory?", *Newsweek*, Jan. 27, 2021; Andrew Solender, "Trump-Backed Candidate Marjorie Taylor Greene Promotes 9/11 Conspiracy Theory," *Forbes*, Aug. 13, 2020.

20 在这里对"潘格罗斯"的用法的背景是抵制承认道德上不好的东西可能在法律上是合法的，而道德上好的东西却可能是非法的，见 Jeffrey Brand-Ballard, *Limits of Legality: The Ethics of Lawless Judging* (New York: Oxford University Press, 2010), 86-88, 311-312。我自己对 Brand-Ballard 所谓的"潘格罗斯主义"(Panglossianism) 的运用，见 Frederick Schauer, "Rights, Constitutionalism, and the Perils of Panglossianism," *Oxford Journal of Legal Studies* 38 (2018): 635-652。

21 见 Troy H. Campbell and Aaron C. Kay, "Solution Aversion: On the Relation between Ideology and Motivated Disbelief," *Journal of Personality and Social Psychology* 107 (2014): 809-814; Dan H. Kahan, Hank Jenkins-Smith, and Donald Braman, "Cultural

294

Cognition of Scientific Consensus," *Journal of Risk Research* 14 (2011): 147-174。

22 综述包括 Gerrit Antonides, *Psychology in Economics and Business* (Dordrecht: Springer, 1991), 193-214; Bertram Gawronski and Fritz Strack, eds., *Cognitive Consistency: A Foundational Principle in Social Cognition* (New York: Guilford Press, 2012); Dan Simon, Chadwick J. Snow, and Stephen J. Read, "The Redux of Cognitive Constraint Theories: Evidence by Constraint Satisfaction," *Journal of Personality and Social Psychology* 86 (2004): 814-837。

23 Leon Festinger, *Conflict, Decision, and Dissonance* (Stanford, CA: Stanford University Press, 1964); Eddie Harmon-Jones, ed., *Cognitive Dissonance: Reexamining a Pivotal Theory in Psychology*, 2nd ed. (Washington, DC: American Psychological Association, 2019); Eddie Harmon-Jones and Cindy Harmon-Jones, "Cognitive Dissonance Theory after 50 Years of Development," *Zeitschrift für Sozialpsychologie* 38 (2007): 7-16.

24 Jordan R. Axt, Mark J. Lamdaum, and Aaron C. Kay, "The Psychological Appeal of Fake-News Attributions," *Psychological Science* 31 (2020): 848-857.

25 Marianne Levine, "Democrats' Big Shift in Trump's Second Impeachment," *Politico*, Feb. 7, 2021, at www.politico.com.

26 Charles S. Taber and Milton Lodge, "Motivated Skepticism and the Evaluation of Political Beliefs," *American Journal of Political Science* 50 (2006): 755-769。更令人沮丧的是，反驳错误看法的证据可能会增加而不是减少错误看法的持续存在。见 Chan et al., "Debunking"。

索 引

（索引中的页码系原书页码，即本书页边码）